AF292756

Astrid Böger

Design-Thinking
oder
High-Tech-Kolonialisierung 2.0?

Books on demand

Die Deutsche Nationalbibliothek – Bibliographische Information

Die Deutsche Nationalbibliothek verzeichnet diese Publikation in der Deutschen Nationalbibliographie; detaillierte bibliographische Daten sind im Internet über http://d-nb.de abrufbar.

CIP-Einheitsaufnahme:
Böger, Astrid: Design-Thinking oder High-Tech-Kolonialisierung 2.0?
©2018
Herstellung und Verlag: BoD - Books on Demand, Norderstedt. 2018.
ISBN: 9-783-74814-243-0

Gesamtproduktion:
Printed in Germany
1. Auflage Juni 2018.

Astrid Böger

Design-Thinking
oder
High-Tech-Kolonialsierung 2.0?

Books on demand

Über die Autorin:

Astrid Böger, Wissenschaftlerin, geboren in Berlin, studierte Informationswissenschaften, promovierte in Ingenieurwissenschaften, arbeitete als Professorin und Studiengangsleiterin im gesundheitswissenschaftlichen und technischen Kontext. Sie war international in unterschiedlichen Branchen und auch in europäischen Institutionen tätig. Gleichfalls wirkte sie als Geschäftsführerin und Vorstand.

Intro

Katharina: „Design-Thinking? Ist das heute dein Thema? Hört sich irgendwie nicht wirklich spannend an oder hat es etwas mit deiner Arbeit und dem Konzern zu tun? Also, wenn es da nicht irgendwelche Verwicklungen, Verirrungen oder sonst etwas gibt, was wenigstens im Ansatz einem Krimi nahe kommt, dann lass es bitte gleich besser bleiben. Auf wissenschaftliche oder auch andere Theorien habe ich im Moment keine Lust. Zwar habe ich mich mit diesem Thema noch nicht beschäftigt, aber es gab bisher auch noch keinen Anlass, warum mich das interessieren sollte."

Romy: „Das macht nichts. Natürlich will ich dir jetzt nicht Kreativitätstechniken nahe bringen, sondern erzählen, was sich rund um einen Wettbewerb im Konzern abgespielt hat und welche Hypothesen sich m.E. daraus ableiten lassen. Und natürlich gibt es dabei, wie eigentlich immer, zahlreiche Sonderbarkeiten.

Design-Thinking ist kein neues Thema, jedenfalls nicht für diejenigen, die in der Kreativwirtschaft oder auch in der Wissenschaft tätig sind. Aber im Konzern schien dieses Herangehen an Produktentwicklungen eher unbekannt. Dabei handelt es sich um ein Konzept zur kreativen Problemlösung, bei der man schnell zu wirtschaflich verwertbaren Ergebnissen kommen kann. Und du weißt ja, in der Wirtschaft zählt die jede Minute. „Time is money".

Dieser Ansatz zur Kreativitätsentwicklung wurde von einem Informatiker, Terry Winograd[1], weiterentwickelt, der vor allem durch seine Forschungen zur Künstlichen Intelligenz bekannt wurde, aber auch von David Kelley und Larry Leifer, beide an der Stanford Uni-

---

[1] Terry Winograd (geb. 1946, Maryland) - Colorade College, Abschluss in Mathematik, 1967 - University College London, Linguistik, danach am MIT, AI-Lab (Artificial Intelligence - 2011 - 60 Forschungsgruppen, , Ursprung 1963 Project MAC (Mathematics and Computation), 1973 Stanford, 2005 Gründungsmitglied Hasso Plattner Institut of Design, d-School, 2002/2003 - google, in 80er Jahren KI-kritisches Buch, Kritik in den frühen 80er Jahren Verwicklung von Informatikern in Forschungen für militärische Zwecke.

versity tätig und gefördert durch Hasso Plattner[2].

Beim Design Thinking arbeitet ein Team aus Experten unterschiedlicher Bereiche zusammen, um konkrete Probleme des Alltags schnell und effizient im Sinne der Nutzer zu lösen. So, wie eben im realen Leben auch mit Vernunft und Verstand Herausforderungen begegnet wird. Säulendenken hat ja sowieso schon lange zugunsten des bereichsübergreifenden und ganzheitlichen Ansatzes ausgedient.

Gemeinsam werden dann Fragestellungen entwickelt, bei denen die konkreten Bedürfnisse der Menschen und deren Motivation im Mittelpunkt stehen. Da jedes Teammitglied andere Erfahrungen, Kompetenzen und Kenntnisse einbringt, können Projektbewertungen aus verschiedenen Sichten erfolgen und mögliche Fallstricke von Anfang an erkannt und verhindert werden."

Katharina: *„Soweit klar. Aber wenn wir uns hier zusammensetzen, geht es um etwas Kriminelles, oder?"*

Romy: „Du hast Recht. Meistens stecken hinter so normal erscheinenden Projekten über die ich berichte, handfeste Skandale, ein Thriller oder wenigstens etwas, was nicht so läuft, wie es in unserer Gesellschaft eigentlich laufen sollte und dadurch zahlreiche Fragen aufwerfen."

Katharina: *„Und bei diesem Projekt bist du im Ausland unterwegs gewesen, in Afrika? Ich bin gespannt."*

---

[2] Hasso Plattner (geb. 1944 in Berlin) = deutscher Unternehmer, Milliardär, Philantroph und Mäzen, gründete 1972 das Softwareunternehmen SAP, heute SAP SE in Walldorf, Stiftung eröffnete das Museum Barberini in Potsdam 2017, Ehrenbürger von Potsdam. Vater Augenarzt, kam aus Hermannstadt in Siebenbürgen (Rumänien), studierte Nachrichtentechnik in Karlsruhe, 1968 bei IBM, gilt als einer der „bedeutendsten privaten Wissenschaftsförderer in Deutschland", 2005 richtete er mit der Stanford University das Hasso Plattner Institute of Design ein, ausgestattet mit 35 Millionen US-Dollar, zur Entwicklung nutzerfreundlicher Entwicklungen.

Von Afrika lernen -
Innovationshub Kenia?

Als Romy gerade ein Jahr im Konzern Deutsche Telekom AG arbeitete, mittlerweile aber bereits schon die Tiefen ihres Arbeitsalltags auskosten durfte, wurde eine „Challenge[3]" ausgeschrieben, für die sich Mitarbeiter aus allen Geschäftseinheiten bewerben konnten. Die Kenia-Challenge war ein Leuchtturmprojekt des Konzerns, dass auch explizit positiv im Personalbericht 2013/2014 Erwähnung fand. Rückblickend hieß es dort: „Ein wichtiger Beitrag zur Durchsetzung agiler Arbeitsformen war 2013 die „Telekom Challenge": ein konzernweit zusammengestelltes Expertenteam entwickelte in dem Projekt eine innovative Telemedizinlösung zur Reduktion von Mütter- und Kindersterblichkeit in Kenia. Interessierte Mitarbeiter konnten sich vor Projektstart über das Intranet und das Telekom Social Network (TSN) um eine Mitgliedschaft in dem interdisziplinären Arbeitsteam bewerben. Experten aus dem Business- und aus HR-Bereichen wählten schließlich acht Mitarbeiter mit unterschiedlichen Fachkenntnissen - unter anderem in der Geschäftsmodellentwicklung, im Gesundheitsbereich oder mit beruflichen Erfahrungen in Kenia - aus. Die Mitarbeiter wurden für vier Wochen von ihren regulären Aufgaben freigestellt. Über das TSN virtuell unterstützt, arbeitete das Team entlang der agilen Arbeitsmethode Design-Thinking. Grundsatz der Arbeit im Challenge-Team war dabei: Weg von der rein technik-getriebenen Produktentwicklung, hin zu nutzerbasierten Lösungen.

Ergebnis: Die agile Zusammenarbeit begeisterte alle Beteiligten im Challenge-Team und beschleunigte überdies die Positionierung der Deutschen Telekom in Kenia als kompetenten und attraktiven Partner. Das Team präsentierte ein Portfolio aus acht innovativen Produktvorschlägen, die konzernweit Beachtung fanden. Und auch öffentliche Anerkennung gab es für die Telekom Challenge: Das

---

[3] „Challenge" (engl.) - Herausforderung. In diesem Kontext Übertragung der Bedeutung aus dem Sport. Zuerst kämpfen Personen für die Aufnahme in ein Team, dann kämpfen sie im Team für ihre Ideen, und dann kämpfen sie im Unternehmen um die Umsetzung der besten Ideen.

ein Grund, sich die ganze Antragschreiberei auf Grund von Aussichtslosigkeit zu sparen.

Bevor Romy also anfing sich genauer um die Bewerbungsunterlagen zu kümmern, musste sie dringend eruieren, inwieweit auch für sie eine Teilnahme überhaupt möglich sein würde.

Vielleicht war ja sogar, was sie bisher noch überhaupt nicht berücksichtigt hatte, ihr Team Telemedizin direkt involviert, was natürlich auch nahe lag. Immerhin waren sie nun einmal die einzigen Spezialisten im Konzern für medizinische Fernkonzepte.

Da musste also eigentlich eine solche Ausschreibung in direktem Zusammenhang mit irgendjemanden aus ihrem Umfeld stehen.

Und weil Romy bei vielen Projekten, Abstimmungen, Diskussionen außen vor gelassen wurde, sozusagen im Health-Bereich ihre eigene Mobbingvita lebte, hätte es sie auch nicht verwundert, wenn ihre Kolleginnen und Kollegen ganz selbstverständlich mit der Antwort abgewinkt hätten: „Ach, hast du das nicht mitgekommen? Das ist doch schon lange bekannt. Die Hälfte unseres Team wird in Kenia mit dabei sein und wir sind alle bereits mächtig mit den Vorbereitungen der Ausschreibung beschäftigt", wobei sie diesen Satz dann sicher mit einem süffisanten Lächeln und einem leicht sarkastischer Unterton begleiten würden.

Insofern bereitete Romy sich auch auf eine solche Überraschung vor.

Vorsichtig fing Romy also an, sich in ihrer Abteilung umzuhören.

Das eigenartige dabei war, dass anscheinend niemand im Team Telemedizin, dem ja auch Romy angehörte, von dieser Ausschreibung oder den Inhalten jemals gehört oder gewusst haben wollte.

Sicher konnte sich Romy in dieser Hinsicht natürlich nicht sein, da sie in der Regel aus Korrespondenzströmen „herausgehalten" wurde, brisant oder nicht, geheim oder nicht und ihr die Kolleginen auch schon mal ins Gesicht logen.

Egal.

Besser man hatte Romy nicht auf dem Verteiler, ansonsten wäre dies anscheinend für die eigene Karriere nicht gerade zuträglich. Anscheinend wollte man sie seitens des Konzerns nicht mit Dingen „belasten", die ihr sehr wahrscheinlich Kopfschmerzen bereiten würden.

Also sehr rücksichtsvoll.

Design Thinking: Ansatz zur Problemlösung oder zur Entwicklung neuer Ideen aus Nutzersicht. Baut auf den Grundprinzipien Team, Raum und Prozess auf. Inter- und multidisziplinäres Vorgehen. Wird u.a. in der sogenannten d.school gelehrt, am Hasso Plattner Institut of Design im Rahmen des HPI-Stanford-Design-Thinking-Research-Programms mit 16 Mio. US-Dollar vorangetrieben, Institut u.a. in Potsdam ansässig. „Sugar"-Netzwerk bietet Design Thinking für Masterstudiengänge an.

Quelle: https://hpi.de/veranstaltungen/messen/2017/sapphire-now-2017/sugar-network.html.

Hätte ihr nicht eine Freundin aus dem Konzern, und die gab es auch, den offiziellen Link zu dieser Ausschreibung zugeschickt, mit dem Hinweis, sich selbst dort bewerben zu wollen und der Anfrage an Romy: „Machst du da auch mit?", hätte Romy sicher niemals davon erfahren. Der tägliche Arbeitsdruck und die Flut von Informationen ermöglichten ihr kaum, wichtige, aber nicht dringende Informationen, die ihr Aufgabenfeld betrafen, verlustfrei zu filtern.

Ob durch Zufall, Wink des Schicksals oder vielleicht sogar Plan, erfuhr sie von dieser Ausschreibung.

Wer wusste das schon?

Also beschloss sich Romy, nachdem ihre Kollegen verneint hatten, etwas von diesem zentralen Konzernvorhaben zu wissen, sich doch zu bewerben, denn sie würde ja damit mit niemandem im Wettbewerb stehen.

Die Aktion sickerte erst langsam in ihrer Business Unit durch und auch ihre offizielle Führungskraft, Werner Rastig, schien davon nichts gewusst zu haben, was besonders merkwürdig wirkte, wenn man bedachte, wie viele Leitungssitzungen und Führungsmeetings permanent in diesem Konzern stattfanden, wovon natürlich auch Romys Bereich nicht ausgeklammert blieb. Gab es also eine konzernweite Ausschreibung zum Thema Telemedizin, ohne dass man den Chef der Telemedizin darüber in Kenntnis gesetzt hatte, ihn um seine Meinung oder sein Statement gebeten hatte?

Aber Werners erstauntes Gesicht wirkte echt, als Romy in einer Teambesprechung ihn mit diesem Aufruf konfrontierte. Oder an ihm war ein exzellenter Schauspieler verloren gegangen, denn eigentlich schien bereits die Tatsache unglaublich, dass im Bereich aneinander vorbei oder sogar gegeneinander gearbeitet wurde und eine Hand nicht wusste, was die andere gerade tat.

Und wenn man Werner wirklich nicht in diese konzernweite Vorbereitung einbezogen hatte, war dies eine klare Diskreditierung seiner Person und seiner Rolle in diesem Unternehmen.

Was beklagte sich also Romy eigentlich über Mobbing gegen ihre Person? Da gab es wohl noch andere Kandidaten, die man dann als Opfer bezeichnen konnte.

Dass es Spannungen zwischen Walter, dem Leiter des KGF Gesundheit und ihrem Chef gab, hatte Romy schon manches Mal mitbekommen, wobei sie sich nie sicher war, inwieweit hier ernsthafte Konflikte dahinter standen oder es nur um ein normales männliches Managergehabe ging, sozusagen egomanische Selbstbefriedigung in Führungskreisen par excellence. Erst viel später begriff Romy, dass zwischen diesen beiden Führungspersönlichkeiten noch ganz andere Faktoren eine Rolle spielten.

„Während Werner, mein Chef, im Osten Berlins großgeworden ist und nicht die weite Welt und deren Geschäftsgeflogenheiten gründlich kennengelernt hat, studierte Walter Ahngeier, also der Geschäftsführer der DTHS, sein Chef, Volkswirtschaftslehre und Betriebswirtschaftslehre an der University of Texas und an der Universität Köln.“

„Sag mal“, konnte sich Katharina nun doch nicht zurückhalten dazwischen zu fragen, „Texas? Hatten wir diesen Bundesstaat und natürlich auch Köln nicht immer wieder in Diskussionen, wenn es um wirtschaftsstrategische Abhängigkeiten oder offene Fragen ging? Das ist dann wohl kein Zufall, oder?“

„Ich denke nicht“, erwiderte Romy. „Vor allem konzentrieren sich viele Gerüchte hinsichtlich technologischer Entwicklungen auf Texas, Area 51, du weißt. Und komischerweise ist auch mein damaliger Freund an der Universität in Berlin, ehemaliger Geheimdienstmitarbeiter und Absolvent der Informationswissenschaften an die Uni Texas gegangen. Und jetzt im Health Bereich haben wir dort angeblich Innovationsprojekte. Aber keiner aus unserem Team den ich gefragt habe, wusste etwas darüber. Das ist besonders eigenartig, da es angeblich um Herzerkrankungen gehen sollte und wir im Team jemanden haben, der eigentlich alle Herzprojekte managen soll. Und selbst der hatte keine Ahnung." Romy schüttelte den Kopf, auch wenn diiese Intransparenz für sie nicht neu war.

„Aber Texas soll ja heute auch nicht das Thema sein, obwohl es natürlich für die gesellschaftspolitischen Hypothesen und für das Gesamtkonstrukt schon Sinn macht, auch zu wissen, woher mein Chef kommt oder welche Abhängigkeiten dort bestehen können.

Nicht zu vergessen, dass er in den vergangenen Jahren, in denen ich seine Mitarbeiterin bin, vielleicht drei Worte mit mir gewechselt hat, mir nie auf Mails antwortete und natürlich auch gemunkelt wird, dass das Redeverbot mir gegenüber und die Mobbinganweisungen von ihm kamen."

„Dann musst du doch aber eine Höllenwut auf ihn haben?"

„Ehrlich gesagt kann ich das noch nicht einmal bestätigen. Er wirkte eher immer unsicher und als schwache Führungspersönlichkeit. Doch eben nie offen oder authentisch. Irgendwie gehe ich schon davon aus, dass er in den Intrigen und strategischen Planungen im Konzern ganz tief mit drinsteckt, dabei aber eher ein Ausführender als ein Strippenzieher ist. Anscheinend wurde er in Texas irgendwie auf Linie gebracht. Wenigstens wurde anscheinend sein Denken und Handeln in volkswirtschaftlichen und betriebswirtschaftlichen Zusammenhängen so neoliberal and amerikahörig geformt, dass er im Konzern die notwendige „Antierfolgsstrategie" erfolgreich betreiben konnte. Insofern denke ich, dass er mit seinem Einstieg im *Referat Pricing* des Konzerns auch direkt begonnen hat, seinen Beitrag zur Aushöhlung und Aufweichung der Konzernstrukturen zu beginnen. Und im Bereich *Regulatory und Principle* sowie als Projektleiter Novelle Telekommunikationsgesetz hat er mit langer Hand notwendige ökonomische Strategien vorbereitet, die den amerikanischen Verbündeten wertvolle Voraussetzungen für ihre weiteren Planungen liefern.

Ab 2004 arbeitete er dann direkt im *Operating Office* Hand in Hand mit René Obermann, dem langjährigen Vorstand der Deutschen Telekom. Historische Zeugen berichten, dass seine Person nur durch das Insistieren amerikanischer Investoren auf diesen Vorstandsposten geputscht wurde.

Und Dr. Ahngeier leitete dann das Aufsichtsratsbüro und den Stab von Obermann. Im Jahr 2010 wurde er zum Leiter des strategischen Geschäftsfeldes *Vernetztes Gesundheitswesen* der T-System bestellt und verantwortete bis 2018 als Sprecher der Geschäftsführung, erst der *Deutschen Telekom Healthcare and Security Solutions*, nun nur noch der Telekom Healthcare Solutions das Business Development und damit alle strategischen Entscheidungen, die die Grundlagen für das Wegspülen, Steuern, Kanalisieren von Big-Data-Informationsflüssen direkt aus dem Konzern betraf."

„Traust du ihm denn Wirtschaftsspionage, und so wie du es berichtest ja sogar Wirtschaftssabotage zu?", fragte Katharina nun doch noch einmal nach.

„Wenn ich bedenke, wie eigenartig er sich die ganze Zeit verhalten hat, welche komischen und überhaupt nicht betriebswirtschaftlich relevanten Projekte er für den Konzern ins Leben gerufen hat oder besser nicht angefasst hat, wieviele lukrative Geschäfte er trotz Gewinnaussichten abgemanaged hat, dann fällt mir keine andere Hypothese dazu ein.

Und warum geht eine Führungskraft so fahrlässig mit den ihm anvertrauten humanen Ressourcen um?"

„Du meinst deinen Mobbingfall?"

„Ja. Bin ich denn ein Monster? Warum mobbt er mich als ehemalige Professorin und Expertin bereits mit Beginn meiner Tätigkeit im Team? Ich kann zwar auch meinen, dass dieser Psychoterror auf dem Mist von Werner gewachsen ist. Aber irgendwie halte ich ihn dafür aus seinem Herzen heraus für zu gutmütig. Er hat nicht diese eiskalte Chuzpe wie Walter. Und als Chef kannte er mich ja eigentlich nicht. Wir waren uns im Vorfeld nur ein oder zweimal begegnet. Bereits dort ließ er mich ewig warten, speiste mich dann in der Empfangshalle ab und legte generell schon mal eine ablehnende Haltung an den Tag. Warum wies er die Kollegen an, sich mir gegenüber so unmenschlich zu verhalten, dass mein Alltag nur noch zum Heulen aussah, anstelle, dass ich produktiv und erfolgreich gute Projekte umsetzen konnte? Warum nutzte er nicht mein Interesse, mein Engagement, meine Fähigkeiten und Kapazitäten in seinem Bereich, um daraus Erfolge zu generieren? Immerhin hatte er mich oder wenigstens die Konzernabteilung Human Ressources als Leistungsträger in den Konzern geholt? Warum behandelte er mich letzendlich wie den letzten Dreck?" Romy spürte, dass sie noch nicht wirklich über diesen emotionalen Kränkungen der aktuellen Vergangenheit stand.

„Ich weiß, dass die Zeit furchtbar war und du hast auch recht, dass das irgendwie alles wirklich eigenartig ist. Aber erzähle mal weiter von dem Design Thinking Projekt."

Und Romy setzte ihre Ausführungen fort.

Eine zentrale Voraussetzung für die Bewerbung bestand allerdings darin, dass der direkte Vorgesetzte, die Einreichung des Antrages unterstützte. Dies musste auch auf dem einzureichenden Formular bestätigt werden. Was sollte Romy da tun?

Sie war sich nach ihren Mobbingerfahrungen fast sicher, dass Werner ihr die Teilnahme direkt verbieten würde. Schon auf Grund dessen, dass es ja die zentrale Anweisung gab, ihr das Leben im Konzern zur Hölle zu machen und sie nun sicher nicht auf eine Wohlfühltour nach Kenia als Incentive zu entsenden.

Doch davon hatte Romy natürlich noch keine Ahnung.

Mit einem Kommentar wie: „Du hast doch wohl andere Sorgen", würde er ihr bestimmt aggressiv und ablehnend begegnen, so wie Romy ihn kannte.

Sie musste eine Bewerbung einfach erst einmal ohne Einwilligung riskieren, wenn ihr Herz daran hing und dann, sofern sie eine Runde weiter wäre, pokern. Sicher war die Chance sowieso nicht groß, wenn die Option bestand, dass sich weltweit Mitarbeiter beteiligten, die bestimmt garantiert mehr Erfahrungen im Telekommunikationsgeschäft und im Konzern besaßen. Dass die Wahl auf Romy treffen würde, war dem zufolge gering. Warum sollte sie sich deshalb im Vorfeld verrückt machen? Wenn es dazu käme, würde ihr vielleicht immer noch etwas einfallen.

In der vergangenen Zeit hatte sie bereits immer wieder bedauert, dass ihr Chef ihr nie Weiterbildungen genehmigte obwohl dies im Konzern eigentlich zur Kultur dazu gehören sollte. Bei einer Veranstaltung für neue Mitarbeiter, die zentral im Konzern organisiert wurde, musste Romy ihn bereits austricksen, in dem sie ihn einfach vor vollendete Tatsachen stellte, nachdem sie die Reise bereits gebucht hatte. „Ich dachte, dass wäre eine Pflichtveranstaltung für alle Neuen, so etwas wie eine zentrale Einweisung", bemerkte sie kühn.

Natürlich war es auch so etwas, aber natürlich musste niemand daran teilnehmen und vielmehr entsprach diese Veranstaltung einer großen Willkommensparty, um motiviert und gestärkt an die bevorstehenden Aufgaben im Konzern zu gehen und gegebenenfalls erste nützliche Kontakte zu knüpfen.

Gern hätte Romy zum Beispiel wie ihre Kollegen an Führungskräfteschulungen teilgenommen, als Voraussetzung, um sich später im Konzern auf eine leitende Position bewerben zu können. Auch wenn sie bestimmt viele Fähigkeiten und Kenntnisse, die dort vermittelt wurden, bereits besaß, schien es im Unternehmen wichtig zu sein, diese formalen Schritte zu durchlaufen, um überhaupt die Gelegenheit zu bekommen, sich für eine höhere Position zu bewerben.

Wenn Romy einen solchen Wunsch gegenüber Werner äußerte, winkte der nur kommentarlos ab.

Romy hätte es als hilfreich empfunden, von Zeit zu Zeit ihr erworbenes Wissen aufzufrischen und auch, ihr Fähigkeiten zu trainieren. Außerdem gab es im Konzern so viele Baustellen im Hinblick auf konkrete Telekommunikations(TK)-Produkte, bei denen sie auch wirklich realen Weiterbildungsbedarf besaß.

Außerdem machte der Austausch mit anderen Kollegen natürlich auch einfach Spaß. In der Gruppe lernte es sich oft besser und ein bisschen Ferienlagerfeeling hatte bisher auch noch keinem Erwachsenen geschadet. Für Romy hätten solche Schulungen zudem eine willkommene Ausweichmöglichkeit dargestellt, um ihrer isolierten Mobbinghölle und ihrer permanenten „Einzelkämpferposition" zu entfliehen, wenn auch nur für kurze Zeit, aber vielleicht auch mit der Möglichkeit, sich danach in einem anderen Umfeld zu bewähren, um den Strukturen zu entkommen, in denen sie zwar ursprünglich freiwillig gelandet war, nun aber eher gezwungenermaßen festhing. Schon allein deshalb wurde ihr wohl auch keine „einfache" Weiterbildung oder die Teilnahme an einem Seminar gestattet, obwohl es auch rechtliche Rahmenbedingungen gab, auf denen Romy im Zweifel hätte bestehen können. Doch sie hatte keine Lust auf juristischen Stress.

Romy verstand das klare Signal: „Was willst du dich noch weiterbilden, wir gehen davon aus, dass du den Konzern sowieso schnellstmöglichst verlässt."

Insofern wollte sie unbedingt diese konzernübergreifende Bewerbung absenden. Doch plötzlich tauchte ihre Bonner Kollegin Tanja Mehlpocke, im Büro auf, die eher selten in Berlin weilte. Sie begriff sich als Drehscheibe der Macht an der Seite des Geschäftsführers Dr. Ahngeier. Sie organisierte für und mit ihm das politische Lobbying. Sie war in alle Vorbereitungen von Vorstands- und Geschäftsführungsentscheidungen involviert. Gern berief sie sich auf ihre erfolgreiche vergangene Karriere an der Seite der Bundesgesundheitsministerin. Und genau diese Kollegin, kam lautstark wie immer ins Büro gepoltert, wobei sie lauthals über den Vorbereitungsaufwand des Kenia-Projektes „tönte" und „stöhnte".

Die Mitarbeiterinnen im Berliner Büro schauten sich verwundert an. Jedenfalls meinte Romy Erstaunen aus ihren Blicken ableiten zu können. Endlich war damit klar, aus welcher Ecke dieses kenianische Telemedizinprojekt kam. Tanjas Selbstbewusstsein reichte allemal, um über die Köpfe von Werner und dem Telemedizinteam eine solche PR-Aktion für ihren Chef zu initiieren, einfach „Kraft ihrer Wassersuppe" und im Alleingang durchzudrücken. Allerdings war unverständlich, mit welchem Ziel sie dies an den Mitarbeitern vorbei organisiert hatte. Aber sicher gab es dahinter eine Strategie. Denn die gab es ja in der Regel immer. Insofern musste Romy aber ihre Kommunikationstaktik anpassen, denn nun war klar, dass ihr Bereich doch involviert war.

Also fragte Romy Tanja naiv und ganz wie nebenbei:

„Sag mal, können wir uns eigentlich auch aus unserem Bereich Telemedizin für die Teilnahme bewerben oder gibt es Einschränkungen, weil wir ja inhaltlich eigentlich im Vorteil sind? Immerhin kommen wir genau aus dem Bereich der Challenge."

Tanja, spontan und wie immer großspurig, anscheinend auch leichtsinnig oder ungläubig hinsichtlich der Chancen, die eine solche Bewerbung von Romy hätte, antwortete abweisend und überheblich, aber für Romy sehr hilfreich: „Warum nicht? Ich wüsste nicht, dass ihr euch nicht bewerben könnt."

Und wie immer schaute Tanja Romy mit einem Blick aus Verachtung und Mitleid an. Vielleicht täuschte sich Romy aber auch, was ihre Interpretation anbetraf und sie erkannte nicht die wirkliche Rolle ihrer Kollegin in diesem Spiel, bei dem wohl alle irgendwie involviert zu sein schienen und ihre entsprechenden Rollen verkörperten.

Aber die Hypothese des absichtvollen, anscheinend unabsichtlichen Informierens kam Romy erst viel später. Oder Tanja hatte bereits Wind davon bekommen, dass sich Romy mit dem Gedanken einer Bewerbung trug.

Tanja bespaßte andere Lobbyisten, die Politik, die Institutionen im Rahmen offizieller Veranstaltungen in Berlin.

Häufig stöckelte sie auf hohen Schuhen und Minirock, gut gerüstet für regulatorische Einflussnahmen im Sinne des Konzerns, umweht von einer dichten Parfümwolke durchs Büro. Manchmal telefonierte sie, häufiger stand sie aber mit der Team-Assistentin zusammen, trank Kaffee und tratschte über den neuesten Unternehmensklatsch oder über mediale Ereignisse, die einfach besprochen werden mussten.

Richtig produktiv hatte Romy sie eigentlich nie tätig werden sehen. Aber sicher war das Bespaßen von und das Dealen mit Gesundheitsverbänden und Ministerialräten, Staatssekretären und Controllern auch nicht nur Spaß, sondern benötigte Kondition und kostete Zeit. Viel Zeit. Vor allem in den Abendstunden und den Nächten. Und als Sprachrohr von Ahngeier hatte sie natürlich oft die Aufgabe, ihm den Rücken freizuhalten, wobei ihr sicher ihre schnoddrige und patzige Art sehr entgegenkam.

Sie war eben „Jemand" bei der Deutschen Telekom.

Noch Fragen?

Zu diesem Zeitpunkt glaubte Romy noch an einen Zufall, dass Tanja das Konzernprojekt „Challenge" so lautstark durch das Büro trug. Eigentlich gehörte sie überhaupt nicht zum Telemedizin-Team, sondern hauptsächlich eben zum Lobby-Staff von Dr. Ahngeier, politisch gepolt und „meinungsbildend" unterwegs.

Und dass sie in ihrer Vergangenheit bereits die Bundesgesundheitsministerin auf ihren Reisen begleitet hatte, gehörte zu ihrem wiederholten Geschichten-Repertoire.

Bei all diesem Getöse festigte sich bei Romy allerdings der Gedanke, dass Werner ursprünglich wirklich nichts von dem internationalen Telemedizinvorhaben wusste. Vielleicht sollte dieses eigentlich ganz stillschweigend, einfach an der Abteilung vorbei über die Bühne gebracht werden? Und durch ihre Frage an Werner war es nun irgendwie „hochgekocht"?

In jedem Fall schien es, dass allein Ahngeier dies im Rahmen seiner „strategische Planungen" gemeinsam mit Tanja zu verantworten hatte, entweder auf Weisung, in jedem Fall aber in Abstimmung mit dem Konzernvorstand.

René Obermann befand sich zu dieser Zeit bereits auf dem Absprung aus dem Konzern und übergab Tim Höttges seinen Führungsstab. Die Schirmherrschaft für das Projekt trug Frau Prof. Marion Schick[6], Personalvorstand der Deutschen Telekom von 2012 - 2014.

Romy verstand nicht, warum Tanja überhaupt im Gemeinschaftsbüro des Telemedizinteams einen festen Schreibtisch besaß und nicht bei den Lobbyisten, bei den Klinikern oder einfach flexibel ganz woanders. Werner äußerte einmal den Verdacht, dass man sie nur in das Berliner Team „gesetzt" hatte, um in der regionalen Außenstelle, in der Hauptstadtdependance, von Zeit zu Zeit immer mal nach dem Rechten „zu lauschen", so dass dort auch nichts aus dem Ruder lief. Dementsprechend war Werner auch nicht gut auf Tanja zu sprechen. Der Keil, der über sie zwischen Walter und Werner kontinuierlich getrieben wurde, war nicht zu übersehen. Die Option des Spionierens schien Romy vorstellbar, denn niemand verstand vor allem, warum sie bei internen Teambesprechungen immer dabei war. Auf Grund ihrer wichtigtuerischen Art und als Liebling von Ahngeier, wie sie sich auch nie zu fein war selbst zu betonen, hatte auch Werner sie „gefressen". Das sie dabei anscheinend auch nur eine Rolle spielte, erkannte Romy erst viel später, als Tanja wie nebenbei einmal fallenließ, dass sie früher beim Geheimdienst gewesen sei. Was bedeutete denn dabei „früher"? War dies ein Job, in den man mal einfach ein- und dann wieder ausstieg? Zumal, wenn man sich an einer so zentralen Position wie Tanja, in einem höchst sicherheitskritischen Umfeld des wichtigsten Telekommunikationskonzern Deutschlands befand?

In den Unterlagen zur Kenia-Challenge wurde damit geworben, dass die Reise und die Projektentwicklungen von Experten beglei-

[6] Marion Stefanie Schick (geb. Pilnei, 1958 in Schrobenhausen) - dt. Ökonomin, Hochschullehrerin, Politikerin (CDU), 2012 - 2014 Personalvorstand der Deutschen Telekom AG, 2010 - 2011 Ministerin für Kultus, Jugend und Sport des Landes Baden-Württemberg, Vorstand Fraunhofer Gesellschaft, 1987 - 1990 ADAC und Allianz AG, 1993 Optische Werke Rodenstock, ab 1993 Professorin für Personalführung, Kostenrechnung und allgemeine Betriebswirtschaftslehre Fachhochschule München, 1997 Prodekanin des Fachbereichs Wirtschaftsingenieurwesen, 2000-2008 Präsidentin der Hochschule für angewandte Wissenschaften München, 2006 -2008 Vorsitzende der Präsidenten- und Rektorenkonferenz der Bayrischen Fachhochschulen (PRK Bayern).

tet werden würden. Repräsentierte nun Tanja ihren Telemedizin-Bereich oder würden dort noch andere Fachleute mitwirken?

Romys „ordentliches" Telemedizinteam gehörte ja bisher nicht dazu. Später, als Tanja das Büro verlassen hatte, füllte Gossip den Raum: „Typisch wie immer, wir wissen wieder von nichts. Und man informiert uns noch nicht einmal. Ist doch echt zum Kotzen hier, oder?"

War das nur gespielt oder ehrlich? Auf Romy wirkte die Entrüstung der Kolleginnen sehr echt.

Aber wer würden denn dann die vermeintlichen Experten sein?

Herr Dr. Ahngeier war in jedem Fall der Themensponsor, soviel hatte Romy mittlerweile dem Tanja-Sprech entnehmen können. Eine interessante Wortschöpfung: Themensponsor.

Was man nicht heutzutage alles sponsorn konnte.

Außerdem saß eine *Azubine*, also eine weibliche Auszubildende nun manchmal, wenn auch eher selten, mit am Schreibtisch von Tanja, um sie angeblich bei der inhaltlichen Vorbereitung der Ausschreibung zu unterstützen. Ohne großartige Vorstellung klemmte sich das Mädchen mit an Romys gemeinsamen Schreibtischblock.

Aber immer noch konnte Romy nicht erkennen, dass Vertreter aus dem Team International, Technik- oder Telemedizinexperten involviert waren. Nur diese Azubine?

Welche Qualität sollte denn in diesem Projekt angestrebt werden, wenn nicht einmal die Kollegen und Kolleginnen aus dem Team Telemedizin involviert waren, nicht an den Schwerpunkten, strategischen Zielen aber auch der Voranalyse mitarbeiteten?

Romy, mit der Auszubildenden de facto am selben Tisch sitzend, hätte sicherlich inhaltlich einiges zu internationalen eHealth-Entwicklungen beitragen können. Aber wie immer wurde sie ignoriert.

Tanja Mehlpocke saß Romy gegenüber und gab den großen Lehrmeister, Coach und Vorgesetzten. Sie stellte ihr noch nicht einmal die neue, wenn auch nur zeitweilige Mitarbeiterin vor, von deren lauten Gesprächen sich Romy bei der Bearbeitung ihrer eigenen Projekte hätte „gestört" fühlen können, auch wenn Romy solche Lärmbelästigungen in der Regel unberührt ließen. Das Mädel konnte ja auch nichts dafür, dass sie, im wahrsten Sinne des Wortes für eine Art Psychoterror missbraucht und vorgeführt wurde.

Sollte es Romy kränken, sie, die in der Lehre jahrelang diese Themen mit jungen Leuten bearbeitet hatte, die Innovationsprojekte an der Universität mit Studierenden konzipiert und bewertet hatte, zuhören zu müssen, welche Planungen die beiden machten ohne auch nur gefragt zu werden? Wollte man sie auf diese Art wieder einmal demütigen und ihr zeigen, wie man ihre Leistungen wertschätzte?

Wollte man sie mit diesem vermeintlichen „Schachzug" endgültig zum Hinschmeißen ihres Jobs bewegen, zur Kündigung „motivieren"?

Oder wurde erwartet, dass sie auf Grund dieser Planungsentscheidungen protestierte? Sollte sie laut werden? Sich beschweren?

Doch Romy hatte gelernt, sich in bestehenden Strukturen ein- oder auch unterzuordnen und dabei bestehende Hierarchien zu akzeptieren, immerhin gehörte sie noch zu den Lernenden im Konzern. Auch wenn sie sich vielleicht nicht auf einer Stufe mit der Auszubildenden sah, die nun, dank der Adelung von Tanja, blitzartig zur Expertin für afrikanische Telemedizin aufstiegen war.

Mehr als einmal hatte Romy die Idee an ihre Führungskräfte herangetragen, selbst junge Leute zu betreuen und mit ihnen gemeinsam an Geschäftsmodellen und Marktstudien zu arbeiten, zumal öfter aus den zentralen Bereichen Angebote für Praktikanten und Studierende als Rundletter in alle Abteilungen geflattert kamen und dies bei Romy den Eindruck hinterließ, dass der Konzern sich darüber freute, fachlich und methodisch gute Anleitungen für junge Nachwuchsmitarbeiter zu finden. Eigentlich hätte Romy nur direkt darauf reagieren müssen. Aber dies war ihr untersagt worden. Als Angestellte im mittleren Management entschied dies allein ihre Führungskraft. Und die konnte darin keinen Sinn erkennen.

Als wieder einmal eine solche Rundmail eintraf, fragte Romy trotzdem bereits mehrfacher Ablehnungen im Kollegenbereich nach, ob irgendjemand Interesse an einer Unterstützung hätte und ob es prioritäre Projekte gäbe, für die diese Hilfskräfte eingesetzt werden sollten und könnten. Romy dachte nicht daran, einmal getroffene Entscheidungen als feste Größe, festgeschrieben für die Zukunft zu akzeptieren.

Und niemand zeigte Interesse. Alle winkten ab.

„Dafür haben wir keine Zeit", hieß es klar. Also für Romy doch eine Gelegenheit, noch einmal ihr Glück zu versuchen. Nachdem sie also die Ablehnung aller abgewartet hatte, bot sie wieder an, die Betreuung zu übernehmen. Sehr konkret beschrieb sie die Aufgaben im Rahmen ihrer Projekte, die sehr gut von Praktikanten hätten ausgeführt werden können. Aber ihr Antrag wurde, wie konnte es anders sein, auch dieses Mal, unbegründet von ihrer Führungskraft abgelehnt. Romy sollte anscheinend in keinem Fall von einer solchen Möglichkeit profitieren. „Besser keine Unterstützung im Team, als eine, betreut durch Romy", schien die einmütige Antwort zu lauten.

Während sich die Mobbingformate ihr gegenüber abwechselten, die täglichen „Spielarten" wandelten, blieb die Situation sukzessive aber gleichbleibend auf einer kritischen Stufe.

Romys emotionale Verfassung schwankte dementsprechend täglich, teilweise im Stundentakt, auch wenn sie innerlich wusste, dass sie die Umstände im Büro nicht verschuldet hatte und eigentlich kaum Einfluss auf den Tagesablauf nehmen konnte.

Trotzdem bemühte sie sich weiterhin, äußerlich einen ausgeglichenen, kooperativen und vor allem professionellen Eindruck zu hinterlassen. Leise und in der Regel in ihrer eher zurückhaltenden Art versuchte sie, Tag für Tag und diese irgendwie zu überstehen.

Deshalb ging wohl auch niemand davon aus, dass sie sich bei einem offiziellen Bewerbungsgespräch gegen die zahlreichen, vor allem auch internationalen Konkurrenten durchsetzen würde.

Und insofern nahm man auch ihren allgemeinen, wie nebenbei dahingesagten Kommentar: „Da könnte ich mich ja auch einmal bewerben", nicht wirklich ernst.

Letztendlich sollten ja nur acht Mitarbeiter aus dem nationalen und internationalen Umfeld von mehr als 220.000 Mitarbeitern ausgewählt werden. Natürlich nur von denjenigen, die sich auch bewarben, und dann nur von denen, die diese Ausschreibung überhaupt bewusst als Information auf ihrem Desktop wahrnahmen oder die ihnen explizit in den eMail-Kasten geflattert war, worauf sich der potentielle Bewerberkreis schon beachtlich einschränkte. Kam dann noch das persönliche Interesse als Schnittmenge hinzu, schränkte sich der Kreis noch weiter ein.

Romy „erfuhr" später, dass sich offiziell um die sechzig Mitarbeiter aus allen Ländern für die Kenia-Challenge beworben hatten. Ob mit dem Ziel, wirklich in Kenia telemedizinische Projekte umzusetzen, einfach nur, um dem stressigen Alltag im Konzern zu entfliehen oder im Ausland spannende Erfahrungen zu sammeln, Abenteuer zu erleben, wusste Romy natürlich nicht.

Warum allerdings, wenn es denn im Konzern schon einen Bereich Telemedizin gab, dieser bei einer solchen Challenge überhaupt nicht in Erscheinung trat, verstand Romy nicht. Warum anscheinend auch Erfahrungen und Know-How in keinster Weise einflossen und welchen Zweck der Konzern dann generell mit einer solchen Maßnahme beabsichtigte, auch nicht.

Oder gab es vielleicht offiziell gar kein Team Telemedizin?

Aber das war natürlich absurd.

Doch in Gesprächen mit Kollegen aus dem „richtigen" Konzern erlebte sie öfter, dass dort kaum Wissen über die neue Health-Struktur existierte, geschweige denn über deren Ziele und Projekte.Die Insider-Erfahrungen hätten doch einen wertvollen Beitrag zur Verbindung von nationalen Projekten, bereits angedachten Geschäftsmodellen und neuen internationalen Herausforderungen in Kenia bedeuten können. Gern hätte Romy im Rahmen der Vorbereitung für eine solche Challenge all das weitergegeben. Aber naturgemäß fragte man sie wie immer nicht.

Da Romy aus dem ersten Jahr im Team Telemedizin, trotz weitestgehender Isolation, immer noch einige Schwerpunkte, Zielstellungen, Prozesse und übliche Herangehensweisen mitbekommen hatte, um daraus schnell praktikable marktrelevante Lösungen zu konzipieren und zumal damit geworben wurde, die starren und langwierigen Bewilligungsprozesse auf Grund der in der Challenge angewandten Design Thinking Methode abkürzen zu können, hoffte Romy doch insgeheim und inständig, in das Team zu gelangen.

Dabei rechnete sie sich mittlerweile eine Fifty-Fifty-Chance aus. Ihr war klar, dass letztendlich eine Entscheidung, wer teilnimmt oder nicht, auch politisch geprägt sein würde.

Romy gab sich Mühe, eine „ordentliche" Bewerbung zu erarbeiten. Wie immer war sie auf den letzten Drücker unterwegs.

Zwischendurch schwächelte sie dabei mehrmals, ob sie sich diesen Stress überhaupt antun sollte. Nur mit einer zeitlichen Hauruck- und Nachtaktion von einem Samstag auf einen Sonntag schaffte sie es. Zum Glück hatte man den Bewerbungsschluss auf ein Wochenende gelegt. So wollte man anscheinend offiziell sicherstellen, dass die meisten Interessierten ihre Anträge außerhalb ihrer regulären

Arbeitszeit vorbereiten konnten. Und sicher auch, weil man wusste, dass die überwiegende Zahl der Bewerber sowieso während des Jobs, innerhalb des „täglichen Wahnsinns" nicht die Zeit finden würden, etwas Vernünftiges zustande zu bringen.

Als Romy nach einigen Tagen die Information über und eine Anfrage für ein Telefoninterview erhielt, fühlte sie sich glücklich. Das war wenigstens eine kleine Anerkennung dafür, dass sie vielleicht nicht vollkommen weltfremd mit ihren Strategien und Meinungen unterwegs war.

Das telefonische Bewerbungsgespräch verlief in unerwarteter Weise für Romy sehr gut. Sie stellte viele Fragen, über die auch die Interviewer bisher kaum nachgedacht hatten und äußerte neue Ideen. Es drohte, dass sie wirklich in den Kreis der acht Übriggebliebenen aufgenommen werden würde. Eine offizielle Nachricht sollte ihr in den nächsten Tagen zugesandt werden.

Nun lag vor Romy allerdings die nächste Hürde. Würde ihr es gelingen, ihrer Führungskraft Werner eine Unterschrift für diese Reise „abzuluchsen"?

Da er ihr bisher noch nie etwas bewilligt hatte und sie in der Hackordnung im System an unterster Stelle stand, schienen die Aussichten nicht wirklich gut. Aber darüber war sich Romy ja bereits im Vorfeld im Klaren. Wenn man sie aus dem Konzern drängen wollte, würde man ihr nicht noch eine solche Auszeichnungsreise ermöglichen. Trotz erfolgreicher Bewerbung, bestand letztendlich die Gefahr, an Werner Rastig zu scheitern.

Das wusste Romy: Ohne Unterschrift der Führungskraft keine Teilnahme. Romy musste geschickt einen Moment abwarten, an dem er nicht viel Zeit haben würde, darüber nachzudenken. Und sie musste ausnutzen, dass er oft impulsiv entschied: „Ich bin der Chef und kann das", ohne manche Dinge gründlicher zu durchdenken, weil er sich gereizt, vielleicht aber auch verunsichert fühlte.

Romy wagte den Vorstoß im Rahmen eines Jour fixes, zwei Tage später, bei dem alle Teammitglieder anwesend waren:

„Übrigens habe ich mich für diese Challenge in Kenia beworben, ist doch o.k. gewesen, oder? Tanja meinte, wir können uns da auch alle bewerben."

Es wurde merklich still in der Runde und Romy spürte, wie Werner rot anlief.

„Hast du mich im Vorfeld gefragt, war das abgesprochen?" keifte er kurzatmig, bereits den Tonfall, wie vor Beginn eines cholerischen Ausbruchs. „Dafür war doch bestimmt mein Einverständnis notwendig, oder?"

„Ja, aber Tanja meinte, das wäre kein Problem. Und immerhin ist sie ja die rechte Hand des Chefs und maßgeblich mit der Organisation dieser Challenge betraut. Da bin ich davon ausgegangen, dass das damit führungsseitig so o.k. ist", setzte Romy scheinheilig und naiv tuend fort. Sie war froh, dass Tanja gerade in Bonn weilte, da Romy sonst eine andere Taktik hätte wählen müssen. Sie wusste, dass sie Werner mit seinem Chef und Tanja austricksen konnte.

Die drei waren sich nicht grün.

Mit dem Argument, dass Tanja ihre Bewerbung bestätigt hatte und damit vermeintlich auch Ahngeier hinter dieser Entscheidung stehen musste, gab sie Werner das Argument in die Hand, Romy als Waffe auszuspielen. Sie hörte förmlich den Dialog hinter den Kulissen:

Ahngeier: „Bist du verrückt geworden, Romy mit zur Challenge zu lassen? Du weißt, wir haben andere Pläne. Das fehlt mir gerade noch."

Rastig: „Wenn du meinst, dass es besser ist, mich mit meinem Team nicht in die Vorbereitungen der Kenia-Challenge einzubeziehen, mich damit lächerlich machen zu müssen, indem du mir generell dieses ganze Projekt verschweigst und Tanja allein mit den Vorbereitungen betraust, die darüber noch laut rumtönt, dann kann ich da auch nichts machen."

Aus Trotz würde Werner jetzt unterschreiben und wenn die Unterschrift beim HR-Team für die Besetzung der Reise vorliegen würde, hätte Ahngeier wiederum im Nachgang schlechte Karten, verständlich zu machen, warum er Romy nun wieder aus dem Projekt abziehen wolle, wo doch die Unterschrift der unmittelbaren Führungskraft drauf stand, ohne nicht selbst inkompetent oder desorganisiert zu erscheinen.

„Außerdem warst du ja auch in den letzten Tage nicht da", schob Romy als weiteres Todschlagargument hinterher. „Wir wussten weder wo du warst, noch wann du wieder im Büro auftauchen würdest."

Natürlich meldete sich Rastig bei ihr nicht ab, aber Romy hatte durch Gespräche der Kollegen mitbekommen, dass es wohl in der letzten Zeit Stress hinsichtlich bestimmter Termine mit Werner gegeben hatte. Woher wollte Rastig also wissen, mit wem Romy gesprochen hatte?

Werner wusste, dass die Fortsetzung dieser Diskussion im Team müßig wäre, da letztendlich die schwere Kritik von Ahngeier im Raum stehen bleiben würde:

„Du hast deine Leute nicht im Griff und schon gar nicht Romy. War es nicht das Ziel, sie innerhalb der ersten Monate fertig zu machen und dann rauszukanten? Den Rausschmiss innerhalb der Probezeit hast du schon versemmelt. Schlimm genug, dass sie hier immer noch mit großen Ohren alles mitbekommt und mit ihrer nervenden Art alles durcheinander bringt. Ihre Teilnahme an der Kenia-Challenge ist nun wirklich der Obergau. War uns nicht klar, dass Romy möglichst nirgendwo im Unternehmen ihre Leistungsfähigkeit präsentieren sollte? Und natürlich, dass niemand aus dem Telemedizinteam direkt mitfliegen sollte? Dann müssen wir uns im Nachgang mit den Ergebnissen rumplagen, die sonst im Konzernnirwana einfach versanden."

Und er setzte nach:

„Romy soll hier bloß nicht in eine Wohlfühlposition rutschen. Immerhin gibt es jetzt nur noch die Chance, dass sie auf Grund des Drucks selbst schmeißt und sich etwas anderes sucht. Aus betriebsrechtlicher Sicht haben wir im Moment echt schlechte Karten. Und wenn sie erst mal irgendwo erfolgreich Ergebnisse aufweist, dann können wir das mit großer Wahrscheinlichkeit total vergessen. Sieh zu, dass du sie taktisch aus dem Spiel nimmst. Je schneller, desto besser."

Werner hatte keine Lust auf diese Auseinandersetzung mit seinem Chef. Hier half es also nur, direkt anzugreifen und Ahngeier die Schuld in die Schuhe zu schieben.

„Du hast doch Romy die Teilnahme selbst zugesagt", würde er Walter erwidern.

Auch wenn das nicht stimmte, würde letztendlich Aussage gegen Aussage stehen. Und das waren beliebte Spiele im Konzern. Fingerpointing gehörte zu den meist verbreitetsten Beschäftigungen. Meistens kochte die Situation so hoch, war die Eskalation so groß, dass sowieso niemand mehr auf die Inhalte achtete. Es schien nur noch darum zu gehen: „Fressen oder gefressen werden." Das Haifischbecken ließ grüßen.

Aber das konnte Romy natürlich auch für sich ausnutzen.

Wie bei Kindern, die ihre Eltern gegeneinander ausspielten, stellte dieses Vorgehen für Romy die einzige Lösung dar: Wenn zwei sich stritten, freute sich der Dritte, und in diesem Fall „die Dritte".

Allerdings war ihr bisher noch immer unverständlich, warum man um sie herum ein so großes Feindbild aufgebaut hatte, warum sie sich überhaupt um solche Fragen einen Kopf machen musste, warum man sie mit einem angeordneten Mobbing- und Bossingplan belegte?

Vielleicht aber genau auf Grund dieser Eigenschaften? Besaß sie ein taktisches Geschick, dass alle Konzepte ins Wanken bringen konnte, wenn es schlecht lief? In jedem Fall betrachtete man sie als Störgröße im Bereich, daran gab es kein Rütteln.

Nun saß Werner also im Kreise seiner Mitarbeiter, konfrontiert mit einer notwendigen Entscheidung gegenüber Romy. Sein Kopf schien zu rauchen und die möglichen Szenarien sich über ihm zu Tornados zu verwirbeln. Die Mitarbeiter schwiegen und blickten erwartungsvoll auf Werner. Solche Situationen waren natürlich für den Kollegen-Gossip ein gefundenes Fressen.

Romys Chef raufte sich, wie immer in solchen Situationen seine Haare. Irgendwie schien es ihm nichts auszumachen, dass er danach ein leicht wahnsinniges Erscheinungsbild abgab. Anscheinend registrierte er es selbst nicht bewusst, denn bestimmt hatte ihn noch nie jemand darauf hingewiesen. Was hätte man aber auch sagen sollen: „Chef, du siehst echt irre aus, wenn deine Haare wirr in alle Richtungen ragen."?

Werner schluckte. Es war ihm anzumerken, dass ihm Romys Antwort, Tanja hätte ihre Bewerbung bestätigt, nicht schmeckte. Alle wussten, dass vor allem Werner und Tanja einander spinnefeind waren und wenn es hart auf hart kam, Tanja die besseren Karten bei Walter Ahngeier haben würde.

Und „Ober" stach bekanntlich „Unter", hatte Werner selbst immer gegenüber Romy angeführt.

Die Gedanken hinter Werners Stirn flogen förmlich hin und her, seine Stirnfalten zogen tiefe Rinnen, um zu einer Lösung zu kommen, wie er diese Bewerbung doch noch verhindern könnte, ohne persönlichen Schaden zu nehmen, aber auch nicht in den offenen Kampf oder besser das offene Messer von Walter zu geraten. Ihm war bewusst, dass Walter darüber in keinem Fall begeistert sein würde. Er hasste Romy und ihr „freiwilliger" Weggang war erklärtes Ziel.

Wie sollte Werner jetzt aber im Teammeeting, mit „zig" Zeugen argumentieren, ohne Gefahr zu laufen, dass Romy offiziell die Bossing-Karte zog? Selbst wenn alle Teammitglieder angehalten waren, Romy zu ignorieren oder ihre Arbeit zu sabotieren, konnte er nicht hundertprozentig sicher sein, dass nicht doch irgendwann irgendjemand einmal reden würde. Beate zum Beispiel, war nicht auf seiner Seite und vielleicht würde sie ja seine Position zum Kippen bringen, wenn sich die beiden Frauen verbündeten? Dieses Risiko wollte er nicht eingehen. Bei HR[7] hatte Werner bereits zahlreiche rote Punkte gesammelt und noch einige Konfliktgespräche offen. Was allerdings im Konzernkontext betrachtet, nicht wirklich eine Gefahr zu bedeuten schien.

Noch vor Kurzem hatte er einen Vertriebskollegen, Karl, böse reingelegt. Dieser sollte „Dinge" verkaufen, die dann nicht geliefert werden konnten. Karls Ruf bei seinen Kunden stand auf dem Spiel. Er ließ sich dies nicht gefallen und eskalierte den Vorgang bis in eine der obersten Hierarchieebenen im Konzern. Die Situation brannte. Karl machte kein Hehl daraus, was er von den Qualifikationen sowohl von Walter als auch von Werner hielt. Ohne große Umschweife bezeichnete er den ganzen Bereich schon mal als maroden Saustall. Da er durch den Vertrieb immer eng am realen Geschehen war, an den Bedürfnissen der Kunden spürte er noch einmal stärker, wie sich das Missmanagement auf seine Umsätze und seine Kundenbeziehungen negativ auswirkten.

Da dieser offene Konflikt aber in eine Sackgasse zu laufen drohte, mussten die offiziellen Konzern-Spielregeln angewandt werden.

Also wurde mit Werner und ihm ein Schlichtungsgespräch durchgeführt. Allerdings ergaben sich daraus keine wirklichen Konsequenzen für Werner.

Wie war das möglich?

Romy hatte indirekt gehofft, dass nun sein Kopf rollen würde und sie einen neuen Chef bekäme, dass die nachweislich sachlich kor-

---

[7] HR = Human Ressources - Personalabteilung.

rekten Anklagen des Vertriebsmitarbeiters Gehör finden und daraus neue Entwicklungen und ein Umsteuern resultieren würden.

„Sie sind als Führungskraft leider für den Konzern nicht mehr tragbar", erwartete Romy aus dem Personalbereich als klare Ansage.

Aber weit gefehlt.

Karl war ein netter Kollege. Professionell. Witzig. Immer eloquent, umgänglich und vor allem ehrlich. So war jedenfalls Romys Gefühl. Und er war gerade sehr glücklich, da er gerade geheiratet hatte.

Für Romy stellte Karl einen sicheren Anker dar, jemand, der als Spiegel für eine reale, realistische und vernunftorientierte Welt außerhalb der Konzernmauern stand. Er gab ihr Hoffnung und natürlich auch die Sicherheit, dass sie nicht „einen an der Klatsche hatte", wenn ihr alles im Konzern mehr als suspekt und kriminell vorkam.

Romy spürte, wie sehr sie diesen Kontakt und die Gespräche mit ihm brauchte, auch wenn diese meistens mehr als kurz ausfielen. Trotzdem gab Karl ihr Energie, die täglichen Angriffe weiter durchzustehen. Er, als direkter Vertriebskollege, der etwas vom Markt und den Kunden verstand, der sich nicht vor den Führungskräften beugte, der Tacheles redete, wurde von Romy als direkte Stütze geschätzt. Mit seinen breiten Schultern, seiner eloquenten und direkten Art, seinem scharfen Verstand, gab er Romy die Kraft, nach einem Hieb wieder aufzustehen.

Er machte es vor.

Er zeigte, wie es ging.

Ob zufälligerweise oder mit Auftrag, egal, er war irgendwie auf Romys Seite, bestätigte ihr Vermutungen und goss damit natürlich noch weiter Öl ins Feuer.

Doch anscheinend wusste er zu viel.

Hatte er damit gedroht, auszupacken?

Die Nachricht traf Romy wie ein Schlag, den härtesten Schlag, den sie in letzter Zeit erlebt hatte.

„Hast du gehört, Karl ist gestern zu Tode gekommen", waberte es durchs Büro.

Natürlich sprach niemand mit Romy, aber ihr konnten die Aufregung und die Gespräche im Büro nicht entgehen.

Angeblich starb Karl „zufälligerweise" bei einem Autounfall.

Noch kurz vorher hatte sich Romy mit ihm auf eine gewisse Art verbündet, da er bereit war, ihren Kampf zu unterstützen.

Romy konnte ihre Tränen nicht unterdrücken.

Sie fühlte sich verantwortlich.

Und sie fühlte sich hilflos. Wie konnte ein System solche Grausamkeiten zulassen? Einen frischverheirateten Vater einfach platt zu machen?

Für Romy stand fest, dass dies kein Unfall gewesen sein konnte.

Karl war ein routinierter langjähriger Autofahrer. Eben Vertriebler. Sein Leben fand großenteils auf der Straße statt.

Sie spürte tief im Inneren, dass hier einer, der die Missstände öffentlich machen konnte und mittlerweile wohl auch wollte, einer, der gerade durch seine Vertriebsposition als ein geschätzter Kollege, sattelfest in der Branche stand und natürlich auch einen wertgeschätzten Partner für Kunden darstellte, glaubhaft und vertrauenswürdig, der die Zustände im Bereich und im Konzern bis an die Presse hätte bringen können, einfach aus dem „Weg geräumt" wurde.

Vielleicht hatte er Werner gedroht? Sollte der gesamte Plattformdeal auffliegen?

Romy spürte in diesem Moment keine Angst.

Aber sie spürte Verzweiflung, Ohnmächtigkeit, Ausweglosigkeit.

War dass der hochgepriesene Kapitalismus?

War dass das, wonach das System, wonach Romy, und mit ihr Millionen strebten, sich viele Ossis Jahrzehntelang gesehnt hatten?

Eine potemkinsche Welt, voller Betrug, Lug und Kriminalität?

Schreckte das System selbst vor Mordanschlägen nicht zurück?

Mordanschlägen, getarnt als perfekte Verbrechen?

Angeblich hatte ihn ein kleiner Laster auf der Autobahn geschnitten. Er war ihm einfach vor das Auto gefahren. Solches Vorgehen war nicht neu. Am besten, wenn zwei Fahrzeuge darin involviert waren - vorne einer der bremste, ein weiterer direkt dahinter, der auffuhr.

Romy kannte diesen Trick.

Uralt.

Und vollkommen wasserdicht.

Am besten saßen noch Ausländer am Steuer, die dann hilflos

gestikulierten. Wer wollte annehmen, dass diese Herren zuvor mit etwas „Kleingeld" motiviert worden waren, dieses etwas riskante Verkehrsmanöver durchzuführen? Und vor allem - wer würde Nachforschungen anstellen, inwieweit hier ein Verbrechen vorliegen würde?

Niemand.

Und ein kleiner Streit mit den Vorgesetzen würde doch kein Motiv für einen Auftragsmord begründen?

Besah man sich aber den gesamten Aufbau, die Struktur, die Wirtschaftsströme, die daran hingen, dass alles so funktionierte, wie es funktionieren sollte, dann konnte man sich keinen Skandal leisten und schon niemanden, der offenlegte, dass die gesamte DTHS[8] nur eine Bad Bank und ein Potemkinsches Dorf war und alle Marketingkonzepte auf reinen Fakes beruhten. Womöglich hätte dies zu einem Austausch der Führungskräfte geführt, die aber dringend als Schnittstellen nach Texas weiter ihre Position bekleiden mussten.

Und dann sah die Situation schon ganz anders aus. Nicht ein kleiner Streit zwischen Mitarbeiter und Führung, sondern ein Fall, der sich locker zu einem Skandal mit gesellschaftspolitischer Tragweite entwickeln konnte.

Ganz so, wie auch Romys Geschichte Auslöser für eine Aufklärungswelle werden könnte, in dem sie über die strukturellen Verwerfungen an die Öffentlichkeit ging. Aber wenn sie das Schicksal von Karl betrachtete, konnte sie sicher sein, dass es ihr nicht gleich erging? Hatte sie nicht bereits mehrere Male auf unschöne Weise perfide und subtile Drohungen der Macht miterleben müssen?

War es doch besser, wenn sie weiter schwieg?

Wem war damit gedient, wenn sie sich offen ans Messer lieferte?

Aus ihrer technologischen Kenntnis war Romy bereits schon länger bewusst, dass Diskussionen um die Nichtexistenz von perfekten Verbrechen nur eine Farce darstellten.

Natürlich gab es diese „unsichtbare Tode" schon längst.

Wie naiv musste man sein, wenn man nicht begriff, dass Verbrechen selbstverständlich perfekt inszeniert werden konnten?

---

[8] DTHS = Deutsche Telekom Healthcare and Security Solutions GmbH, Strategisches Wachstumsfeld der Telekom, führender Anbieter in Healthcare- und ICT-Kompetenzen. - vgl. www.telekom-healthcare.com/de/ueber-uns/unternehmen/profil/telekom-healthcare-solutions-27560.

Wie gut, zeigte sich ja sehr anschaulich am fingierten Tod des Journalisten Arkadi Babtschenko[9]. Mit Schweineblut über dem Kopf, der vorgetäuschten Festnahme eines angeblichen Mörders, sogleich Anklagen an die russische Regierung zum Aufheizen von grenzüberschreitenden Konflikten - eine perfekte Inszenierung.

Sah so unsere heutige Welt aus?

Und bis zum Ministerpräsidenten spielte das gesamte System mit. Die Presse, die Medien - alle fielen in denselben Ruf nach Sanktionen und dem Abbruch kommunikativer Verbindungen mit Russland ein.

Wäre der Journalist nicht wieder lebend aufgetaucht, hätte man den Mord weiterhin mit medialem Säbelrasseln Russland in die Schuhe geschoben. Man hätte Arkadi Babtschenko eine neue Identität verpasst, ihn untertauchen lassen und dies als Anlass genommen, endlich noch mehr Hass und Hetze in der Bevölkerung zu schüren. Und alles mit einem Eimer Schweineblut.

Schon aus der Geschichte war bekannt, dass es weit weniger benötigte, um einen Weltkrieg auszulösen. Und ob richtiges oder gefaktes Attentat - es berührte die Menschen emotional. Sie konnten und können sich nicht dagegen wehren.

Tote polarisieren. Und sie werden zum Auslöser von Plänen der Kriegstreiber. Um den Konflikt nun noch verwirrender zu gestalten, griff man zum Argument des ukrainischen Staates, durch den fingierten Mord angeblich einen richtigen Mord verhindern zu wollen. Wie absurd. Gab es dafür heute nicht andere Möglichkeiten als das Volk, die Öffentlichkeit, ja selbst die Medien so zu täuschen?

Wurde nicht hier eine „rote Linie" der Geschmacklosigkeit überschritten, in dem der Mensch als Spielfigur, lebend oder Tod auf das Feld politischer Auseinandersetzungen geschoben wurde? Ging es dabei nicht um Ethik, Moral und generell humane Werte im menschlichen Zusammenleben? Hätte es nicht gereicht, den Journalisten unter Personenschutz zu stellen? Oder wenn dies zu gefährlich `gewesen wäre, ihm eine neue Identität zu verpassen? Oder ihn eine Zeit in Gewahrsam zu nehmen oder an einem versteckten Platz

---

[9] Inszenierter Mord in der Ukraine. Babtschenko verteidigt seinen fingierten Tod. 31.05.2018 Tagesspiegel. - https://www.tagesspiegel.de/politik/inszenierter-mord-in-der-ukraine-babtschenko-verteidigt-seinen-fingierten-to/22629662.html.

unterzubringen?

Und dann hätte man immer noch ein professionelles Double einsetzen können, der sich dann als „Honey pot", sozusagen als Lebendfalle für die angeblichen Attentäter zur Verfügung gestellt hätte und damit diesen, angeblich zu verhindernden Mordanschlag, hätte verifizieren können?

Hätte man nicht vorher Ehefrau, Familie und Freunde einweihen sollen? Ein abgründiges und geschmackloses Szenario, dass aber zeigte, wie locker Mord und Totschlag zunehmend stärker in den politischen Fokus rücken und als moderne Machtinstrumente zur Manipulation der Massen eingesetzt wurden.

Die Zeiten wurden anscheinend immer verrückter.

Wie grausam und pervertiert kam dieses kapitalistische System mittlerweile daher?

Aber auch der Konzern, als militärisch zentrales Werkzeug, nicht nur für einen unsichtbaren Krieg, sondern auch als Handreicher zur Umsetzung von Plänen für eine neue Weltordnung?

Romy wurde mit jedem Tag, den sie mehr Einblick in die Strukturen des Konzerns gewann immer deutlicher, wie sicher es war, dass sie sich in konkrete Gefahr brachte, je mehr sie die bestehenden Verhältnisse in Frage stellte und vor allem darauf verwies, was sie bereits alles gesehen hatte, was sie wusste, welche Schlüsse sie unweigerlich ziehen musste.

Romy hatte ihren Kollegen Karl wirklich gemocht.

Das alles roch, wenn nicht sogar stank, unendliche Meter gegen den Wind.

Drohte ihr vielleicht das gleiche Schicksal, wenn sie sich weiter gegen den Strom bewegte? Wenn sie ihre Nase zu tief in die Strukturen des Unternehmens und seine Geschäfte steckte, wenn sie den Konzern und deren Führungsriege zu stark herausforderte?

Um Romy herum, moderne Büros, spiegelglatte Fasaden, ein vermeindlich sauberes Image mit anscheinend professionellen Führungskräften. Der Glaspalast im Zentrum von Berlin spiegelte in vielen Facetten einer schönen Scheinwelt.

Von vielen Seiten außerhalb des Konzerns hörte Romy nur Bewunderung für ihren Job. „Toll, dass du es geschafft hast. Managerin bei T-Systems International, da verdienst du doch bestimmt einen Haufen Kohle?"

Doch leider wusste niemand, wie es hinter der Fassade dieses Glaspalastes wirklich aussah, wie es bröckelte und stank. Wie VW hatte auch die Aufdeckung all der wirtschaftlichen Affairen bei der Telekom das Potential, sich zu einer Staatsaffäre zu entwickeln.

Natürlich sollte die Öffentlichkeit davon nichts erfahren.

Doch konnte man nach dem Dieselgate wirklich den Telegate verhindern? Und sollte man dies überhaupt?

Und welches Risiko nahm Romy eigentlich bezüglich eines Keniaprojektes auf sich? War es das wert?

Da Romy ja nur allgemein in der Runde gefragt hatte, ob sie überhaupt teilnehmen dürfe, tröstete Werner sich wohl anscheinend damit, dass sie als Bewerberin sicherlich sowieso nicht in Frage käme.

So wie die Führungskräfte, aber auch die Kollegen in der letzten Zeit ihr ganzes Arsenal an „Ekligkeiten" aus dem Köcher geholt und über Romy geschüttet hatten, musste ihr Selbstbewusstsein in jedem Fall am Boden liegen, was sie nicht als strahlende und selbstbewusste Auswahlkandidatin prädestinieren würde. Sollte sie sich ruhig bewerben und eine blutige Stirn holen.

Umso besser.

Vielleicht würde sie ja damit endgültig begreifen, dass sie in diesem Konzern nichts verloren hatte.

Natürlich wusste Werner nicht, dass dieser Bewerbungsprozess bereits abgeschlossen war. Das nahm Romy jedenfalls noch zu diesem Zeitpunkt an. Sie hatte natürlich vermieden, bereits von dem erfolgreich absolvierten Interview zu berichten. Offiziell hatte sie ja auch noch keine Bestätigungsmail erhalten und insofern auch nicht gelogen. Irgendwie war ja alles noch offen.

Werner winkte also ab und ging mit einem vor sich hin murmelnden und zischelnden: „Ich weiß zwar nicht, was das soll und ich dachte, da hast hier andere Projekte, die dir wichtig wären", zur Tagesordnung über.

Bereits wenige Tage später, sendete Romy Werner die Glückwunschmail von HR, zu den 8 ausgewählten Teilnehmern der Kenia-Challenge zu gehören weiter, die unter der direkten Schirmherrschaft der Personalvorstandschefin des Konzerns stand.

Romy versäumte natürlich auch nicht, sich laut und deutlich vor ihren Kolleginnen zu freuen, so dass auch nicht, wie öfter in anderen Situationen, solche Vorgänge einfach unter den Tisch gekehrt werden konnten, um dann zum Beispiel in einem „Unter-Vier-Augen-Gespräch", wieder Druck auf sie auszuüben, damit sie letztendlich „freiwillig" absagte. Auch diese Variante wäre nicht neu gewesen.

Trotz dieser eigentlich freudigen Nachricht, war Romy nicht nur glücklich, sondern vor allem verunsichert und innerlich angespannt, denn der ihr aus ihrem Bereich ganz unverhohlen entgegengebrachte Hass, die Ablehnung und Kälte nahmen nicht ab, sondern stetig zu. Auch wenn nicht direkt mit ihr geredet wurde, spürte sie täglich die Drohgebärden.

Hinweise wie: „Halte dich bezüglich inhaltlicher strategischer Punkte zurück", geäußert mit einem giftigen leisen Unterton, gehörten dabei zum Alltag.

Immer wieder stieß Romy bei den Führungskräften bezüglich der Zukunftsstrategie des Unternehmens und speziell des Health-Bereiches auf Mauern. Alle Argumente von Romy, die sich um diesen höchst defizitären und in keiner Weise nachhaltigen Bereich sorgte, wurden mit Schweigen erwidert. Alle sinnvollen Ansätze, die Romy in die Diskussion brachte, wurden abgeschmettert. Projektideen, wozu sie Managemententscheidungen benötigte, als Voraussetzung für einen Projektfortgang, wurden geflissentlich ignoriert und nicht kommentiert.

Bei Veranstaltungen bekam Romy kein Rederecht.

Während die Kollegen oftmals in endlosen Schleifen über unsinnige Sachverhalte, um nichts zu sagen, laberten, wurde Romy immer wieder auf das Ende der Veranstaltung hingewiesen, um sich dann zu äußern. Nur in sehr seltenen Fällen gab es Themenlisten, nie gab es Zeitvorgaben oder Protokolle. Wenn es gar nicht anders ging, da Romy massiv immer wieder versuchte, sich Raum und Gehör zu verschaffen, nahm Ahngeier sie dann doch noch zum Schluss dran.

Dann allerdings, wenn nur noch fünf Minuten vom Meeting übrig blieben, sie dringend aber mindestens zehn Anfragen bezüglich strategischer Managemententscheidungen klären musste, um überhaupt weiter arbeiten zu können.

Und wenn sie dann, bereits im aufgeregten Ton, mit klopfendem Herzen und hektischen Flecken auf dem Hals, ihre Liste mit den offenen Topics vortrug, erntete sie nur ein unwirsches Abwinken Ahngeiers mit dem Kommentar: „Also, dafür haben wir nun wirklich keine Zeit mehr", wobei er eine Wand emotionaler Kälte vor Romy errichtete, an der ihre Involviertheit mit voller Wucht abprallte.

Keine Antworten auf notwendig zu klärende Fragestellungen bedeuteten auch, keine weiteren Schritte hinsichtlich Projektfortschritt unternehmen zu können.

Die Führungskräfte beherrschten dieses Bremsszenario ihr gegenüber bis zur Perfektion. „Irgendwann wird Romy doch ein Einsehen haben und ihren Job an den Nagel hängen?", schienen sie beständig bei Führungsmeetings zu hoffen.

Permanente Demütigungen in schroffem Ton, wie:

„Du verstehst einfach nicht unser Business!"

„Du bist zu sehr wissenschaftlich unterwegs!"

„Das kannst du nicht!",

und die Weitergabe von Einladungen an Kollegen, die eigentlich persönlich an sie gerichtet waren, das Ausladen aus wichtigen Meetings, das Verbot, Vorträge zu halten, ihre Nebentätigkeiten auszuüben oder aus dem Home-Office heraus von Zeit zu Zeit zu arbeiten, wenn sie ihre Tochter betreuen musste, die zehnte Korrektur einer sinnlosen Folie, all das musste Romy doch irgendwann einmal endgültig zermürben?

Bevor Romy nach Kenia aufbrach, traf sie sich noch mit Klaus, einem Kollegen aus einem anderen zentralen Bereich des Konzerns, der sich vor allem mit den neuen Mobilfunkstrukturen beschäftigte. Er hatte Romy zwischenzeitlich sowohl technisch als auch strukturell mit neuesten Planungen versorgt, ihr auch in schwierigen Situationen immer wieder ein Ohr geliehen und sie damit aufgemuntert. Inwieweit er sich dessen bewusst war, bezweifelte Romy. Er war einer von den wenigen Mitarbeitern im Konzern, die mit ihr normal, vernünftig und freundschaftlich kommunizierten. Natürlich fernab ihres eigentlichen Bereiches.

Romy konnte sich nicht wirklich erinnern, welcher Engel ihr diesen Kollegen irgendwann einmal „geschickt" hatte, warum sie bei ihren Recherchen, Anfragen und Telefonaten irgendwann an ihn geraten war. Anscheinend vor allem, damit sie nicht vollkommen in ihrem Bereich durchdrehte. Und vielleicht auch, um zu spüren, dass es im Konzern anscheinend noch normale Ecken und nette Mitarbeiter gab.

Romy verabredete sich mit ihm auf einen Kaffee in der Mittagspause, zwei Querstraßen entfernt von ihrem Büro, denn selbst Treffen mit Kollegen in ihrem direkten Arbeitsumfeld, die nicht zum Bereich gehörten, wurden von Romys Führungskräften mittlerweile argwöhnisch beobachtet. Im schlimmsten Fall musste sie Gefahr laufen, dass Kollegen diese Treffen torpedierten oder verhinderten.

„Was willst du denn mit dem?",

„Wozu bindest du „den" denn ein, der hat hier nichts verloren!",

„Du arbeitest in unserem Team und wir machen nichts mit den Basisdiensten. Das ist nicht unser Geschäft!", stellten nur einige der gängige Sprüche dar.

Selbst bei solchen konzerninternen Treffen musste Romy nun schon Sorge haben, dass ihr diese verboten wurden.

Und leider war dies keine Einbildung. Zu oft musste sie erleben, sofern sie sich selbst einen privaten Termin in ihren Kalender eintrug, dass plötzlich genau zu dieser Zeit eine „sehr wichtige" Rücksprache mit einem Kollegen oder einer Führungskraft anstanden, die sie nicht ablehnen konnte und von der sie aber wusste, dass keine Inhalte zur Disposition standen, sondern dies nur als eine Machtdemonstration existierender hierarchischer Strukturen zu werten war.

Oder hatte sie eigentlich doch eine Wahl und nur nicht die Kraft, sich diesen unsinnigen Anweisungen zu widersetzen?

Hatte mittlerweile ihr Selbstbewusstsein so gelitten, dass sie sich alles bieten ließ? Fühlte sie sich bereits so eingeschüchtert, im Hinterkopf den potentiellen Verlust des Arbeitsplatzes, weiterer Psychoterror oder sonstige Bedrohungsszenarien?

Hätte sie diese „Mobbingtermine" einfach negieren sollen?

Nie würde sie nun wissen, welche Konsequenzen es gehabt hätte, wäre sie diesen Weg gegangen.

Musste sie sich etwa den Schuh selbst anziehen, den eine Freundin als „Self-fullfilling prophecy" bezeichnete und mit dem Kommentar versah, als Romy ihr einmal kurz über ihre Probleme im Bereich berichtete:

„Anscheinend hast du in deinem Leben noch etwas aufzuarbeiten, wenn du permanent mit einem solchen Mobbing-Umfeld zu tun hast."

Doch dies war für Romy wenig überzeugend, akzeptabel oder

glaubhaft. Wer sollte ihr diese „Aufgabe" zuschreiben? Ein überirdisches Geistwesen? Eine göttliche Macht? Wie hätte sie es beeinflussen können, nicht gerade in ein solches Hornissennest zu geraten?

Außerdem hatte sie ja bereits erlebt, in welche Richtung „Kante zeigen" führte. Romy glaubte nicht, dass öffentlicher Widerstand im Konzern ungeahndet bleiben würde. Eher hätten die Führungskräfte dies wohl als ideales Argument genutzt, um ihr erst eine Abmahnung zu erteilen und sie dann „freundlich" zum Verlassen des Unternehmens aufzufordern, da sie private Treffen über dringliche geschäftliche Belange stellte. Wie würde Romy im Nachhinein beweisen wollen, dass diese „Termine" inhaltlich vollkommen aus der Luft gegriffen, aus keinerlei Dringlichkeit entstanden waren und nur dazu dienten, sie davon abzuhalten, für sich positive Netzwerke im Konzern aufzubauen oder wichtige externe Partnertreffen wahrzunehmen?

Deshalb verwies sie solche Argumente eher in den esoterischen Bereich, dem sie sich in keinerlei Weise als Wissenschaftlerin zugewandt sah, auch wenn sie aus diesem Umfeld nicht alle Erkenntnisse als Humbug verdammen wollte, sondern sicherlich auch manches auf realistischen Annahmen oder Erfahrungen beruhte, deren wissenschaftliche oder technische Erklärungen bisher noch keinen Eingang in die gegenwärtigen Theorien gefunden hatten.

Aber wie sollte sie daran schuld sein, wenn es in ihrem Bereich so sonderbar zuging? Natürlich wäre es einfacher, diese Situationen als Schicksal zu begreifen. Aber sollte das realistisch sein?

Was konnte sie dafür, dass in ihrem Bereich Strategien vertreten wurden, die nichts mit den Markterfordernissen zu tun hatten? War es ihr Verschulden, dass sie erkennen musste, anscheinend wieder einmal in ein betrügerisches berufliches Umfeld geraten zu sein und dies in ihrem Leben nicht zum ersten Mal?

Sicher hätte sie auch lieber mit großer Freude und Erfolg ein Projekt nach dem anderen bearbeitet. Gern hätte sie von ihren Chefs nur positives Feedback erhalten. Gern hätte sie an einer beruflichen Bilderbuchkarriere im Konzern gebastelt. Gern hätte sie den Weg, ihr ursprüngliches Ziel, einmal in der Vorstandsetage des Konzerns anzukommen, konsequent beschritten. Warum auch nicht?

Wenn sie sich die Führungskräfte ansah, hatten diese vielleicht mehr Erfahrungen in einem konkreten Umfeld. Aber Romy war lernfähig und auch sie konnte notwendiges praktisches Wissen schnell erwerben.

Vor allem war eins klar - Romy ging nicht davon aus, dass ihr Charakter sie dazu prädestinierte, als Mobbingopfer ihren beruflichen Alltag zu bestreiten. Und niemand brauchte Romy ernsthaft als Opfer, auf Grund psychologischer Prä- oder Dispositionen[10] hochzustilisieren.

Hier spielten ganz andere Zusammenhänge eine Rolle.

„Irgendwie habe ich ein ganz komisches Bauchgefühl, wenn ich jetzt nach Kenia fahre." Romy sah Klaus aus fragenden Augen mit einem mehr als verunsicherten Blick an, obwohl sie noch vor einigen Tage meinte, dass sie keine Angst überkommen würde.

"Ich weiß, dass meine Führungskräfte nicht wollten, dass ich an dieser Challenge teilnehme. Das haben sie mir unmissverständlich in der letzten Zeit immer wieder im scharfen aber verdeckten Ton zu verstehen gegeben. Immer wieder haben sie mit zweideutigen und spitzen Bemerkungen mich „motivieren" wollen, von meinem Platz zurückzutreten und mich mehr als einmal auf „mögliche Konsequenzen" hingewiesen, ohne konkret zu werden. Wenn ich dabei aber an diese stechenden Blicke denke, läuft es mir immer wieder eiskalt den Rücken runter. Ich bin ehrlich gesagt froh, dass ich in den letzten Jahren keine Krimis gelesen habe und auch im Fernsehen keine Horrorfilme sehe. Wer weiß, was meine Phantasie sonst mit mir anstellen würde." Romy ließ eine Pause, schluckte und drehte ihre Augen nachdenklich in den Himmel.

„Letztendlich werden sie mich für die Ergebnisse des Teams, aber auch vor Ort verantwortlich machen. Obwohl in der Ausschreibung stand, dass es um innovative Apps und schnelle Lösungen gehen soll, wurde bereits im Vorfeld wieder eine unsinnige Plattformstrategie als einzige Lösungsoption durch meinen Chef und einen Vertreter der Detecon, und das mit Druck vorgegeben. Damit kann ich mich nicht anfreunden, zumal ich die Plattform-Irrungen bei uns kenne." Romy schaute Klaus fragend an, ob er ihr diesbezüglich

---

[10] Disposition = Begriff aus der Medizin zur Bezeichnung einer organisch, psychischen oder lebensgeschichtlichen Anfälligkeit für die Ausbildung von Krankheiten, Prädisposition bezieht sich auf die genetisch bedingte Anfälligkeit.

zustimmte. Aber diesbezüglich besaß er ja keine Links zu ihrem Bereich. Deshalb setzte Romy erläuternd nach:

„Aber auch andere Teilnehmer finden diesen Ansatz unsinnig, weil er nicht der Idee der Challenge und den Vorstellungen der Organisatoren und dem Personalvorstand von dieser Reise entspricht. Dort sollten vor allem schlanke und agile Internetlösungen im Vordergrund stehen. Und wieder sitze ich zwischen den Stühlen. Was soll ich machen? Entweder ich folge dem Auftrag des Konzernvorstands oder ich entspreche den Vorstellungen meiner Führungskräfte, die auch nach meiner Rückkehr noch weiter meine Führungskräfte sein werden, mich aber sowieso nicht wollen?" Romy nahm nachdenklich einen Schluck Kaffee.

„Und", setzte sie dann, vielleicht in diesem Moment auf Klaus etwas paranoid wirkend nach, „wenn ich von dieser Reise nicht mehr zurückkomme, dann solltest du wissen, dass es kein Unfall war. Man bedroht mich massiv in meinem Bereich."

Letztendlich hatten sich Romys Gefühle doch verbal Bahn gebrochen. Aber wem, wenn nicht Klaus, sollte sie einmal ihr Herz öffnen und auch ihre Sorgen äußern dürfen?

Denn das war genau das, was Romy die letzten Wochen empfand.

Ihre Chefs wussten, dass Romy nicht nur massive Kritik an ihren Strategien übte, sondern auch die Geschäfte anzweifelte, die in diesem Rahmen abgewickelt wurden und demzufolge auch offen damit umging, ihre Hypothesen hinsichtlich wirtschaftskrimineller Machenschaften zu äußern, wenn auch nicht direkt, sondern nur durch ihre bohrenden Nachfragen, die aber auch bereits den Weg wiesen. Aber an den Sachverhalten an sich, änderte sich dadurch nichts.

Natürlich hatte Romy niemanden so detailliert die Hintergründe erläutert, warum sie „vermeintlich" so gemobbt wurde. Romy hatte das Gefühl, dass es besser wäre, gerade Menschen, die ihr besonders wichtig waren, besser nicht mit ihren Hintergrundrecherchen, ihren Indizien, Fakten, Vermutungen zu belasten. Nur einen Anwalt und den Betriebsrat weihte sie ein. Die anderen konnten sowieso nicht helfen. Und eine moralische Schuld weiterzugeben, die sich darauf bezog, selbst zu entscheiden, sich öffentlich zu äußern oder nicht, war auch nicht fair.

Dabei musste Romy an die Langzeitreisende Christine Thürmer

denken, die über 40.000 km durch die Welt wanderte, weil man sie als Wirtschaftsexpertin entlassen hatte. Sie machte sich in ihren Unternehmen als Beraterin unbeliebt, schaute anscheinend zu genau in die Zahlen. Als ihr Kollege an einem Gehirnschlag starb, entschied sie sich endgültig für einen Ausstieg in den Wald[11].

Konnte sie dem System vielleicht auch zu gefährlich werden und entschied sich für die Flucht? Wollte sie öffentlich demonstrieren, dass sie zwar ungerechterweise als Firmensaniererin „gefeuert" wurde, als jemand, die sich mit Logistikkonzepten, neuen Technologien, Geschäftsmodellen auskannte und sah, dass es massiv Dinge gab, die nicht ordentlich liefen? Wollte sie mit ihrem neuen Image ein Zeichen setzen: „Ich werde schweigen." Kaufte sie sich damit ein Leben, welches sie so bis 90 Jahre leben können würde, weil sie sich nicht öffentlich gegen Lug und Betrug aussprach?

Und sollte sie sich vielleicht besser an Christine ein Beispiel nehmen?

Jetzt flog Romy freiwillig nach Kenia und wieder waren Konfrontationen und „Herausforderungen" zu erwarten. Romy konnte sich vorstellen, denn auch ihr war es bisher so ergangen, dass niemand wirklich in solche Intrigen, und auch nicht in das Wissen über solche, involviert sein wollte. Eher würde jeder eine Diskussion darüber beginnen, dass sich Romy das wohl mit ihrer latenten Bedrohung nur einreden würde. Auch, um sich selbst zu entlasten und solche Gedanken und Zweifel in eine Märchenwelt verbannen zu können.

Doch Klaus nickte komischerweise auf ihre Vermutung und Skepsis, die von einer tödlichen Bedrohung ausging, anscheinend wissend und entgegnete nichts. Er schien sich überhaupt nicht zu wundern. Gehörte er zu den Eingeweihten? Wusste er von den Machenschaften in ihrem Bereich, im Konzern, die über jenen Mitarbeitern schwebten, die sich dem System öffentlich entgegenstellten? Über jedem, der drohte, sich zu äußern? Wusste er, dass Mobbing zum Alltag im Konzern gehörte, sofern man unliebsame Mitarbeiter loswerden wollte? Und wusste er auch davon, dass die Führungskräfte dabei nicht vor härteren Sanktionen zurückschreckten?

War Klaus von wissenden Personen im Konzern „geschickt" wor-

---

[11] www.spiegel.de/reise/aktuell/langzeitwanderin-christine-thuermer-mit-90-muss-ich-sterben-interview-a-1085993.html.

den, um ein Auge auf Romy zu haben?

Romy sprach deshalb über ihn auch als eine Art „persönlichen Engel", denn es gab eigentlich nur in einem sehr weiten Kontext überhaupt einen Grund, der sie mit Klaus thematisch zusammengeführt hatte. Als sie die Idee von Notfalltarifen, der Datenautobahn für Rettungsdienste und für die Gesundheitsversorgung und telemedizinische Anwendungen bearbeitete, war sie über Umwege an Klaus „geraten". Er half Romy mit seiner Expertise, als sie eine Publikation über LTE erstellte, aber auch über 5G[12], den neuen Mobilfunkstandard.

Dass er sich nicht wunderte, als Romy meinte, dass sie um ihr Leben fürchtete, war schon mehr als skurril. Und noch einmal mehr erschreckend. Der eigentlich so normale Job eines Managers in einem deutschen DAX-Unternehmen schien hier, in ihrem Bereich, im Gesundheitsbereich, welche Ironie, ernsthaft gefährliche Züge zu tragen.

Ob Klaus alle Hintergründe kannte, wusste Romy natürlich nicht.

Aber die kannte sie ja auch nicht.

Anscheinend hatte man ihn gebeten, sie etwas zu unterstützen, sie moralisch aufzubauen, wofür Romy sehr dankbar war.

Romy hatte das Gefühl, dass sie bereits eine Reihe der Insides, aber auch der politischen Ränkespiele und strategischen Tricksereien im Konzern durchschaut hatte, die dazu führen sollten, dass innovative Entwicklungen letztendlich den Markt nicht oder nur außerhalb des Konzerns erreichten.

„Es handelt sich um eine große wirtschaftspolitische Intrige. Nicht lustig." Nur Klaus Augen reagierten auf Romys Worte.

Zustimmend.

Er sagte nichts.

Immerhin ging es nicht um „ein" Projekt, das gegen die Wand gefahren wurde, nicht um zwei, nicht um drei. Hier wurde ein ganzer Konzern an die Wand gefahren, inklusive aller Infrastrukturen. Hier wurden Datenströme am Volk vorbei installiert. Hier wurden

---

[12] Mobilfunkstandard nach LTE (4G), 90% geringerer Stromverbrauch, 1/1000 Energieverbrauch pro übertragenem Bit, weltweil 10 Mrd. Mobilfunkgeräte gleichzeitig ansprechbar, Internet der Dinge etc., Koordination der 5G-Telekommunikationsarbeiten übernimmt die Agentur der Vereinten Nationen, ITU.

langfristig Strukturen für einen technologischen Totalitarismus aufgebaut.

Hier steckte ein systemischer Ansatz dahinter.

Dementsprechend verständlich war ihr mulmiges Gefühl, denn die führenden Kräfte wussten vielleicht noch nicht, wie viele der Zusammenhänge Romy bereits erschlossen hatte, aber in jedem Fall konnten es „zu viel" sein. Und hier wusste Romy nicht, wie weit sie den Bogen spannen konnte, ohne dass er brach. Meinungsfreiheit und alle anderen Freiheiten waren nur ein Etiquett, eine Augenwischerei.

Niemand brauchte in dieser Gesellschaft mehr einen offenen Weg der Konfrontation zu gehen. Widersacher wurden leise und ohne großes Aufsehen aus dem Weg geräumt. Insofern stellten auch die Attentate und Terrorattacken nur öffentliche Showeffekte zur Beängstigung der Bevölkerung dar. Wieviel mehr würde sich die Bevölkerung ängstigen, wenn sie erkennen würde, wie lange die Gesellschaft schon nach ganz anderen Regeln spielte, wenn sie begriff, dass die Flüchtlingsbewegung und auch die Konflikte darum alles nur Inszenierungen waren. Denn mit den vorhandenen Technologien und Infrastrukturen hätte es ein solches Chaos aber auch solche kritischen Situationen niemals geben müssen. Meinte jemand, dass Facebook Millionen von Profilen von Menschen kannte, aber in Deutschland konnten Flüchtlinge unerkannt die Sozialsysteme fluten, wobei sie auf Facebook dabei gleichzeitig ihre Ankunft in Deutschland, ihre Situation posteten und Freunde suchten?

Fragte sich niemand, warum Deuschland mit dem größten Telekommunikationskonzern Europas nicht in der Lage war, Datenbanken zu vernetzen, Datenströme zu kanalisieren, Iris- und Fingerprints zur Identifizierung einzusetzen und das direkt an der Grenze, um Herkunftsländer zu identifizieren und geregelte Prozesse umzusetzen?

Fragte sich niemand, warum eine Staatskrise herbeigeredet wurde, anstelle einmal die technologischen Strukturen zu hinterfragen und nach den Ursachen und Hintergründen zu forschen?

Das Mobbing richtete sich somit nicht ziellos auf eine Angestellte, die einfach karrieregeil das Team störte. Ziel war vielmehr eine latente „Gefährderin", die nicht nur mit Fragen nervte, sondern mit jedem Tag mehr im Unternehmen, der Lösung des „Rätsels", der Entwirrung des „gordischen Knotens" und damit der „Enthüllung, über etwas, mit weiterreichenden Auswirkungen als die Atombombe", ein Stückchen näher kommen würde, aus dem Spiel zu nehmen.

Hier ging es nicht darum, eine „neunmalkluge" Rivalin als mögliche Führungskonkurrenz auszuschalten. Auch wenn dies Romy am Anfang vermutete. Dann hätte man sie viel eleganter einfach „wegloben" können. Man hätte sie auf irgendein technisch schwieriges Projekt gesetzt, mit unlösbaren Herausforderungen, von denen es mehr als eines im Unternehmen gab, damit sie sich dort abarbeitete, verschleißte, wo sie hoffentlich dann endgültig scheiterte.

Doch das reichte den Führungskräften nicht. Vielleicht hatten sie Sorge, dass jedes Projekt irgendwie von Romy in Angriff genommen werden würde und man über dessen Ausgang nie sicher sein konnte. Deshalb erschien ihnen jeglicher Verbleib von Romy im Konzern wohl als zu gefährlich.

Aber warum erhielt Romy so viele indirekte Informationen, die ihr immer wieder die existierenden kriminellen Verbindungen vor Augen führten und sie damit wirklich so vermeintlich gefährlich machte?

„Du bist wie eine Spinne im Netz!", meinte einmal ein Kollege zu ihr. „Bei dir laufen alle Fäden zusammen."

Aber warum war das so? Ging es darum, wer besser das Spiel von Strategie und Taktik beherrschte? Ging es darum, wer besser zwischen Wahrheit und Lüge, zwischen News und Fake-News unterscheiden konnte? Ging es darum, wer zuerst zuckte und Angst zeigte? Welche psychologischen Spielchen wurden hier gespielt?

Und mit welchem Ziel?

Man wollte Romy zum Aufgeben zwingen, das war klar. Aber anscheinend nicht alle Kräfte im Unternehmen. Gab es dort mittlerweile doch ein starkes Netz, dass sich gegen den Missbrauch des Konzerns auflehnte?

Aber wer waren diejenigen, die das Gute wollten und nicht ihre Führungskräfte waren? Romy wusste es nicht. Doch sie hoffte inständig darauf, dass es im Unternehmen demokratische redliche Kräfte gab, die dieses gefährlich Spiel durchschauten und beenden würden. Denn Romy empfand die täglichen Kämpfe bei weitem nicht unterhaltsam. Da half ihr weder das Wissen um eine Rolle noch die Erkenntnis des Big Pictures.

Jeden Tag im Büro erlebte sie in höchster Anspannung und Konzentration.

Da die Mobbingattacken gegen sie nicht gerade sanft ausfielen, setzte sie noch einmal nach, obwohl sie es ja bereits gesagt hatte, und schaute Klaus dabei nachdenklich an:

„Wenn ich nicht lebend wiederkomme, dann war das kein Zufall. Du weißt Bescheid." Das klang für Uneingeweihte mehr als paranoid. Eine Mitarbeiterin, Managerin in einem Telekommunikationskonzern fühlte sich um ihr Leben bedroht? Gab es diese Diskussionen heutzutage nicht nur um Journalisten? Aber dann um Gotteswillen niemals in Deutschland oder in einem börsennotierten Vorzeigekonzern wie der Deutschen Telekom?

Es blieb dabei, Klaus stellte keine weiteren Fragen, nickte nur.

Wusste er, in welchem Sumpf sie sich befand?

Allerdings beruhigte Romy diesmal seine Reaktion nicht, die ruhige Art, die einerseits Bedauern, andererseits Wissen, Verständnis und Zustimmung ausdrückten.

Warum quälten Romy solche Gedanken? Und warum tat sie sich das überhaupt an und verließ nicht wirklich schnellstens den Konzern, Job hin oder her?

Wie sollte dies denn in Zukunft weiter gehen?

Sie hatte ihre Vorgesetzten nicht als Menschenfreunde kennengelernt und sie wusste aus Maffia-Kreisen, dass Auftragsmorde schon wegen „weniger" oder mehr „Kleinigkeiten" keine Seltenheit waren. Und dass es sich hier um Wirtschaftsbetrug in Millionen-, wenn nicht Milliardenhöhe handelte, war mehr als offensichtlich.

Oder war das alles nur eine Story für sie? Damit sie etwas zum Nachdenken hatte? Andererseits beruhigte sie der Hinweis eines Kollegen, dass Romy bisher noch „unter dem Radar" segelte und niemand der Vorstandsebene wirklich Kenntnis von ihr nahm und sie als ernsthafte Gefahr sah.

Romy war ein „Niemand". Obwohl sie das auch nicht glauben konnte, denn die Geschütze waren teilweise doch schon schwer, die man gegen sie auffuhr. Das wäre, als wenn man mit Kanonen auf Spatzen schoss.

Aber vielleicht war Romy nur einfach noch zu sensibel.

So konnte sie dem Hinweis ihres Kollegen auch nicht wirklich vertrauen. Für einen „Niemand" handelte es sich um ein vollkommen übertriebenes aggressives Verhalten ihrer Führungskräfte.

Dieses wäre doch vollkommen absurd, wenn sie keine ernsthafte Bedrohung empfinden würden, wenn sie keine Macht, kein Geld, keine „super wichtigen Beziehungen" in Gefahr sähen, was ein so asoziales Verhalten begründete.

Oder wollte man sie präventiv nur „warnen", um sie somit wieder aus diesem gefährlichen Umfeld, vor allem zu ihrem eigenen Schutz herauszudrängen, bevor wirklich Schlimmeres drohte?

Romy wusste, dass sie ihre „naive Rolle" einer blauäugigen Wissenschaftlerin, die einfach tolpatschig und undiplomatisch durch den Konzern stolperte, nicht ewig schützen würde.

Aber vielleicht glaubte ja sowieso niemand daran.

Immerhin hatten ihr einmal Ermittler des LKA unterstellt, als man ungerechtfertigter Weise eine Hausdurchsuchung bei ihr durchführte, der intellektuelle Kopf einer organisierten Verbrecherbande zu sein.

Sie? Romy? Wie kam man auf diese Idee?

Als sie den Verantwortlichen darauf ansprach, meinte dieser in vollster Überzeugung, mit Blick auf Romys Wochenplan: „Klar, würden sie das strategisch und intellektuell organisiert bekommen, sie haben aber einfach nur keine Zeit." Romy hatte ihre kleine Tochter und ihr Alltag war wirklich komplett ausgefüllt.

Und da die Compliance-Abteilung, nach ihren Vorwürfen an diese über die Missstände im Konzern, bereits mit ihrem „alten Namen" in ihrer Vergangenheit „geschnüffelt" hatte, um wohl nach einer „Leiche in ihrem Keller" zu suchen, war auch ihnen sicherlich dieser „Fall" nicht entgangen. Irgendwo sollte wohl noch eine Akte über Romy beim Landeskriminalamt zu finden sein, da sie bisher versäumt hatte, einen Löschantrag auszulösen. Aber da Romy immer ein reines Gewissen hatte, wäre sie irgendwie auch nie auf die Idee gekommen, dass diese Kriminalakte vielleicht einmal von Bedeutung sein würde.

Romy war sich schon allein auf Grund des Rechtsverkehrs mit den Hausjuristen sicher, dass der Konzern bereits intensiv in ihrem Lebenslauf und ihrem Umfeld nach potentiellen „Leichen" gekramt hatte und insofern das „Unter-Radar-Segeln" wohl nur noch bedingt zutraf.

Aber erpressen konnte man Romy nicht.

Wollte man sie damit ausschalten? Irgendwie war sie anscheinend immer noch zu naiv für diese Welt und dieses Leben.

Ging es darum, jetzt bereits das Umfeld abzustecken, um, falls es doch zu einer fachlichen und öffentlichen Auseinandersetzung mit ihr käme, von einer Seite ihre Vita zu diskreditieren oder von der anderen Seite für sie eine vertrauensvolle, solide und kompetente Vita aufzubauen? Wie gegenwärtig aktuelle Medienauseinandersetzungen liefen, würde es sicherlich darauf angekommen, wem man eher „glauben" und „vertrauen" würde, wer die nachvollziehbarsten Argumente anführen könnte. Vertrauen stand heute indirekt im Mittelpunkt aller gegenwärtigen Diskussionen, fernab vom Faktischen.Auseinandersetzungen wurden heute hauptsächlich über Emotionen ausgetragen. Nur deshalb feierte der Populismus solche Erfolge und konnte sich auch rechtes Gedankengut wieder in den Köpfen der Menschen fortpflanzen. Es appelierte an die Urängste und Basisemotionen. Und niemand konnte sich wirklich vor Ängsten schützen. Und Leichen in Romys Keller würden ihren Gegnern bereits im Vorfeld die Möglichkeit eröffnen, mit einer kleinen Erpressung gleich zu Beginn, sozusagen als Intro, jegliche Auseinandersetzungen zu verhindern.

Anscheinend hatten die Rechtsanwälte aber nichts gefunden, was sie gegen Romy ins Feld führen konnten. Oder wollten sie nun mit ihren Mails nur darauf hinweisen, dass sie hinter ihr her waren?

Wie gut, dass die Kollegen vom LKA bei ihrer Durchsuchung bereits alle Finanzen, alle materiellen Transaktionen, alle Netzwerke von Romy von links auf rechts gekrempelt hatten. Da gab es nichts: keine Korruption, keine Bestechung, keine Steuerhinterziehung, nicht mal den kleinsten Diebstahl oder Betrug.

Eigentlich ein echt langweiliges Leben und dabei doch so spannend und gefährlich.

Das machte es für Romy natürlich nicht einfacher.

Hätte sie allein schon auf Grund ihres unbestimmten „sechsten Sinns", des realistisch schlechten Bauchgefühls die Reise nach Kenia überhaupt antreten dürfen?

War es von ihr nicht leichtsinnig überhaupt zu fahren?

Aber viele Dinge waren nicht mit logischem Menschenverstand

zu erklären. Irgendwie glaubte sie wiederum mit einer gewissen Naivität daran, dass sie schon irgendwer beschützen würde.

Nichts was um sie herum geschah, entsprang einer Unternehmenskultur, die auf Fortschritt und Weiterentwicklung ausgelegt war, nichts, was sie mit dem 21. Jahrhundert verband, sondern im Gegenteil: Jeder positive Entwicklungsschritt wurde verhindert.

Wenn Romy darüber nachdachte, dass sie die ganzen letzten Jahre einer vollkommenen Illusion nachgehangen hatte, verblendet von den Werbeversprechen, dem emotional verbindenden Lebensgefühl, das sie über die bunten Film-, Fernseh- und Zeitschriftenseiten anflatterte, einfach nur erschreckend. Natürlich war sie auch beeindruckt auf Grund der vermeintlichen Power, die der Konzern im Sinne der vorhandenen Infrastrukturen, seiner vielen Mitarbeiter, seines weltumspannenden Netzes besaß. Der Konzern strotzte vor innovativer Strahlkraft nach außen. Eine starke Soft Power gepaart mit Hard Power.

Aber innen?

Wer würde auf diesen „Schein" nicht hereinfallen?

Romy brauchte sich jetzt im Nachhinein keine Vorwürfe zu machen, sie wollte immer dazu gehören.

Sie wollte loyal sein und wollte sich in den Dienst des Unternehmens stellen.

Und nun?

Hatte man sie noch einmal vor dem Schlimmsten bewahrt? Was würde in der Wirklichkeit bleiben, nach ihrem Blick hinter die Kulissen, was blieb davon übrig?

Nichts?

Sodom und Gomorra?

Trotzdem schien es noch einmal einen Widerspruch zwischen dem Gesamtkonzern, der Deutschen Telekom AG (DTAG), der T-Systems International (TSI) und ihrem Bereich, der Deutschen Telekom Healthcare and Security Solutions (DTHS) zu geben.

Aber vielleicht war das auch nur Romys Wunschdenken, da sie in den anderen Geschäftseinheiten nicht so detailliert hinter die Fassaden schauen konnte, wie in ihrem Bereich und sie aus den anderen Konzernteilen eher Unterstützung und Solidarität erfuhr. Konnte sie bei einer Bewertungsskala ein Ranking vornehmen und die DTHS als super schlimm, die TSI als ganz besonders schlimm und die

DTAG als „noch zu retten" einstufen?

Obwohl eigentlich wohl niemand aus ihrem Team etwas von dieser Kenia-Challenge wissen, geschweige denn daran teilnehmen sollte, hatte Romy sich oder „man" sie als Bewerber dort hineingeschleust. Oder war das nur Zufall, nicht geplant und ihre Bewerbung war wirklich so gut, dass man nicht umhin konnte, sie seitens der Personalabteilung mit ins Boot zu nehmen?

In letzter Zeit musste sie öfter überlegen, ob ihre Teilnahme nicht doch zu einer Kette „geplanter Zufälle" gehörte.

Anscheinend zufällig wurde in ihrer Nähe über den Challenge-Aufruf gesprochen, wenn auch etwas verspätet. Wenn man aber ihre Persönlichkeitsstruktur kannte, ihre „Handlungsalgorithmen", ihre Denkmuster, dann musste jedem klar sein, dass das Wedeln mit der „Bratwurst Kenia" genau vor ihrer Nase den erwarteten „Schnapp-Reflex" auslösen würde.

So tickte Romy nun einmal und insofern konnte es niemanden wirklich überraschen, dass sie sich bewarb und den Köder wie erwartet schluckte.

Sofern es denn ein Köder war.

Aber ehrlicher Weise musste Romy auch gestehen, dass sie zu diesem Zeitpunkt eigentlich noch überhaupt keine Ahnung oder auch nur „Fantasien" über ein vermeintliches „Drehbuch" hatte oder darüber, dass sie bereits selbst als lebendes Beispiel für die Möglichkeiten zur Steuerung menschlicher Persönlichkeiten anhand von Algorithmen diente und dementsprechend handelte.

Irgendwie glaubte sie ursprünglich wirklich an eine Reihe sonderbarer Zufälle.

Aber vielleicht war das einfach auch nur ein selbstentwickelter Schutzmechanismus, der die Verdrängung von Realitäten als Option eines alternativen Ausweges in Bezug auf mögliche kritische Konsequenzen des eigenen Handelns betrachtete.

Bereits direkt nach ihrem Bewerbungsgespräch bat das Organisationsteam des Kenia-Projektes Romy um ihre Vorleistungen, die aus einer sehr umfangreichen Analyse der *State-of-the-art* Diskussion, der gesellschaftspolitischen Rahmenbedingungen und einem sehr komplexen technologischen Lösungsansatz bestanden, welcher die Produkte und Leistungen des Konzerns umfassend berücksichtigte.

Außerdem wies Romy auf Probleme hin, wie gegenwärtig stattfindende öffentliche Ausschreibungen der Ministerien, an denen man sich direkt beteiligen konnte, Partnering-Vorschläge mit NGOs und dortigen Bildungseinrichtungen und der Universität inklusive einer Auflistung aller interessanten und relevanten Ansprechpartner. Gleichfalls fügte sie zahlreiche notwendige Links und Hintergrundinformationen bei.

Später erzählte ihr eine Mitarbeiterin aus dem Organisationsteam, dass man ihr den Spitznamen: „Miss Mindmap" gegeben hatte, da vor allem die Zusammenstellungen in ihren Kreativitätstools sehr umfassend ausgefallen waren.

Anscheinend übertraf ihre Vorbereitung bei Weitem das, was selbst die Bewertungskommission zusammengetragen hatte und an Hintergrundwissen besaß. Als Romy einmal wie nebenbei fragte: „Hat euch nicht unser Team, speziell Herr Dr. Ahngeier, unser Chef, die notwendigen Informationen zur Verfügung gestellt?", da winkten die Angesprochenen nur ab.

„Das war fast nichts."

Dementsprechend entschuldigten sich die Organisatoren fast bei Romy, als sie einige Fragen stellte, die von den Veranstaltern nicht beantwortet werden konnten.

„Wir sind leider bisher auch noch nicht so tief in diese Details vorgedrungen," bekam sie als Antwort. „Unser Team wurde erst sehr kurzfristig zusammengestellt und die Vorbereitungszeit für dieses Projekt war bisher für uns alle sehr knapp."

Noch so eine Sonderbarkeit.

Warum wurde so hektisch ein konzernweites Projekt unter der Schirmherrschaft des Personalvorstands initiiert?

Wollte man möglichen Anwürfen über die Unprofessionalität des Bereiches Telemedizin, die mangelnde Innovativität des Konzerns bezüglich digitalen Gesundheitsanwendungen schon im Vorfeld den Wind aus den Segeln nehmen? Oder gab es bereits kritische Nachfragen durch die Juristen, was denn in diesem Bereich los wäre? Hatte die Compliance-Abteilung vielleicht doch Romys Beschwerden ernst genommen? Wollte man durch eine geschickte emotionale Überlagerung „Wir helfen Afrika mit High-Tech-Entwicklungen im Bereich der Telemedizin", von den eigentlichen Missständen ablenken und Transparenz vortäuschen?

Oder hatte man Pläne in Kenia, die auf irgendeine Art „verdeckt" werden mussten? Sozusagen eine *hidden-agenda,* der diese Reise als Vorwand diente?

Oder hatten die Anschuldigungen von Romy im Betriebsrat bereits beim Personalvorstand erste Auswirkungen hervorgerufen, so dass demonstriert werden sollte: „Im Bereich „Telemedizin" läuft alles, alles in bester Ordnung. Das Team funktioniert, alle leisten gute Arbeit, das Klima stimmt!"?

Und vor allem: „Wir sind innovativ unterwegs!"?

Hatte man deshalb auch das Team Telemedizin nicht direkt in die Vorbereitungen einbezogen, damit nicht doch noch kritische Untertöne an den Vorstand geraten würden?

Und die Fragen, die Romy in Bezug auf die möglichen Geschäftsentwicklungen bei ihrem Interview mit den Organisatoren gestellt hatte, konnte auch vor Antritt der Reise natürlich niemand beantworten. Und ihr Bereich hatte sich klar über die Detecon positioniert. Über die Beratungsgesellschaft sollte offiziell das Plattformthema favorisiert werden. Andere Ansätze des Nachdenkens waren offiziell unerwünscht. Anscheinend waren die Fragen so sensitiv, dass es im Hintergrund bereits zahlreiche Auseinandersetzungen dazu gegeben haben musste.

Vielleicht trafen ja bereits auch weitere Nachfragen vom HR-Bereich in der Geschäftsleitung ein, warum die Vorbereitungen für diese Challenge so dilettantisch verliefen und warum sie dadurch in eine so unvorbereitete und missliche Lage geraten waren.

Aber direkt bekam Romy davon natürlich nichts mit.

Vielleicht fragten sich mittlerweile auch die Organisatoren, was hier schiefgelaufen sein konnte, dass niemand aus dem Team Telemedizin ihnen praktisch konzeptionell und inhaltlich detaillierter zur Seite stand, als dies durch Tanja und die Azubine erfolgte oder warum sonst niemand weiter in die praktischen Vorbereitungen eingebunden worden war.

Oder war es allen egal?

Gab es im Konzern vielleicht auch eine Haltung wie: „Dienst nach Vorschrift"? Romy wusste es nicht.

Da die Reise nach Kenia unter der Schirmherrschaft der Konzern-Personalchefin, Frau Prof. Schick, stattfand, bedeutete dies höchstes Augenmerk durch den Konzern, den Vorstand, den Aufsichtsrat.

Romy tröstete es, dass die Neue im Vorstand als Professorin einen wissenschaftlichen Hintergrund besaß. Und Romy hoffte darauf, dass sie sich nicht austricksen oder ein X für ein U vormachen lassen würde. Allerdings verkannte Romy anscheinend die wahren Konstellationen sowie den Einfluss der Konzern-Mächte und deren Möglichkeiten, auf Personen Druck auszuüben, wie sich später herausstellte. Denn Frau Prof. Schick kam neu in das Haifischbecken Konzern. Wie sollte sie die vielen unsichtbaren Seilschaften, Netzwerke und daraus gewebten Fallstricke erkennen, wenn sie nicht auf die Offenheit, die Ehrlichkeit der Mitarbeiter und die Transparenz bei den Prozessen, Projekten, Strategien bauen und vertrauen konnte?

Wie sich später herausstellte, war das ein nicht zu bewältigendes Unterfangen.

Romy kam also in das Kenia-Team.

Dass bereits im Vorfeld versucht wurde, massiv Einfluss auf das Team der acht „Auserwählten" und deren potentielle Ergebnisse zu nehmen, wunderte Romy nicht. Zum Glück gab es einige aus anderen Konzernabteilungen, die sich dies nicht gefallen ließen und bereits bei den ersten Vorbesprechungen in Berlin Kante zeigten.

Eine Berliner Agentur führte das Design-Thinking-Projekt, zwei engagierte Jungunternehmer, sympathisch, dynamisch, offen. Bei den ersten Treffen wurde ihnen allerdings ein Berater der Detecon, der telekomeigenen Consultingfirma an die Seite gestellt, der sehr offensichtlich bereits ausführlich durch Dr. Ahngeier und andere Führungskräfte Plattform-geschult worden war. Das Ziel bestand darin, dieser eigentlich frei und kreativ arbeitenden Gruppe von Experten eine klare Marschroute vorzugeben, den freien Geist in vorgesehene Strategien, Pläne und Businessmodelle der DTHS zu pressen:

„Vergesst innovative Ideen.", startete Joachim ganz unverblümt bei ihrem ersten Treffen. „Wir wollen von unserem Bereich eine Plattform verkaufen. Design-Thinking hin oder her. Ziel ist die Plattform." Und das war, wie immer, alles andere als lustig. Romy musste betrübt erkennen, dass ihre Hoffnung auf Freiraum, Vernunft, Innovation auch in diesem konzernübergreifenden Projekt wohl nicht zum Tragen kommen würde und nur eine kleine Seifenblase darstellte, die bereits vor dem Start zu zerplatzen drohte.

Als einen weiteren Themensponsoren für das Projekt hatte Ahngeier aus dem Bereich Health Südafrika, Sabia, die Chefin des dortigen Teams eingesetzt, das für die Entwicklung des kenianischen Marktes verantwortlich war. Sie sollte vor allem das Projekt vor Ort begleiten und dort natürlich auch steuernd unterstützen. Während sich Sabia offen und interessiert gegenüber dem Projekt zeigte, so, wie es vom Personalvorstand gemeinsam mit dem Design Thinking Team organisatorisch angedacht war, machte Ahngeier von Anfang an klar, was er von den Mitgliedern erwartete.

Romy hatte das Gefühl, dass sich der Druck auf sie aus ihrem Bereich einfach verschoben hatte, nun aber vielleicht sogar mit doppelter Kraft auf ihr lastete. Eigentlich entsprach das in keinem Fall ihrer Hoffnung, die sie im Vorfeld gehegt hatte, als sie sich für diese Bewerbung entschied.

Wie konnte sie aber auch annehmen, dass ihre Führungskräfte solche Entwicklungen einfach unkontrolliert und ungesteuert dem „freien Lauf der Kreativität" überließen?

Ahngeier und der Rest der Mannschaft hatten vor allem die Big-Data-Deals im Auge, die die konsequente Entwicklung zu einer weltweiten Datenkrake, die Pläne des Network Centric Warfare[13] und des Global Information Grid[14] notwendig machten sowie das damit verbundene Datengold und die uneingeschränkte Informations- und globale Steuerungsmacht über das politische und wirtschaftliche System der Zukunft.

Für den Konzern zum hundertsten Mal wieder eine Plattform zu verkaufen, die nie gebaut werden würde, weil sie wahrscheinlich schon längst existierte, die eigentlich nur das System benötigte, um nachhaltig seine Machtansprüche zu sichern, die in keinster Weise den Menschen bei der Lösung ihrer täglichen Probleme zugute kam, war mehr als deprimierend. Aber in der Boomzeit der Platt-

[13] Network centric warfare = netzwerkzentrierte Kriegsführung, militärisches Konzept, globale Informationsüberlegenheit herzustellen durch die Konzentration von IT-, Funk- und Telekommunikations-Netzwerken für Aufklärungs-, Führungs- und Wirksysteme, für eine langfristige strategische Überlegenheit. - siehe auch https://de.wikipedia.org/wiki/Network-Centric-Warfare.

[14] Global Information Grid = globales Informationsnetz des Pentagon, Streitkräfte sollen über ein einziges allumfassendes, integriertes Breitband-Informationsnetzwerk verfügen. - https://de.wikipedia.org/wiki/Global_Information_Grid.

formplatzierer, penetriert durch die Medien dank Soft Power Konzepten vollkommen unproblematisch und für angeblich späteres Big Business aus Big Data gesellschaftlich ohne weiteres für viele akzeptabel.

Aber wurden hier vielleicht noch ganz andere Produkte ganz anderer Provenience mit dem Label DTAG oder besser unter der Flagge TSI verkauft? Irgendwie war das alles mehr als sonderbar.

Dank des breiten Kreuzes einiger Teammitgliedern der Challege also, die allerdings auch nicht in Abhängigkeit zu Romys Bereich standen, Romy war dazu längst nicht mehr in der Lage, wurden Themen ans Tageslicht befördert, die eigentlich von Romy hätten kommen sollen, da sie vor allem ihre vergangenen Forschungsthemen stark berührten.

Doch Romy fühlte sich dazu bereits viel zu eingeschüchtert oder besser gesagt, hatte sie auch schon die Hoffnung verloren, dass es Entwicklungen neben den dogmatischen Vorgaben Ahngeiers geben würde. Obwohl sie sich perspektivisch und dann später auch räumlich real im Kenia-Projekt von ihrem Bereich entfernt aufhielt, fühlte sie sich weiterhin permanent in einer „Hab-Acht-Stellung" und unter permanenter Beobachtung.

Das Team bestand, wie bereits erwähnt, aus acht Personen.

Jemand kam aus Mazedonien, dann aus Serbien und Ungarn. Den Rest der Gruppe stellten Deutsche, vier aus der Zentrale in Bonn und Romy aus Berlin. Trotzdem waren sie ein bunt zusammengewürfelter Haufen. Netzwerktechnik, Controlling, Strategie, Marketing oder Vertrieb - jeder hatte seine spezielle Expertise und insofern stimmte die Interdisziplinarität, die ein Design-Thinking-Team forderte.

Vor der Reise trafen sich die Teilnehmer mehrere Male bereits in Berlin, zum einen für ein Kick-off-Meeting mit dem Vorstand Personal, Frau Prof. Schick, Dr. Ahngeier als Themensponsor und einigen Gästen aus Südafrika, um sich vor allem näher kennenzulernen. In Kenia gab es bisher noch keine Landes-Business-Unit (LBU) und so wurden kenianische Marktaktivitäten oder Sondierungen aus Südafrika heraus organisiert.

Zum anderen ging es darum, über Reiseplanungen, Abläufe, Ziele und die Organisation zu reden, aber auch schon die ersten Kreativworkshops durchzuführen und somit Schwerpunkte für die Arbeit in Kenia festzusetzen und mögliche Projektentwicklungen vorzudenken. Denn die geplanten zahlreichen Gespräche in Ministerien, mit NGOs, mit Außeneinrichtungen Deutschland wie der Botschaft, der Handelskammer und anderen Vertretungen wollte geplant und inhaltlich vorbereitet sein, damit die Design-Thinking-Ergebnisse im Idealfall auch erfolgreich direkt in den Konzern zur Umsetzung für die Entwicklung marktfähiger Produkte für Afrika gegeben werden konnten.

Die Stimmung war gut und Romys Mobbing rückte in den Hintergrund. Trotzdem schienen allerdings zwei Teammitglieder über ihre Auseinandersetzungen im Bereich Bescheid zu wissen, vielleicht waren es auch mehr, jedenfalls gaben ihr diese beiden klar bei einem Treffen zu verstehen, ohne dass sie selbst etwas sagte, sie in jeder Lage zu unterstützen.

Leise raunte ihr Arndt zu: „Wenn du Stress mit den Typen hast, dann sag Bescheid", einen Blick auf die Verantwortlichen aus Romys Bereich und den Vertreter der Detecon gerichtet.

„Geht schon, danke", flüsterte Romy leise zurück, erleichtert, nicht ganz ohne moralischen und vielleicht auch physischen Beistand, ganz auf sich gestellt, diese Expedition nach Afrika zu wagen. Auch wenn die beiden sicher keine klassisch ausgebildeten Personenschützer waren, vermittelten sie Romy doch ein gewisses Sicherheitsgefühl.

Generell verstand sie sich mit allen Teammitgliedern gut. Endlich konnte sie normal reden, brauchte sich nicht über das Tuscheln hinter ihrem Rücken oder sarkastische Angriffe auf ihre Person oder ihre Äußerungen zu sorgen, konnte wieder einmal unbeschwert mit den anderen lachen, sich freuen und die Gemeinschaft Gleichinteressierter genießen. Auch die Organisatoren, sowohl aus der kleinen externen Berliner Design-Thinking-Firma als auch die Konzern-Begleitung von HR waren super. Endlich hatte Romy wenigstens zeitweise das Gefühl, unbekümmert einfach nur einmal „schwatzen" zu können, normal zu sein. Die Kreativ-Workshops in Berlin machten Spaß, waren inspirierend und lustig zugleich. Ihre kleine Truppe rannte durch Berlin, führte Befragungen durch, erkundete die Multikultiszene und lernte Afrikaner in Berlin kennen.

Nachdem sie, trotz massiver Interventionen durch Ahngeier und den Consulter doch ein relativ offenes Innovationsprogramm zusammengestellt hatten, ging es los nach Kenia.

In Nairobi waren sie in einem abgeschlossenen Ressort untergebracht, dass sie mit hohen Wänden von der wirklichen alltäglichen Welt abgeschirmte. Den Eingang bewachte Security-Personal und es gab klare Anweisungen durch das Konzernlagezentrum als auch durch die Betreuer vor Ort, sich nicht allein aus diesen Mauern zu bewegen. Wer joggen wollte, sollte dies vorher unbedingt anzeigen, besser aber versuchen, auf dem Gelände des Ressorts mit seinen Fitness-Übungen klar zu kommen.

Die Teilnehmer der Challenge erwartete ein sehr straffes Arbeitsprogramm, dass täglich manchmal mehr als drei offizielle Termine umfasste. Dabei waren teilweise auch größere Entfernungen in Nairobi selbst durch den überfüllten Stadtverkehr bei sengender Hitze, aber auch in das Umland über holprige und wenig befestigte Straßen zu überbrücken.

Auf Grund der Fülle der anstehenden Aufgaben, der potentiellen Gesprächspartner musste sich die Gruppe häufig teilen, so dass einige zum Beispiel einen Termin im Ministerium wahrnahmen und die anderen ein Krankenhaus besuchten.

Nach dem die Reisenden ihre Zimmer bezogen hatte, verlief der erste Tag vor allem im Workshopmodus. Dazu hatten die Organisatoren ein Apartment angemietet, deren Räume als Arbeitsstätten gemeinsam genutzt werden konnten, da ein klassischer Seminar- oder Veranstaltungsraum nicht zur Verfügung stand. Aber dieses überschaubare und fast familiäre gemütliche Umfeld unterstützte sehr gut das notwendige kreative Ambiente. So klebten, bastelten und malten die Teilnehmer ganz im Sinne des Design-Thinkings an innovativen technischen Konzepten und Lösungen, um dabei zu helfen, die Mütter- und Kindersterblichkeit in Kenia mittels telemedizinischer Anwendungen senken zu helfen.

In der Wohnung wurde gemeinsam gegessen und getrunken. Ein Luxus, dem das Team geboten wurde war, dass ihnen für die Mahlzeiten persönliche Köche zur Verfügung standen, die bereits das Essen vorbeibrachten oder noch letzte Handgriffe in der Küche der Wohnung anlegten, als auch den Teilnehmern dann die Mahlzeiten servierten. Romy fühlte sich in Zeiten versetzt, die sie nur aus der Geschichte kannte - persönliche Diener, Butler, Haussklaven - die den Herrschaften das Essen reichten.

Natürlich waren diese Rahmenbedingungen den Umständen geschuldet, die andere Varianten einfach ausschlossen. Die Teammitglieder hatten weder Zeit selbstständig zu kochen, noch durften sie das Gelände zum Einkaufen verlassen, noch wäre es angebracht gewesen, sich mit speziellen Personentransporten jedesmal in Restaurants fahren zu lassen, was sowohl zusätzlich einen hohen logistischen, zeitlichen aber auch Sicherheitsaufwand bedeutet hätte. Beim Einfahren der kleinen Transporter oder Fahrzeuge, die sie zu Terminen begleiteten, wurden häufig auch Sicherheitskontrollen der Autos vorgenommen. Mit großen Spiegeln an langen Teleskoprohren wurde der Unterboden nach möglichen versteckten Sprengsätzen abgesucht. Und das bei einer deutschen Delegation von Managern! Aber anscheinend war man in diesem Land auf alles eingestellt.

Durch die Integration der Mahlzeiten in die Apartment-Workshops konnte natürlich intensiver gearbeitet werden, wodurch das individuelle kenianische Bekochen des Teams die telemedizinischen Projektkonzepte um kulinarische Erfahrungen bereicherte.

Nach dem ersten workshopreichen Tag, den die Gruppe im Ressort verbrachte, sollte am Abend dann noch eine offizielle Planungsrunde für die nächsten Veranstaltungen erfolgen. Romy fühlte sich wohl, körperlich und mental fit, die Diskussionen mit den anderen hatte sie motiviert und wieder positiv für die vor ihnen liegenden Tage motiviert. Der Druck der heimischen Führungskräfte rückte wenigstens zeitweise in den Hintergrund, da niemand aus dem Bereich oder der Detecon auf dieser Reise die Kreativen begleitete. Da Romy die Sonne und die Wärme liebte, genoss sie die, wenn auch nur kurzen Zeiten, in denen sie aus den dunklen Workshopräumen hinaus auf den Hof treten und den klaren blauen Himmeln strahlen sah.

Nachdem sie gemeinsam noch etwas gegessen und getrunken hatten, gab es Raum für etwas Freizeit. Ein kleiner Pool auf dem Hof lud mehr oder weniger zum Baden ein oder man konnte es sich, trotz der sommerlichen Wärme auch in der Sauna gemütlich machen, was bei Romy an diesem Tag allerdings noch nicht auf dem Plan stand. Eigentlich fiel die Pausenzeit recht kurz aus und reichte gerade einmal, um technischen Geräte eine Ladezeit zu verschaffen oder kurz mit Verwandten und Freunden in der Heimat Kontakt aufzunehmen, knittrige Wäsche für offizielle Termine wieder zu glätten oder eben was man sonst noch so mit einem kurzen Freiraum anfängt. Romy ging auf ihr Zimmer, kümmerte sich etwas um das Nachladen ihrer elektronischen Geräte.

Und danach? Keine Ahnung.

Irgendwann klopfte es heftig an die Wohnungstür.

Romy schreckte mit pochendem Herzen auf. Wie betäubt schwankte sie zur Tür. Die Organisatoren der Telekom-HR standen davor. Sie hatten sich um Romy Sorgen gemacht, da diese nicht, so wie verabredet, mit den anderen zum Planungsmeeting erschienen war. Hatte sie einen Schwächeanfall erlitten?

Filmriss? Wollte sie sich nur einmal kurz hinlegen, weil sie sich plötzlich müde fühlte? Die beiden Organisatorinnen erkundigten sich, warum Romy nicht am offiziellen Eröffnungsworkshop mit den südafrikanischen Verantwortlichen teilgenommen hatte und ob es ihr nicht gut ginge.

Romy wusste von nichts.

Natürlich war sie die einzige aus der Gruppe, die bei dieser wichtigen Veranstaltung gefehlt hatte. Dies konnte natürlich schnell von den Organisatoren dahingehend interpretiert werden, dass sie nicht leistungsfähig sei.

Aber wie war es wirklich dazu gekommen, dass sie verschlafen hatte? Romy, die wenig Schlaf benötigte, stressstabil, fit war, für die selbst „Zuspätkommen" zu den Fremdworten gehörte?

Normalerweise wusste jeder, dass Romy eine Pferdenatur besaß. Sie liebte heißes Wetter, war nicht klimaempfindlich, keine Schlafmütze und hatte auch sonst keine Anzeichen einer Erkrankung.

Im Nachhinein fragte sich Romy dann allerdings öfter, ob dieser „An- und Ausfall" wirklich eine natürliche Ursache gehabt haben konnte. Hatte sie irgendetwas gegessen oder getrunken, dass ihr einen so schlechten Start bescherte?

Wenn sie allerdings an ihr Gespräch in Berlin mit Klaus dachte, an ihre persönliche Bedrohungslage, wunderte es sie sehr, dass sie nicht gleich misstrauisch geworden war. Jeder der Teilnehmer hätte ihr ganz unkompliziert ein paar K.-o.-Tropfen oder eine andere Substanz ins Glas träufeln können, ohne dass sie es merkte.

Jeder der Anwesenden hatte sein Glas extra mit einem textilen Aufkleber versehen, der groß und deutlich seinen Besitzer anzeigte.

Einfacher ging es nicht. Zumal alle Schaffenden immer wieder zwischen den Räumen der Wohnung hin- und her pendelten und natürlich nie ihr Glas konsequent im Auge behielten.

Wozu auch?

Aber wer sollte dies gewesen sein?

Zum Glück war Romy generell kein argwöhnischer Mensch. Vertrauensseelig kam sie noch nicht einmal im direkten Anschluss an diesen, anscheinend doch initiierten „Black out" ihres Gehirns, auf einen solchen Gedanken. Zum Glück, da sonst die Zeit in Kenia für sie sicherlich zu einem angstbesetzten Höllentrip geworden wäre.

So nahm sie diesen vermeintlichen „Schwächeanfall" als gegeben hin, wobei sie sich vor allem darüber ärgerte, einen unzuverlässigen Eindruck durch ihr Fehlen hinterlassen zu haben und natürlich auch, dass sie in die nächsten Termine und Veranstaltungen vollkommen unvorbereitet starten würde, keinen inhaltlichen oder strategischen Einfluss mehr nehmen konnte, auch wenn es sicherlich noch Gelegenheiten geben würde, von den anderen zu erfahren, welche Schwerpunkte bei den vor ihnen liegenden Treffen gesetzt werden sollten. Romy würde allerdings nie erfahren, inwieweit sie ihrerseits noch eigene Vorschläge, Ideen oder auch Einwände und Hinweise hätte einbringen können.

Letzendlich stellte es sich mehr als leichtsinnig von Romy heraus, trotz aller Hoffnung auf eine harmonische und bereichernde Zeit fernab ihres Konzernbereiches, die latente potentielle Gefahr zu verdrängen.

Warum auch sollten die Strippenzieher Romy hier in Kenia aus den Augen und frei gewähren lassen, wenn es ihnen vorher vollkommen wichtig war, die totale Kontrolle über sie auszuüben?

Wie konnte sie nur so blauäugig und naiv sein?

Nach so langer Zeit nun darüber nachzudenken, wer ihr ein Schlafmittel verabreicht haben konnte oder was sie gegessen, getrunken hatte, war müßig.

Trotzdem arbeitete es in ihr.

Gab es jemanden im Team, der einen klaren Auftrag erhalten hatte, etwas ihre Leistungsfähigkeit zu drosseln?

Solche Schlafattacken kamen letztendlich einem beruflichen Mord gleich, nur dass sie viel subtiler weder als Attentate zu vermuten oder zu identifizieren waren, noch dass es irgendwelche

Nachfragen geben würde. Letztendlich würde man konstatieren, dass die Anstrengungen im heißen Klima, die vielen Beratungen und Sitzungen körperlich zu anstrengend für Romy gewesen waren.

Da sie aus der Wissenschaft kam, ursprünglich mit einem Beamtenstatus versehen, hatte sie wohl in den letzten Jahren an der Universität vor allem geschlafen und konnte so nicht den Anforderungen, die an Wirtschaftlichkeit, Effizienz und Effektivität ausgerichtet waren, entsprechen.

Auch auf eine solche Art konnte man Romy einfach und „sauber" aus dem Rennen schicken, bestätigt durch die Human-Ressources-Verantwortlichen des Konzerns. Vor allem konnte man aber auch so ihre Anschuldigungen bezüglich eines vermeintlichen Mobbings durch ihre Führungskräfte gut entkräften, hatte sie doch in der Kenia-Challenge bewiesen, dass sie nichts auf die Reihe bekam und selbst wichtige Termine unzuverlässig einfach verschlief.

Romy hatte bereits begriffen, dass die Gefahr nicht nur dort lauerte, wo man sie sehen konnte, sondern auch dort, wo man es niemals erahnte.

Sie, als Leistungsträger mit ihren kreativen Ideen vor den Augen der Personalabteilung im notwendigen Umfang etwas „auszubremsen", stellte einen genialen Schachzug dar. Wäre ihr dieser Gedanke allerdings gleich gekommen, hätte sie wahrscheinlich in den folgenden Tagen permanent paranoid reagiert. Sie hätte ihr Glas festgehalten, hätte das Essen argwöhnisch beäugt, hätte sich ständig umgedreht, ob sie jemand verfolgte, hätte hätte hätte. Und auch dieses Verhalten wäre für ihr Ansehen unter Beobachtung der HR-Abteilung alles andere als zuträglich gewesen.

So einfach war es also, auch noch nebenbei paranoide Persönlichkeitsbilder aufzubauen. So oder so, eine Win-Situation im Psychokrieg gegen Romy. Eine solche Aktion, als verifizierte Hypothese und bewusst als real wahrgenommen, konnte direkt den Weg in die Psychatrie bedeuten. Denn es gab nichts, was man den Mitreisenden und Organisatoren in dieser Komplexität hätte vermitteln oder erläutern können. Alle würden nur den Kopf schütteln und Romy mitleidig ansehen: „Es ist eben alles zu viel für sie."

Romy wollte gar nicht wissen, wie viele parnoide Störungen aber auch gebrochene Persönlichkeitsprofile sich allein auf solche

Ex Knock-out-Erlebnisse und -Experimente zurückführen ließen. Denn die sexuelle Gewalt war nur eine Geschichte, die in diesem Zusammenhang diskutiert wurde.

Dass diese Substanzen aber auch als Grundlage ganz anderer krimineller Handlungen oder für Psychoterror genutzt werden konnte, wurde gegenwärtig gesellschaftlich natürlich nicht thematisiert.

Sicher auch, weil viel zu wenig Betroffene sich darüber Gedanken machten, inwiefern körperliche oder geistige Störungen auch auf äußere Einflüsse oder kriminelle Rahmenbedingungen rückführbar waren.

Irgendwann und erst fast zum Ende des Projektes berichtete Romy ihren Reisebetreuern und Organisatorinnen doch von ihren Schwierigkeiten im Bereich. Mittlerweile hatte sie erkannt, dass wenigstens die HR-Begleiter vollkommen ahnungslos und unvoreingenommen die Beziehung zwischen dem Themensponsor Walter Ahngeier und Romy sahen.

Vor allem, als es darum ging, Projekte zu priorisieren, die danach im Konzern platziert werden sollte und Romy sich sehr schwer tat, hier federführend Stellung zu beziehen. Natürlich wiesen die Organisatoren Romy immer wieder die Rolle des Mittlers, der Schnittstelle zu ihrem Bereich zu, um dann, zurück in Deutschland, die Projektkonzepte und Ideen in die Umsetzung zu bringen.

Irgendjemand musste diese ja vertreten und sich im Konzern für eine erfolgreiche inhaltliche Platzierung in den dafür relevanten Abteilungen, für Budgets, Ressourcen, Milestones einsetzen. Wie überall im Leben benötigten Ideen und Innovationen für ihre erfolgreiche Umsetzung einen Kümmerer.

Natürlich war es vollkommen absurd anzunehmen, dass man Romy diese Rolle zuweisen konnte, gerade ihr, die überhaupt keinen Rückhalt in ihrem Bereich fand und herausgedrängt werden sollte. Insofern musste sie die Organisatoren darüber aufklären, damit sich diese nicht zu viele Hoffnungen machten.

„Vielleicht versucht ihr es auf einem anderen Weg. Oder ihr übergebt die von uns entwickelten Projekte direkt an Dr. Ahngeier. Dann könnt ihr auch deren Weg verfolgen und gegebenfalls immer einmal nachfragen.“

Romy ging fest davon aus, dass sich mit ihrer Rückkehr aus Kenia an ihrer Mobbingopferposition nichts ändern und man sie weiterhin mit ihren Vorschlägen auflaufen lassen würde. Und in keinem Fall würde sie die innovativen Projekte aus den Bereichen der Biofeedbacksysteme, der Gemeindeschwester, der Health-Lotterie und andere Themen bei sich im Steering Committee oder wo auch immer im Bereich „durchbekommen".

Romy verstand nicht, wie den Organisatoren das angespannte Verhältnis zwischen Ahngeier und ihr entgangen sein konnte.

Aber anscheinend waren in diesem Spiel ausschließlich professionelle Schauspieler aktiv, wobei sich Romy dabei nicht ausschloss.

Im Alltag bemühte sie sich konsequent, soweit es ging, ein Pokerface aufzusetzen und das heulende Elend erst auf das häusliche Umfeld zu verschieben.

Aber auch die Mitarbeiter des Gesundheitsbereiches in Kenia[15] und Südafrika[16] schienen unter einer gewissen Politik des Informations-Hidings[17] zu leiden. Zum Beispiel hatten sie keinen blassen Schimmer darüber, welche konzerneigenen Produkte es gab, welche sie wie anbieten konnten, noch über das Gesundheitswesen in den verschiedenen Ländern. Sie bemühten sich redlich, schienen aber in keinster Weise informiert oder diesbezüglich aktuell weitergebildet zu sein. Noch nicht einmal Flyer oder Marketingmaterial hatten sie zur Hand, was an anderen Stellen im Konzern locker Millionen an Aufwendungen für Kampagnen und PR-Aktionen verschlang.

Und ohne eine strukturierte Weitergabe von Know-how, regelmäßigen Fortbildungen zum Beispiel über e-Learning, virtuelle Schulungen, konnten die Mitarbeiter bei einer so großen Entfernung auch nicht auf dem aktuellsten Stand sein.

Als Romy nach ihrer Rückkehr, viel später einmal mit Matthias, dem Leiter des Bereiches International über diese Diskrepanzen sprach und ihr Unverständnis darüber äußerte, welche Strategie in seiner Abteilung verfolgt wurde, reagierte er vollkommen tiefen-

[15] A.d. A. Die Dependance in Kenia schien ausschließlich für diese Challenge gegründet worden zu sein und wurde wenige Monate später wieder aufgelöst.

[16] ICT-Lösungen von T-Systems South Africa. - vgl. https://www.telekom.com/de/konzern/weltweit/profile/die-deutsche-telekom-in-suedafrika-336218.

[17] Informationshiding - versteckte, unbekannte Informationen, Intransparenz, lückenlose oder fehlerhafte Weitergabe von Informationen, schlecht implementierte Informationskanäle.

entspannt.

Er reihte das wichtigste amerikanische „Konzernsprech" von Sales Funnel[18] über EBITA[19]-Margen bis zum richtigen Splitting zwischen Capex[20] und Opex[21] aneinander, vermixte dies mit einem Konglomerat an imaginären Zahlengebilden, prozentualen Betrachtungen und zahlreichen Abkürzungen von irgendwelchen Rahmenbedingungen und lächelte dabei einnehmend. Inhaltliche Auseinandersetzungen darüber, was man eigentlich tun wollte, womit diese „Sales Funnel" eigentlich stattfanden oder erreicht werden sollten, gab es nicht.

Letzendlich lag es aber irgendwie auf der Hand, dass sich für solch Strategie eigentlich nur die von der Führung präferierte Plattform eignete. Lückenlose Datenerfassung aller Menschen, vor allem in ihrer Rolle als Patienten, dann Clusterung, Algorithmierung und Verkauf von vermeindlich personalisierten medizinischen und pharmazeutischen Lösungen. Mal mehr, mal weniger hilfreich.

Am Ende der Challenge meinte Romy, dass ihr die zwei mal zwei Wochen im Team in Kenia und auch davor in den Design Thinking Labs, trotz der Anstrengung, wieder Mut und Kraft gegeben hätten.

Leider war dies nur ein kurzes Gefühl.

Die acht Themen, die letztendlich von allen während ihrer Zeit in Kenia priorisiert wurden, entsprachen den Trends der Zukunft - Biofeedbacktechnologien, Patient Reported Outcomes, Patientenakten, Telenurses, Serious Gaming, Mikrokredite.

Es waren einfache Lösungen, technisch unaufwendig, regional anpassbar und ressourcentechnisch akzeptabel, mit wenig notwendigem Investitionsaufwand, dafür aber einer hohen Skalierbarkeit

---

[18] Sales Funnel = „Verkaufstrichter", aus dem amerikanischen Marketingwortschatz, Idee dahinter: in die obere Trichteröffnung wir ein möglichst großer Teil einer Zielgruppe „gelockt" und aus der kleineren Öffnung kommen dann möglichst viele zahlende Kunden.

[19] EBITA = engl. Abk. für earnings before interest, taxes and amortization, betriebswirtschaftliche Kennzahl, kennzeichnet den Gewinn eines Unternehmens.

[20] Capex = Capital expenditure = Investitionsausgaben für längerfristige Anlagegüter bspw. Betriebs- und Geschäftsausstattung, Geräte, Maschinen, Immobilien.

[21] Opex = operative Ausgaben, Betriebskosten zur Aufrechterhaltung eines Unternehmens.

und viel Zukunftspotential, vor allem für Länder wie Kenia.

*****

Als Romy mittlerweile, wieder zurück in Deutschland, in zahlreichen Projekten „versank", die zwar viel Marktpotential besaßen, allerdings nichts mit den afrikanischen Design-Thinking-Projekten zu tun hatten, trotzdem bei ihren Chefs nur auf Widerstand stießen und Romys Elan wieder zunehmend verschwand, erhielt sie plötzlich einen Anruf aus der Konzernzentrale:

„Romy, du hast dich doch in deiner Vergangenheit mit Wearables und intelligenter Bekleidung[22] beschäftigt. Ich rufe aus dem Vertrieb an. Wir haben hier einen Kunden, der möchte gern ein Biofeedbackprojekt[23] mit Textilien umsetzen und ich habe ihm versprochen, im Konzern einen Ansprechpartner zu finden, der mit ihm das Projekt durchgeht und über gemeinsame Planungen nachdenkt. Für mich ist das sehr wichtig, denn er ist einer meiner zentralen Kunden. Ihm gehören mehrere Rehabilitationskliniken und wir hängen da natürlich auch mit anderen Produkten drin. Du weißt, der Wettbewerb schläft nicht und mittlerweile werden unsere Preisangebote immer schlechter."

„Wie kommt denn das?", fragte Romy dazwischen.

„Konzernvorgaben von oben", antwortete Daniel Levens resigniert. „Da brauchen wir unbedingt wenigstens als Ausgleich andere Leistungen, die den Kunden dazu bewegen, überhaupt noch bei uns zu bleiben."

Auch wenn sich dies für die Vertriebskollegen nicht nach positiven Rahmenbedingungen und eher nach notwendigem Koppelge-

---

[22] Intelligente Bekleidung = Verbindung von High-Tech-Funktionen mit Textilien, integrierte Sensoren, Aktoren, Vernetzungen zur Verbesserung von Informations- und Kommunikationsmöglichkeiten im Alltag oder als Warn- und Sicherheitssysteme.

[23] Biofeedback = Methode der Rückkopplung, bei der Zustandsgrößen biologischer Vorgänge, die der Sinneswahrnehmung nicht zugänglich sind, mittels technischer, oft elektronischer Hilfsmittel beobachtbar und damit dem Bewusstsein zugänglich machen. Ermöglicht die Umsetzung von verhaltenstheoretischen und lerntheoretischen Ansätzen.

schäft anhörte, freute sich Romy doch, persönlich die Gelegenheit zu erhalten, ihr Thema der Wearables nun doch im Konzern neu aufleben lassen zu können.

Dass das Biofeedbackthema, ihr Gürtel zur Messung von Vitaldaten über den Bauch der Schwangeren, nach der Kenia-Challenge offiziell einen Award im Bereich HR erhalten hatte, war an Romy natürlich vorbeigegangen. Besser noch, niemand hatte es für notwendig erachtet, das Challenge-Team darüber zu informieren oder sie zur Preisverleihung einzuladen. Soviel zum vorbildlichen Umgang mit den Human Ressources im Konzern. Zwar wusste Romy nicht, welche Gerüchte mittlerweile über sie und ihre Arbeit gestreut worden waren, aber die anderen Team-Mitglieder wurden ja auch nicht informiert.

Für Romy war es aber endlich ein Thema, das von außen, das heißt vom Mutterkonzern und vor allem von einem zahlenden Kunden über den Vertrieb an sie herangetragen wurde. Aus dieser Position heraus würden ihre Führungskräfte sicher mehr Schwierigkeiten haben, Romy permanent Knüppel zwischen die Füße zu werfen. Außerdem sollte es die Kommunikation erleichtern, wenn noch ein neutraler Kundenbetreuer involviert war, Daniel Levens.

Als Vertriebler und Schnittstelle zum Kunden, hatte das, was er sagte natürlich in jedem Fall großes Gewicht. Die Argumente, mit denen Romy immer wieder kaltgestellt wurde, konnten so nicht mehr greifen oder plakativ genutzt werden.

Der Kunde hatte oder sollte wenigstens indirekt bei jedem Unternehmen die eigentliche Macht darüber besitzen, welche Produkte für den Bedarf entwickelt und vertrieben wurden. Theoretisch. Eben nicht technik- sondern nutzensorientierte Entwicklungen sollten im Mittelpunkt stehen, ganz wie sie es auch in der Design-Thinking-Challenge praktiziert hatten, auch wenn die Ergebnisse praktisch nie in das Produktportfolio des Konzerns integriert wurden oder es auch nur einen Versuch gegeben hätte, daraus relevante Produkte zu entwickeln und zu vertreiben.

Durch den Anruf fühlte sich Romy nun aber aufs Neue motiviert. Mit vollem Elan startete Romy in dieses Kundenprojekt. Doch schnell musste sie auch hier wieder erkennen, dass sie ihr Optimismus getäuscht hatte. Hinter den Führungskulissen schien es zu brodeln und bei den Strategien immer wieder die Stellschrauben nachjustiert zu werden.

Aber nicht nur Kurskorrekturen schlugen dabei zu Buche, sondern man setzte alles daran, Romy bei jeder möglichen Gelegenheit zu diskreditieren.

Romy spürte bereits nach wenigen ersten Schritten innerhalb des Projektes, dass sie auf lange Sicht wahrscheinlich, trotz hervorragender Umstände mit dem Konzernvertrieb und einem gewissen „Mehr" an Transparenz keine Chance haben würde.

Schon während der Kenia-Challenge hatte sie dieses Projekt ganz weit in den Hintergrund gerückt. Der Druck der auf ihren Gehirnzellen und dem neuronalen Netzwerk lastete, schien nur noch Plattformdenken zuzulassen.

Erst ein Teammitglied, Frank, brachte die Idee der Biofeedbacktextilien wieder in die Challenge ein. Auch er gehörte zu den, für Romy „Rettern", die ihr mit solchen mentalen Kicks ihre positive Motivation weitergaben. Es war schon erstaunlich, welche Auswirkungen es auf die Psyche hatte, wenn Menschen ihre emotionale Kraft und damit auch ihre Energie auf sie übertrugen.

Romy fühlte sich dadurch zeitweise sogar wieder in der Lage, angestoßen durch diesen Vorschlag, aus den Zwängen ihres Bereiches auszubrechen, neue Ideen zu entwickeln und sogar beim zweiten Durchgang der Kenia-Challenge eine funktionierende Textilie, gestiftet von der Fraunhofer Gesellschaft mit nach Kenia zu nehmen, um damit das Konzept mit kenianischen Müttern zu testen und auch diese Entwicklung dem dortigen Gesundheitsministerium vorzustellen. Denn die gesamte Challenge, die über zwei Monate lief, beeinhaltete neben den Workshops in Berlin zwei zweiwöchige Phasen in Nairobi. Auf Grund dessen bestand natürlich auch die Chance, nach der Auswertung der ersten Phase konkrete Pilotprodukte und detaillierter ausgearbeitete Ideen mit nach Kenia zu nehmen.

Allerdings gab es keine „Schonfrist" zwischen den Aufenthalten in Afrika. Zurück am Schreibtisch im Büro gingen auch die „normalen" Projekte und die „normalen" Herausforderungen weiter. Und niemand fragte Romy danach, wie es denn war oder was sie so getrieben hatte. Die Kollegen hatten anscheinend verabredet, geschlossenes Desinteresse und Ignoranz gegenüber Romys Afrika-Wettbewerb zu praktizieren.

Generell hätte Romy die drei Jahre im Konzern nicht überstanden, wenn ihr nicht immer wieder solche „Retter" wie Frank zur Seite gestanden hätten, ob Teamkollegen, externe Partner, ob Vorstände, IT-Chefs, Profi-Sportler oder wer sonst noch, die plötzlich in ihrem Leben zur rechten Zeit auftauchten, auch wenn sie dann auch oft ziemlich rasch wieder verschwanden.

Natürlich wurde ihr dabei zunehmend klarer, dass es sich bei diesen Personen keineswegs um zufällige Begegnungen handelte.

Alle diese „schicksalhaften Treffen", fanden wohlorganisiert statt, alle Prozesse oder Nachfragen mit einer präzisen Planung, die heutzutage natürlich mit Hilfe existierender technischer Möglichkeiten aus dem Bereich der Informations- und Kommunikationstechnologien keine Schwierigkeit darstellten.

Doch wer steckte dahinter?

Wurden diese Treffen vom „Mutterkonzern" organisiert?

Oder von wem?

In jedem Fall halfen sie Romy immer wieder aufzustehen, wenn sie stolperte oder zu fallen drohte und motivierten sie indirekt zum Durchhalten. Darüber war Romy mehr als froh, auch wenn niemand mit ihr über ihre Hypothesen sprach, die sie ihrerseits natürlich auch niemandem gegenüber äußerte.

Schweigen war sicherlich angesagt und Schweigen sicher als diesbezüglich besserer Weg. Auch wenn Romy nur erahnte, dass das Schweigen ganz konkret bezüglich ihrer Person noch ganz andere Hintergründe haben konnte, die weit mehr Explosivität beinhalteten, als usie bisher schlussfolgerte.

Romy verstand erst viel später die Sinnhaftigkeit dieses „unsichtbaren" Netzes des Schweigens.

Doch sie erkannte andererseits bereits früh, dass sie diesem „Netz" mehr als dankbar sein konnte, weil es ihr immer wieder indirekt oder direkt das Leben zu retten schien, wie dramatisch sich dies auch anhörte. Vielleicht bestand ihre Verbindung aber auch in einem gegenseitigen kontinuierlichen Geben und Nehmen, auch wenn ihr dies nicht wirklich bewusst gewesen war. Und deshalb war Romy andererseits auch sehr froh, dass sie dieses „unsichtbare Netzwerk" nicht persönlich kannte, nicht wusste, welche Personen, Institutionen, Verbindungen sich dahinter verbargen. Aber irgendwie musste es groß und mächtig sein. Diesbezüglich war sich Romy ihrer Hypothese sicher, was ihr wiederum Vertrauen gab und sie innerlich stärkte. Es konnte ja auch nicht sein, dass eine ganze Gesellschaft nicht zur Kenntnisse nahm, welche Prozesse sich in und um die Telekom und T-Systems herum abspielten.

Aber wer nichts weiß, kann auch nie etwas verraten.

Insofern gab Romy gleichzeitig natürlich auch einen perfekten Agenten. Selbst Waterboarding oder sonstige Foltermethoden würde ihr keine Informationen entlocken können. Wo es kein geheimes Wissen gab, konnte auch nichts in Erfahrung gebracht werden.

Und was sich wie und warum in ihrem Kopf abspielte, war noch einmal eine ganz andere Geschichte.

*****

Allerdings erschrak Romy, als sie, irgendwann einmal, zu der Hypothese gelangte, dass dieses Netzwerk bereits seit dem Attentat auf Rudi Dutschke[24] und der offiziellen Äußerung: „Wir gehen jetzt in den Untergrund!", bestehen musste, also über fünfzig Jahre lang Menschen antrieb, alles zu tun, um sich von solchen Machenschaften, wie die der Telekom zu befreien.

Politisch überhöht könnte man es auch als die Befreiung von der imperialistischen Vorherrschaft bezeichnen. Aber die wenigsten Menschen in der Bevölkerung konnten heute mit solchen Begriffen überhaupt noch etwas anfangen. Romy musste natürlich konstatieren, dass sich die Aktivitäten in ihrem Konzern nicht allein an wirtschaftskriminellen Ziele orientierten, sondern natürlich auch strategisch gesellschaftspolitische Entwicklungen im Auge hatten, die vor allem darauf abzielten, die Macht des Volkes, also die Demokratie zurückzudrängen und wieder eine klassische, hierarchisch aufgebaute Klassengesellschaft zu errichten.

Romy nannte dies das sozial- und gesellschaftspolitische Roll-

---

[24] Alfred Willi Rudolph „Rudi" Dutschke (07.03.1940 Schönefeld bei Luckenwalde, 24.12.1979 Aarhus, Dänemark), marxistischer Soziologe, politischer Aktivist, Wortführer der Studentenbewegung der 1960er Jahre, Attentat im April 1968 mit schweren Hirnverletzungen, verstarb an den Spätfolgen.

back. Wenn man sich die Entwicklungen der letzten Jahrzehnte ansah, dann gab es immer wieder Bestrebungen eine friedliche Welt zu errichten, klimapolitische Ziele ernsthaft umzusetzen, den Ressourcen- und Konsumwahn zu beenden und auch das Vorherrschaftsdenken, überkommenes Machtstreben einzudämmen und kooperativ weltweit zusammenzuleben. Aber auf der Grundlage der gegenwärtigen Strukturen ließ sich dies einfach nicht umsetzen.

Und vor allem der Einsatz neuer Technologien einseits als auch das Vorenthalten des wissenschaftlich-technischen Fortschritts andererseit verschärften die Gegensätze und Spannungen.

Letztendlich waren es zahlreiche Intrigen, das Sabotieren einer friedlichen Entwicklung, ständige Störungen, Zwänge zur Aufrüstung, das Erzeugen einer künstlichen Mangelwirtschaft, der Einsatz von Soft-Power[25]-Instrumentarien, emotionale Manipulationen, die die sozialistischen Bewegungen weltweit wieder zu Fall brachten und dadurch die Menschen auch frustierten und eine ablehnende Haltung gegenüber dem sozialistischen oder sogar kommunistischen System entwickeln ließen.

Wenn Romy sah, wie der Konzern die Menschen mit Hochglanzbroschüren und schönen Worten blendete, wie zunehmend Fachchinesisch die alltägliche Kommunikation beherrschte und verhinderte, dass die Bevölkerung sich überhaupt noch einen Überblick verschaffen konnte, dann wurde ihr auch klar, wie sich im Moment die Neuordnung der Welt mit technologischen Mitteln vollzog.

Die hinterhältigen konterrevolutionären, technologisch basierten, aber für die meisten unsichtbaren weltweiten „Anschläge" und globalisierten „Rollbackbewegungen", hin zum Neoliberalismus und zurück zur Monarchie, wurden nie als solche ernsthaft thematisiert oder diskutiert.

Die radikale Veränderung des Gesellschaftsmodells hin zu ganz

---

[25] Soft Power = Weiche Macht, von Joseph Nye geprägt, politikwissenschaftlicher Begriff, Einsatz zur politischen Machtausübung, zur Einflussnahme auf internationale Beziehungen, auf der Basis kultureller Aktivitäten, Ideologien und mit Hilfe internationaler Institutionen. Gezielt werden politische Akteure beeinflusst, ohne das Setzen wirtschaftlicher Anreize oder von Bedrohungen. Religion und Sprache, in der Neuzeit Wissenschaft und Technik gehören zu den wirkungsvollsten Soft Power-Quellen. - https://de.wikipedia.org/wiki/Soft_Power.

anderen Formen des Zusammenlebens, das auf der Grundlage des wissenschaftlich-technischen Fortschritts längst möglich wäre, wurde nie auf die Tagesordnung gesetzt.

Warum kündigte man damals den Gang in den Untergrund an?

Wusste man bereits von den umfassenden technischen Möglichkeiten des Ausspähens, Spionierens, Mithörens? Waren die globalen Geheimdiensttechnologien und Methoden nicht längst bekannt? Konnte man annehmen, dass es weltweit kaum noch sichere Orte auf der Welt gab, die nicht digital gescannt und kommunikativ erfasst wurden?

Sollte Rudi Dutschke der Letzte gewesen sein, der Opfer eines solchen öffentlichen mörderischen Anschlages wurde?

Aber wurde jemals darüber diskutiert, dass es naheliegend war, dass er, wie so viele vor ihm, in eine amerikanisch-religiöse Venus-Falle[26] lief, gesteuert aus einem frühen Zentrum der US-amerika-

---

[26] Gretchen Dutschke-Klotz: geb. 1942 in Oak Park, Illinois, Tochter eines Apothekers, Theologiestudium, Lebensstationen Antwerpen, München, West-Berlin. - kehrte in die USA zurück, bot Dutschke eine „freie Partnerschaft" an, wollte ihn in seiner politischen Arbeit unterstützen, Dutschkes Freundeskreis lehnte Zusammenleben des Paares ab. - angeblich weil Frauen als „Zubehör" galten. A.d.A. vielleicht auch, weil sie nicht von der politischen Authentizität von Gretchen überzeugt waren? - Klotz studierte weiter Theologie in Berlin - Abschlussarbeit: „Revolutionäre Bewegungen zur Zeit Christi bei Helmut Gollwitzer (geb. 1908 Bayern) - Lehrer Karl Barth - „Kirchenvater des 20. Jahrhunderts", dialektische „Wort-Gottes"-Theologie, schrieb die „Kirchliche Dogmatik", Partnerin Charlotte Emilie Henriette Eugenie von Kirschbaum - sah die Geschlechterrolle als „historisch konstruiert, alle Frauen „Mütter der Lebendigen" - also physisch wie geistig schöpferisch, hob bedeutende Rolle von Frauen in der Apostelgeschichte hervor, 1962 „erkrankt" sie an einer zerebralen Störung, wird 1966 in ein Pflegeheim eingeliefert, immer weniger mit der Außenwelt verbunden, stirbt im Heim, wird im Familiengrab der Barths beigesetzt, Gollwitzer hält Traueransprache, interpretiert Leid von „Lollo" - Charlotte als lehrreiches Schicksahl, A.d.A. gerechte Strafe? - gerechtfertigter medizinischer Mord? - ließ Dutschke, zeitweise in seiner Villa wohnen, kümmerte sich auch um die Beerdigung von Dutschke, - auch gerechter Tod? - Gretchen zog nach Dutschkes Tod zurück in die USA, Waltham Massachusetts, vgl. auch https://de.wikipedia.org/wiki/ Gretchen_Dutschke-Klotz.

nischen Industrialisierung, einer Watch-City[27]?

Oder hörte Romy hier die „Flöhe husten"?

Doch das *Big-Picture* hatte sich Romy so klar gezeigt, dass sie gegenwärtig nicht darüber nachdenken wollte, wie es dazu kam, sondern nur auf diese Informationen zu vertrauen, diese mit ihren eigenen Erfahrungen, ihrem Verstand und ihrer Vernunft abzugleichen und dann als potentiell mögliche Hypothesen weiter zu verifizieren. Gab es auch hier vielleicht wieder eine organisierte Verkettung zwischen dem Apothekervater Gretchens, Rosenstiels Antibiotika, der engen Verbindung zu J.Edgar Hoover[28], einem radikalen Antikommunisten, dem FBI-Chef und Bekämpfer der Feinde der USA. Im Februar 1966 klagte Dutschke die USA wegen Völkermord in Form des Vitnamkrieges an, organisierte Sit-ins for dem Amerikahaus,

---

[27] Waltham (Massachusetts) - seit 1634 von europäischen Auswanderern besiedelt, frühes Zentrum der US-amerikanischen Industrialisierung, zunächst im Textilbereich, erste moderne Fabrik der USA (1814), bekannt durch die Waltham Watch Company (1854-1957) - 40 Mio. Uhren produziert, zu Beginn des 20.Jh. Zentrum der Automobilindustrie, Brandeis University - Förderung durch amerikanisch-jüdische Gemeinschaft, nach Louis Brandeis (1856-1941) erster jüdischer Richter am Obersten Gerichtshof der Vereinigten Staaten, seit 1976 National Center for Jewish Film, das größte jüdische Filmarchiv außerhalb Israels, bis 2013 Partnerschaft mit arabischer al-Quds-Universität Jerusalem, Rosenstiel Basic Medical Sciences Research Center, Rosenstiel Award - von 87 Preisträgern, 27 später Nobelpreis für Medizin und 9 für Chemie - Lewis Solon Rosenstiel (1891-1975). US-amerikanischer Mobster (Person des organisierten Verbrechens der jüdisch-amerikanischen „Kosher Nostra"), Brennerei für medizinischen Alkohol, Grundkapital der Schenley Industries (1934-1937 größter Spirutuosenhersteller der USA), ließ während des Zweiten Weltkrieges Penicillin und Antibiotika herstellen, auf Rosenstiel Geburtstagsfeiern traf sich das US-Justizwesen, intimer Freund des Direktors des FBI. - https://de.wikipedia.org/wiki/Lewis_Solon_Rosenstiel.
[28] J. Edgar Hoover - KBE-Träger - The Most Excellent Order for the British Empire, britischer Verdienstorden, gestiftet 1917 von König Georg V., britischer Ritterorden, 6. Direktor des Bureau of Investigation (BOI), von Kommunisten, 1956 Programm zur Verfolgung (COINTELPRO) - Fälschung von Beweismitteln, willkürliche Gewaltanwendung, politische Morde (vgl. https://de.wikipedia.org/wiki/COINTELPRO), prominente Opfer - Martin Luther King, Spruch: „Mir ist egal, wer unter mir Präsident ist."

die die freundschaftliche Beziehung zu den USA umschlagen ließen. Und im März heiratete er die Amerikanerin, im Mai organisierte er weitere Aktionen gegen die USA und den Vietnamkrieg, veröffentlichte eine ausgewählte und kommentierte Bibliographie des revolutionären Sozialismus von Karl Marx bis in die Gegenwart, diskutierte Fragen der Arbeiterbewegung, reiste mit seiner Frau im September 1966 in die USA, als ihr Vater starb, rief im November 1966 zur Außerparlamentarischen Opposition mit Zitaten von Rosa Luxemburg auf, forderte 1967 die Enteignung des Verlegers Axel Springer, und die Entfaschisierung, wies auf gezielte Morde des Systems hin, rief zur Zerschlagung der NATO auf und die amerikanischen Soldaten zur Desertion. Das US-Militär war bereits auf den Schusswaffengebrauch orientiert.

Und im April 1968 wurde er zweimal in den Kopf geschossen.

Ist nicht davon auszugehen, dass jeder Schritt von ihm minutiös überwacht wurde? Ist nicht davon auszugehen, dass die Systemwächter längst begriffen hatten, dass sie Dutschke mundtot machen mussten? Ist nicht davon auszugehen, dass Bachmann, der vermeindliche Einzeltäter. ein instrumentalisierter Auftragsmörder war, dem man „vorsichtshalber" im Selbstmord enden ließ, damit es langfristig keinen Zeugen gab?

Und ließen sich für dieses System von medizinischen und „unsichtbaren" politischen Morden nicht über die letzten Jahrzehnte immer wieder Beispiele finden? Und mussten hierfür nicht professionelle Prozesse etabliert worden sein, die bei Bespitzelung, Manipulation bis hin zur Tötung effizient zusammenarbeiteten?

Betrachtete Romy die Vorgänge der planvollen Zersetzung und Auflösung im Konzern, die unbegründeten Verzögerungen und die privaten Abverkäufe innovativer Lösungen analytisch, dann konnten sich daraus keine anderen Schlussfolgerungen ableiten lassen. Generell handelte es sich dabei allerdings um ein so viel komplexeres Thema, dass Romy sich irgendwann einmal und an anderer Stelle damit intensiver beschäftigen wollte.

Letztendlich blieb für Romy die Frage im Raum: Gab es für dieses System als einzige Antwort auf sachliche und wissenschaftliche Argumente und für das eigene Überleben nur noch den Mord als Ausweg?

Romy schluckte, als sie erkennen musste, dass ihr Mobbingfall wirklich nur einen ganz kleinen Puzzlestein darstellte und ihre Rolle in diesem Spiel zu einem kompletten systemischen Gebilde gehörte, dass man auch als „Machtindustrie" bezeichnen konnte.

Vor allem ging es darum, dass sich anscheinend große Teile der Bevölkerung zur Aufgabe gemacht hatten, an der eigenen Befreiung zu arbeiten und an der Umsetzung der Ziele, für die bereits zahlreiche Revolutionen und Kriege geführt wurden und Millionen Menschen in den letzten Jahrhunderten gestorben waren: einer klassenlosen, friedlichen und gerechten Welt.

Konsequent und kontinuierlich arbeiteten die Menschen über die vergangenen Jahrzehnte anscheinend weiter an diesem Traum.

Geheim und unsichtbar.

Vielleicht sogar weltweit?

Planten sie die notwendige Weltrevolution oder absolvierten sie Schritt für Schritt notwendige politische Maßnahmen um sanft in einen demokratischen Sozialismus hinüber zu evolvieren. Natürlich gehörte dies zu den Lieblingsvorstellungen von Romy. Sie hasste es, über Barrikadenkämpfe oder Demonstrationen nachzudenken. Gab es nicht einen schlaueren und friedlicheren Weg, langsam sozialistische und kommunistische Verhältnisse durchzusetzen?

Romy hatte keine Vorstellung davon, wie lange dieser Prozess dauern sollte, ob er kurz bevor stand oder es noch einige Jahre dauern würde. Eines war klar, so wie sich die politische Situation gegenwärtig darstellte, konnte sie nicht bleiben. Nur ein Systemwechsel konnte endlich die Erde von Hunger, Elend und Krieg befreien, um auch endlich die Technologien zum Wohle aller Menschen einzusetzen.

Konnte man sich eine solche Situation vorstellen, wenn man die Medien verfolgte? Menschen im Untergrund und das im 21. Jahrhundert? Konnte man glauben, dass die Welt längst in zwei Teile zerrissen war, in eine kleine Hälfte, die ihre Ansprüche, die sie durch den Aufbau ihrers eigenen ökonomischen und technischen Systems in der Vergangenheit bewahrt sehen wollten und dafür vor keinen Mitteln zurückschreckten und die anderen, die weitaus größere Hälfte der Menschheit, die an den Fortschritt für alle und eine bessere Welt glaubte?

Plötzlich spürte Romy, dass es um nicht weniger ging, als die Machenschaften, der im Verborgenen agierenden Systembewahrer zu demaskieren. Es ging darum, dass kapitalistische System in seiner ganzen Hässlichkeit, dass sich nur noch künstlich und zu unrecht aufrecht erhielt, zu entlarven und all die Missstände ans Tageslicht zu bringen, aufzudecken, aufzuklären und damit den Weg zu ebenen, um endlich den Traum so vieler von einem demokratischen Sozialismus bis hin zum Kommunismus helfen zu verwirklichen.

Romy hoffte inständig, dass dieses Langfristziel bald den Punkt erreichen würde, an dem der erfolgreiche Wandel vollzogen werden konnte und sich die Menschen aus der kapitalistischen Versklavung und vor allem aus dem industrialisierten Unterdrückungsregime und Mordsystem befreien können würden.

Insofern verstand Romy nun, warum sie annehmen sollte, dass es sich bei allem, was um sie herum geschah, nur um Zufälle handelte.

Wer konnte schon Interesse daran haben, dass dieses feingliedrige, engmaschige und höchst präzise geplante Netzwerk aufgedeckt wurde?

Aber war es nicht eigentlich das Netzwerk der Systembewahrer, die Einfluss auf Romy nahmen, um sie mit der Prophezeiung von Zufällen in eine esoterische, mystische oder religiöse Ecke zu drängen? Um sie damit ideologisch soweit zu beeinflussen, dass sie sich entweder überhaupt keine Gedanken mehr über das existierende System machte, oder um sie noch weiter für die bestehenden Verhältnisse einzunehmen und den Kapitalismus einfach zu akzeptieren, was weitaus gefährlicher war, da dieses Unrechtssystem drohte, in kurzer Zeit zu kollabieren und dann schleichend in einen geplanten technologischen Totalitarismus überzugehen?

Dieses Netzwerk aus Monarchisten, Neoliberalen und des Geldadels konnten weitaus weniger Interesse daran haben, dass die Säkularisierung voranschritt, ihr Netzwerk aus geheimdienstlichen Aktivitäten, wirtschaftlichen strategischen Spionage- und Sabotageaktivitäten aufflog, der Einsatz ihrer psychologischen Methoden, des aktiv betriebenen Psychoterrors, des Einsatzes von CBRN-Massenvernichtungsmitteln offengelegt wurde, der Einfluss ihrer Marketingexpertise und die politikstrategischen Langfristpläne somit an die Öffentlichkeit gelangten, die bisher in der Vergangenheit immer wieder vehement abgestritten und verirrten Verschwörungstheoretikern zugewiesen wurden.

Lag darin die weitaus größere Gefahr, dass Romy, als Agentin

„unwissend", naiv wie sie war, langgeplante Vorhaben verraten, Strategien offenlegen und damit zunichte machen würde?

Gefahr erkannt, Gefahr gebannt?

Ein mehr als schwieriges Konstrukt mit noch komplizierter zu beweisenden Hypothesen.

Aber mittlerweile fühlte sich, wenigstens für Romy, vieles schlüssig an. Und mit dem Wissen um die Hintergründe und das angestrebte Ziel, würde sie hoffentlich auch etwas zum Weg dahin oder zum Verhindern falscher Entwicklungen beitragen können.

Dazu kam, dass Romy spürte, dass sie permanent unter Beobachtung stand, auch wenn bei ihr noch nicht hundertprozentige Klarheit darüber herrschte, was sie zum Mitglied einer solchen Beobachtungsstudie, einer ausgewählten Kohorte zum Testen von Verhalten humaner Lebewesen in einem Reallabor machte.

In jedem Fall besaßen alle diese Aktivitäten ihren Ursprung im Kalten Krieg und standen in engem Zusammenhang mit den existieren Systemauseinandersetzungen.

Unabhängig dieses Wissens, versuchte Romy ihren Alltag normal weiter zu leben, ihren Prinzipien und Werten treu zu bleiben und bewährte Verhaltensmuster möglichst wenig zu ändern.

Allerdings fiel es ihr nicht immer leicht, wenn sie annehmen musste, dass sie vielleicht wirklich anders als die anderen „Kinder" war. Doch diese Tatsache versuchte sie weitestgehend zu verdrängen. Wenn der Zeitpunkt käme, dass dieser Aspekt eine Rolle spielen würde, würde sich sicherlich ein Tor auftuen und sie mehr Klarheit „erhalten", wie es ja auch in der Vergangenheit immer funktionierte, um sich dann diesbezüglich äußern zu können.

Dass Romy bereits hochgradig vernetzt war, medizintechnische Geräte, Implantate auf ihre Wirkung in ihrem Körper untersucht und eingesetzt wurden, sie sozusagen als „Lebend"-experiment existierte, dass sie mit Abhörtechnik ausgestattet und ihr Leben als „Maschine" bereits in der einen oder anderen Form Realität geworden war, konnte sie nicht negieren, auch wenn ihr dies nicht leicht fiel. Schön, wenn Autoren wie Klaus Mainzer über ein Leben als Maschine als Zukunftsvision berichteten[29], aber Fakt war nun einmal, dass die bereits heute angewendeten, für die menschlichen

---

[29] Mainzer, Klaus: Leben als Maschine? Von der Systembiologie zur Robotik und Künstlichen Intelligenz.- Paderborn: Mentis, 2010. - 274 S.

Sinne teilweise unsichtbaren Technologien, so viel weiter entwickelt waren und anscheinend auch Romy zu den „Produkten" aus einer Verbindung systembiologischer und künstlicher Intelligenz gehörte, in jedem Fall aber zu den Target Individuals[30], derer es wohl weltweit, nach Einschätzung von Magnus Olsson[31] bereits weltweit 6 Millionen Zielpersonen allein in Europa gäbe, wobei allerdings nur 100.000 bis 200.000 Betroffenen dies bewusst wäre.

Aber dies gehörte natürlich nicht wirklich zum Desing-Thinking, obwohl es vielleicht noch einmal mehr erklärte, warum man Romy so verschiedenen emotionalen Attacken aussetzte.

Wenn sie zu einem großangelegten Menschenexperiment mit integriertem Chip gehörte, dann war es umsomehr spannend zu sehen, wie sie auf die einzelnen Angriffe und sozialen Kontexte reagierte, welche Schlussfolgerungen sie zog, welche Handlungen darauf erfolgten und welche Haltungen sich daraus bildeten. Aber für ihr physisches Wohl würde es sich sicher als sinnvoll erweisen, mit diesem Wissen vorerst eher vorsichtig umzugehen. Sicherlich gehörte es zu den unauffälligsten Tarnungen, die sie annehmen konnte, erst einmal einfach so zu bleiben, wie alle Romy kannten.

Wenigstens es zu versuchen.

Nach Abschluss der Kenia-Reise bestand der Plan darin, dass das Team seine Ergebnisse, also die acht ausgewählten, priorisierten und bereits sehr ausführlich konzipierten und auch finanziell durchkalkulierten Projekte, Frau Prof. Schick als Personalvorstand vorstellte.

Danach sollte dann im Konzern beraten werden, welche Innovationen davon und wie in den Markt gebracht werden konnten. Eigentlich ließ sich jedes Projekt relativ schnell und mit geringen Mitteln direkt umsetzen. Dachte man an die teilweise teuren und aufwendigen Projekte, die der Konzern regelmäßig immer wieder anschob, und die letztendlich im Sande verliefen, so handelte es sich hier um kleine agile Startup-Projekte, deren Startinvestitionen sich eher im „Peanuts-Bereich" des Konzerns bewegten.

Der erste Termin wurde verschoben.

Anscheinend gab es noch Diskussionen über die Weiterführung

---

[30] www. mind-control-news.de/tag/targeted-individuals /news/display/2016/4/6/magnus-olsson-6-mio-targeted-individuals-in-europa/.
[31] https://magnusolssonsweden.wordpress.com.

des Gesamt-Projektes und die Umsetzung der konkreten Projektergebnisse, die sicherlich schon dem Vorstand vorlagen.

Vielleicht stand ja seitens ihrer Führungskräfte die Befürchtung im Raum, dass, wenn nur ein Projekt der Challenge in das Konzernportfolio überführt wurde, man plötzlich Romy mit dieser Aufgabe betrauen musste und sie somit direkt an den Vorstand reporten und ihr Netzwerk in den Konzern hinein ausbauen würde.

Das wäre sicherlich der Obergau für die Pläne von Dr. Ahngeier, die gesamte Führungsriege der DTHS aber anscheinend auch des Konzernvorstandes.

Ab dem Moment einer offiziellen Präsentation musste man befürchten, dass Romy plötzlich Redezeit bekam. Und dass vielleicht die Personalchefin erkennen würde, dass Romy ja reden konnte? Und dies lies in keinem Fall positive Entwicklungen erwarten. Jedenfalls nicht für diejenigen, die ganz andere Pläne mit dem Konzern und vor allem dem Gesundheitsbereich, nicht nur im Hinterkopf, hatten. Insofern wunderte Romy diese Terminverschiebung überhaupt nicht.

Zwischenzeitlich lud sich Frau Prof. Schick allerdings selbst direkt in das Team von Romy ein. Anscheinend wollte sie sich selbst einmal darüber informieren, was wirklich in dem Bereich los war.

Aber mit Romy sprach niemand über diesen Termin, sie erfuhr nichts. Es war eigentlich so wie immer. Als wenn Romy überhaupt nicht existierte. Man bemühte sich, dieses Meeting so lange wie möglich vor ihr geheim zu halten. Und als Romy dann doch einige Tage vorher doch etwas von einer „wichtigen Präsentation" mitbekam, begründeten ihre Kollegen dies mit Vorbereitungen zu aktuellen Entwicklungen, in die Romy ja nicht involviert war. Werner und irgendwie auch ihr Team „flatterten" aufgeregt durch die Gegend, sortierten ihre Papiere von links nach rechts, „bastelten" an neuen Foliensätzen, sortierten Prototypen-Koffer. Dabei schwiegen sie aber über den Anlass und die „wichtige" Person.

Später erfuhr Romy, wie lange alle Teamkollegen im Vorfeld gebrieft worden waren, wie oft sie sich zu Vorbesprechungen getroffen hatten, wie intensiv sie darüber diskutierten, welche Projekte wie präsentiert, welche Show Cases oder Demonstratoren vorgestellt werden sollten.

Und natürlich war nicht ein Projekt von Romy dabei, weder die mobile Stroke-Unit, noch die Biofeedbacktextilien oder die PROs[32].

Als dann alle aufgeregt am Tag des Termins an den Türen standen, um sich auf den Weg in den Sitzungsraum zu machen, ließ Kai die Bombe platzen: „Ob Frau Prof. Schick schon da ist? Wer empfängst sie eigentlich?"

Erst in diesem Moment wurde Romy klar, dass die ganze Aufregung einer Präsentation vor dem Personalvorstand galt.

Hatte es vielleicht auch etwas mit ihrer Kenia-Challenge zu tun?

Vielleicht mit dem ersten ausgefallenen Termin?

Wollte sich Frau Prof. Schick vielleicht direkt bei Romy über die Projekte in ihrem Bereich informieren, da sie erkannte, dass Romy niemals mehr eine Reise nach Bonn genehmigt bekommen würde?

Aber Romy spielte ja keine Rolle bei diesem Workshop.

War dies vielleicht die nächste gute Gelegenheit, weitere Unwahrheiten über Romy zu verbreiten? Warum nahm Romy nicht an dieser Veranstaltung teil? Würde Frau Prof. Schick überhaupt danach fragen, würde Werner etwas sagen oder war Romy wirklich reine Nebensache? Sollte sie endlich akzeptieren, dass niemand im Konzern Notiz von ihr nahm, sie defacto offiziell überhaupt nicht existierte?

Hätte man Romy in die Vorbereitungen einbezogen, hätte sie natürlich berichten wollen und müssen, dass sie keine Zeit von ihren Führungskräften erhalten hatte, um sich weiter um die Weiterbearbeitung der Kenia-Projekte im Konzern zu kümmern. Schlimmer noch, dass ihr direkt untersagt wurde, diese weiter zu verfolgen. Dass niemand aus der Führung oder aus dem Team Romy offiziell bisher über die Ergebnisse unterrichtet wurde, ihr dafür weder Zeit noch Raum eingeräumt wurden, dass anscheinend niemanden im Vorstand interessierte, ob Romy die erarbeitete Entscheidungsvorlage oder die Abschlusspräsentation zur Nachverfolgung im Gesundheitsbereich des Konzerns vor der Geschäftsleitung oder den

---

[32] PROs = auch PROMs als Patient Reported Outcomes Measures - Sammelbegriff für Messgrößen, die auf Patienteneinschätzungen basieren. Dazu gehören psychosoziale Konstrukte wie Lebensqualität, Patientenpräferenzen, Patientenzufriedenheit, wahrgenommene Krankheitssymptome, interdisziplinärer Ansatz der Versorgungsforschung, großes Potential für Synergien. - https://www.netzwerk-versorgungsforschung.de/index.php?page=ag-lebensqualitaet.

Kollegen vorstellen sollte, durfte oder konnte?

Nun verstand Romy, warum solch ein großes Geheimnis um diesen Termin gemacht wurde.

Was für ein perfides Spiel spielte man in diesem Konzern?

Und als der Workshop begann, ließ man Romy eiskalt im Büro allein „sitzen", während sich die anderen in den Präsentationsraum zum Gespräch mit Frau Prof. Schick begaben.

Noch im Nachhinein fragte sich Romy immer wieder, ob dies nicht der richtige Moment gewesen wäre, laut zu werden, auf den Tisch zu hauen, den Besprechungsraum mit der Personalchefin zu stürmen? Aber dazu hätte ein Plan gehört, denn ansonsten hätte man Romy sicherlich daran gehindert, ihr unter Androhung einer fristlosen Kündigung ein Disziplinarverfahren an den Hals gehext oder zu welchen Möglichkeiten die Führung eben noch so fähig war. Oder man hätte sie denunziert und lächerlich gemacht, wenn sie dies nicht durch ihren Auftritt schon selbst verursacht hätte.

Romy wusste, wie eiskalt hier auch gelogen wurde.

Und da Romy erst wenige Minuten vor Beginn des eigentlichen Anlasses und dem „Gast" erfuhr, war es einfach zu spät.

Man hatte sie überrumpelt.

Sie, die die Präzision liebte, eine gute Vorbereitung bevorzugte, würde niemals ohne klare Vorstellungen, was sie der Personalchefin mit auf den Weg geben wollte, ohne ein Handout oder die ausgedruckte Entscheidungsvorlage, eine Konfrontation mit ihren Chefs initiieren. Romy befürchtete zu sehr, sich dadurch nur lächerlich zu machen. Zumal sie ja auch nicht sicher sein konnte, ob Frau Schick auf ihrer Seite stand oder ob es generell darum ging, Romy auf diese Weise einfach nur noch mehr psychisch zu demütigen und auch die Personalchefin gehörte zu diesem Spiel dazu.

Wahrscheinlich verließ sie in diesem Moment aber auch einfach der Mut, ihr Kampfgeist. Vielleicht besaß sie ja zu diesem Zeitpunkt bereits auch überhaupt keinen mehr.

Selbst wenn sie Frau Prof. Schick auf die Challenge hätte ansprechen können, dann hätte Dr. Ahngeier sie vielleicht des Raumes mit den Worten verwiesen: „Das ist heute überhaupt nicht das Thema." Und vielleicht hätte er dann noch zum Vorstand gerichtet angefügt: „Wissen Sie Frau Schick, wir sind nicht besonders zufrieden mit der Arbeit der Kollegin. Irgendwie hat sie Schwierigkeiten zu begreifen, was wir von ihr erwarten und was Planungen in der Industrie bedeuten. Sie kommt eben aus der Wissenschaft." Und dies vielleicht auch mit einer kleinen Drohgebärde an die Personalvorständin, nur aufzupassen, dass sie nicht selbst auch als unprofessionell bewertet würde. Und das konnte in diesem Konzern sehr schnell gehen.

Vielleicht hätte aber auch Frau Prof. Schick widersprochen, hätte ihre Leistungen im Rahmen der Challenge gelobt und Romy Redezeit erteilt.

Es gab vielleicht eine fifty-fifty-Chance, wenigstens die Missstände im Bereich anzusprechen, obwohl damit ihr Verbleiben im Konzern dann endgültig besiegelt gewesen wäre.

Ehe sich Romy besann, sie alle Varianten des Wenns-und-Abers durchdacht und sich auch weitestgehend von dem Schock dieser Neuigkeit erholt hatte, ihr Gehirn sich wieder mit Blut und Verstand füllte, denn beides war kurzzeitig entwichen, waren ihre Kolleginnen und Kollegen bereits in den Weiten der verschachtelten Gänge des Konzerngebäudes verschwunden. Und Romy wusste nicht wohin. Sie hatte ja keinerlei Informationen über diesen Termin und niemand war mehr im Büro, um ihr Auskunft geben zu können. Vielleicht hätte sie sich sonst wenigstens noch zum Ende des Treffens zufälligerweise vor dem Sitzungsraum positioniert, um die Personalchefin beim Gehen persönlich abzupassen und sie auf die Kenia-Challenge hin anzusprechen.

Aber sollte Romy jetzt in diesem riesigen Gebäude die Räume absuchen? Und selbst, wenn sie beim Empfang nachfragte, die vielleicht eine solche Information hatten, gab es Bereiche, zu denen sie sowieso keinen Zugang hatte. Natürlich konnte sie mit ihrer Karte auch die Vorstandsetage betreten, aber letztendlich war dieses Spiel mehr als entwürdigend.

Romy musste sich eingestehen, dass man sie wieder erfolgreich „gedisst" hatte.

Sie würde nun nicht vor einer Zwischentür warten, ungewiss, ob die Teilnehmer links- oder rechtsherum den Besprechungsort verließen. Sie würde nicht die nächste Zeit hoffen, von der Personalchefin einen Blick zu erhaschen oder sogar ein Wort wechseln zu können, zufällig! Zumal diese Chance ja auch mehr als unklar war.

Letztendlich war und blieb es eine der größten Demütigungen, die man Romy in ihrem Bereich zufügt hatte. Natürlich auch verbunden mit der Gewissheit, dass durch ihre Nichtanwesenheit ihre Karriere im Konzern, die ja sowieso jedes Realismus entbehrte, weiteren Schaden genommen hatte.Man hatte das Machtmittel der Desinformation erfolgreich genutzt. Und Romy war längst nicht mehr so selbstsicher und so stark, wie sie es in dem Moment war, als sie die Konzernschwelle das erste Mal überschritt.

Gerade im Anschluss an die Kenia-Reise hatte man sie fast ins Nirwana befördert, ob zu ihrem Schutz oder um sie auch physisch aus dem Verkehr zu ziehen, war egal.

In jedem Fall musste Romy dies als eine Warnung begreifen.

Dieses „Spiel" war längst kein Spiel mehr.

Wie ein Vampir saugte das Unternehmen Tag für Tag wertvolle Lebensenergie aus ihren Adern.

Romy hätte gern erfahren, was man Frau Prof. Schick bezüglich ihrer Abwesenheit mitgeteilt hatte, wenn überhaupt sie zufälligerweise Gegenstand des Gespräches geworden war.

Aber eigentlich war das auch egal. Sie konnte sich sicher sein, dass niemand ihre Qualitäten, ihre Arbeit, ihr Engagement loben würde und schon gar nicht erwähnen, dass man sie wie „Aschenputtel", als es zum „Fest" mit dem Vorstand und vielleicht auch zur „Beförderungsschau" ging, in der Asche des Büros hatte liegen gelassen.

Romy befand sich in einem Bereich hochkrimineller Energie und psychologischer Kriegsführung und je eher sie das begriff, um so besser für ihre Zukunft. Mit den Führungskräften und vor allem mit dem dahinter stehenden Netzwerk, das alles daran setzen würde, seine Pläne erfolgreich zu vollenden, war nicht zu spaßen. Und auf diese Art und Weise konnte man ihr wieder einmal beweisen, dass man nicht bereit war, sich von der Macht zu verabschieden und massiv den Beweis antrat, dass man am längeren Hebel saß!

Romy sollte wohl begreifen, dass sie nicht dazugehörte, dass man mit ihr machen konnte, was man wollte, dass es ihr nicht gelingen würde, im Konzern eine Lobby aufzubauen, die sich mit ihr verbünden würde.

Mit dieser Erkenntnis blieb sie allein im Büro zurück, obwohl sie inhaltlich sicherlich wesentlich zu den Gesprächen hätte beitragen können. Ihre Expertise war nicht gefragt. Es war nicht wichtig, ob sie etwas zu sagen hatte, nicht wichtig, ob sie etwas zu präsentieren hatte.

Wäre es nicht normal gewesen, den Personalvorstand für die Challenge zu loben, die Ergebnisse zu präsentieren, deren Themensponsor ja auch Axel war?

Romy fragte sich, wie diese Kommunikation in den Führungsetagen verlief. Forderte niemand einen Bericht darüber, Unterlagen, Planungen zur Umsetzung? Wie begründete man die Auszeit von acht Experten, die keinerlei Resonanz im Konzern erzeugten?

Ein Leuchtturmprojekt was nicht leuchtete?

Und alle schwiegen damit nicht nur Romy tot. Und bei der jetzigen Veranstaltung? Romy war die einzige Nichtanwesende? Wie würde man dies erklären? Dass sie krank sei? Verreist? Oder ihre Nichtanwesenheit war auch konsequent im Vorstand beschlossene Sache. Dann fragte oder wunderte sich natürlich niemand.

Viele Hypothesen fielen Romy diesbezüglich auch nicht weiter ein.

Ihre Chefs zeigten ihr mit dieser Aktion sehr deutlich, dass man sich für einen „Mord" noch nicht einmal mehr die Finger schmutzig machen brauchte, auch wenn es sich ersteinmal nur um einen „Rufmord" handelte.

Es ging also gesellschaftlich bereits auf „softeren" Stufen viel einfacher und eleganter, Störenfriede auszuschalten.

Und wenn Romy dies nicht ertrug, wenn sie nicht das Schweigen, die Ablehnungen und Demütigungen um sie herum ertrug, blieb ihr ja als Ausweg noch der Selbstmord[33]. Und human gedacht, hätte sie ja immer noch die Wahl, sich für ein neues Leben zu entscheiden, zu kündigen und in den Wald zu laufen, um Langzeitwanderin zu werden oder sich einfach zur freiwilligen Entwicklungsarbeit nach Afrika zu verpflichten.

So würde sie wenigsten die wirtschaftlichen Kreise und strategischen gesellschaftspolitischen Strategien nicht weiter stören.

---

[33] Goldfuß, Jürgen W.: Selbstmord ist billiger als Abfindung. - Durchschnittlich 1,5 Mio. Arbeitnehmer mit Angstgefühlen am Arbeitsplatz, 42% davon tragen sich mit Suizidgedanken. ca. 2.000-3.000 Selbstmorde wegen Mobbing, ca. 15.000 Betroffene Familienangehörige. 24.Mai 2011- https://www.experto.de/personal/mitarbeiterfuehrung/selbstmord-nach-mobbing.html.

Und Romy erfuhr auch im Nachhinein natürlich kein Sterbenswort aus diesem Workshop. Nichts über Planungen, nichts über Inhalte, keine Ergebnisse oder Reflexionen.

Und, wie sollte es anders sein, plötzlich fiel auch der nächste, also der verschobene erste Termin zur Vorstellung der Kenia-Ergebnisse mit dem Design Thinking-Team wieder aus, zum zweiten Mal.

Und dann zum dritten Mal.

Mittlerweile glaubte niemand mehr daran, dass es überhaupt noch einen Austausch zu den Keniaergebnissen geben würde. Warum die Termine immer wieder kurzfristig abgesagt wurden, erfuhr das Team nicht.

Dann hieß es plötzlich, Frau Prof. Schick wäre schwer erkrankt und hinter vorgehaltener Hand, sie wäre wohl mit dem Vorstand des Konzerns, der DTAG, Tim Höttges[34], schwer aneinandergeraten.

Würde sie überhaupt aus ihrer Krankheit noch einmal wiederkommen? Viele Monate blieb der Konzern dann ohne Personalvorstand, über Frau Prof. Schick wurde offiziell nichts bekanntgegeben, bis es dann letztendlich amtlich hieß: Sie würde nicht wiederkommen.

---

[34] Tim Höttges geb. 1962, 2009 - 2013 Finanzvorstand der Deutschen Telekom und enger Freund von René Obermann, gemeinsamer Kauf eines Baugrundstücks, Nachbarn, Studium Betriebswirtschaftslehre Universität zu Köln, 1989 Mummert & Partner Hamburg, 1992 VIAG AG Controlling, Mergers& Acquisition, Fusion VIAG AG und VEBA AG zu E.on AG, 2000 Aufsichtsrat T-Mobile, neue Holding T-Mobile International AG & Co. KG, ab 2002 Vorstand nach Obermann, Vertriebsaktivitäten und Customer Care-Bereich in europäischen T-Mobile Mehrheitsgesellschaften in Deutschland, Großbritannien, Niederlande, Österreich, Tschechien, Leitung internationales Sparprogramm „Save for growth" - Ziel Einsparung 1 Mrd. an operativen Kosten bis 2006, 2006 Vorstand Breitband/Festnetz (T-Com- Zusammenlegung T-Online zu T-Home), Verantwortung Vertrieb und Service Deutschland, 2008 Ankündigung zu erwarteten Umsatzrückgängen sorgt für Irritationen, T-Aktie verliert in wenigen Minuten 14% an Wert, 2009 Gewinnwarnung, Kurs sackt um 10%,, Plan 2011 - Verkauf T-Mobile USA an AT&T, wird von Aufsichtsbehörden untersagt, AT&T muss T-Mobile 3 Mrd. $ „brackup fee" bezahlen und Mobilfunkfrequenzen zur Verfügung stellen, Positionierung als „Un-Carrier", Bürgerstiftung Rheinviertel wie Obermann, gemeinnützige kirchliche Stiftung, nationales Pilotprojekt (Hospizarbeit, Mausoleum, Ehrenamt, Klostergründungen, Akademie usw.) - erfüllt nicht Kriterien für Bürgerstiftungen, da kirchlicher Hintergrund.

Borderline-Syndrome, auch Borderline-Persönlichkeitsstörung: *psychische Erkrankung, in Deutschland leiden ca. 1,6 Mio., 5% an jungen Menschen, Trend steigend, ausgelöst durch z.B. Verlustängste, fehlende Grundwerte, Armut, Arbeitslosigkeit, zerstörte Familien, Leistungsdruck, Drogen, Krankheiten. Psychosen und Neurosen wechseln sich gegenseitig ab. Beeinträchtigt die Bereiche Gefühle, Denken und Handeln. Meistens wird diese Erkrankung von einer hohen Komorbidität (Krebs, Alzheimer oder sonstigen weiteren Erkrankungen) mit Depressionen begleitet. Der Begriff wurde erstmals 1884 vom Psychiater Charles H. Hughes[1] eingeführt und dann von Adolph Stern 1938 weiter beschrieben.*

[Quelle: borderline-borderline.de]

---

[1] Charles H. Hughes, Psychologe und Neurologe, veröffentlichte „The Alienist and Neurologist, 1903, Vol. 24. - A Journal of Scientific, Clinical and Forensic Neurology and Psychology, Psychiatry and Neuriatry; Intended Especially to Subserve the Wants of the General Practioner of Medicine.

Ansonsten wurde auch dieser „Vorfall" totgeschwiegen inkl. Frau Prof. Schick und ihre plötzliche „Erkrankung".

Romy hatte eine ungute Ahnung.

Immerhin litt Romy zum Jahreswechsel auf Grund der heftigen Intrigen und der ständigen nervlichen Anspannung auch an einem vollkommen lahmgelegten Immunsystem. Noch nie hatte sie solche grippalen Beschwerden oder konnte sich an solche erinnern.

Ihr Hausarzt diagnostizierte ihr sogar: „Borderline", obwohl Romy eigentlich eher das Gefühl hatte, unter einer Grippe zu leiden. Aber sicher hatte er bemerkt, wie ausgebrannt sie sich fühlte und in jedem Fall Abstand von ihrem Job benötigte.

Romy erholte sich und konnte bereits nach zwei Wochen wieder gestärkt an ihren Arbeitsplatz zurückkehren.

Nicht so Frau Prof. Schick.

Hatte man sie so unter Druck gesetzt, hatte man sie bedroht, hatte man sie dem gleichen Psychoterror des Konzerns ausgesetzt wie Romy? Musste das Romy glauben oder sollte sie es etwa nur?

Verkannte Romy vielleicht die Situation und Frau Prof. Schick war eigentlich Teil des Plans? Sollte Romy nur glauben, dass man diese „arme" Frau in die Krankheit getrieben hatte?

Immerhin war sie von Hause aus Ökonomin, im Vorstand der Fraunhofer Gesellschaft und sogar Mitarbeiterin der Universität der Bundeswehr in München. Sie war Führungstrainerin beim ADAC, bei der Allianz AG, wirkte in der Regierung von Baden-Württemberg als Kultusministerin, sie war Vorsitzende der Präsidenten- und Rektorenkonferenz der Bayrischen Fachhochschulen. Sie erhielt das Bundesverdienstkreuz am Bande, war Trägerin der Bayrischen Verfassungsmedaille in Silber.

Und sie sollte an einem Tim Höttges gescheitert sein?

Sicherlich hatte sie auch genug „Wirtschaft" bei Rodenstock „gelernt", dass als bundesdeutsches Großunternehmen in Familienhand „überführt" wurde, dann an Permira[35], ein in London ansässiges privates Beteiligungsunternehmen verramscht wurde, nachdem es, auf Grund von „geschäftlichen Schwierigkeiten" in den USA, zu einer schweren Unternehmenskrise kam.

Irgendwie schienen technologische Spitzenprodukte immer wieder die gleichen Wege zu nehmen. Und die optische Branche konnte für den militärischen aber auch für den Hochtechnologie-Bereich nur von größtem Interesse sein, ob für Kameralinsen, Fernrohre oder *Spectacle*-Brillen, Kamera-Brillen mit Snap-Funktionen, die direkt jede Information über Bluetooth und WLAN von unzähligen Konsumenten- und Bürger-Spionen an unbekannte zentrale Big-Data-Speicher weitersendeten. Kein ganz unwichtiger Markt.

Hatte Frau Professor Schick vielleicht für Rodenstock in diesem Unternehmen auch wertvolle Informationsdienstleistungen und strategisch planerische Leistungen erbracht, ohne sich dessen bewusst zu sein?

Aber diese Hypothese führte nun sicherlich zu weit.

Irgendwie konnte Romy trotzdem kaum glauben, dass Frau Schick bei einer Auseinandersetzung mit dem aktuellen Vorstandsvorsitzenden Tim Höttges den Kürzeren zog, mit ihm, der über sich selbst im Rahmen einer öffentlichen Mitarbeiterversammlung äußerte, dass er weder schlau wäre noch einen Plan hätte? Sie, die gesellschaftspolitisch auf eine große Reputation verweisen konnte

---

[35] vgl. Permira - https://www.permira.com.

und ein großes elitäres Netzwerk?

Oder vielleicht doch?

Romy war sich unsicher.

Sie hatte nie wirklich mit Frau Prof. Schick persönlich gesprochen. Nur in einer kurzen Vorstellungsrunde bei der Kick-off-Veranstaltung zur Kenia-Reise. Allerdings wunderte sich Romy bei diesem ersten und einzigen kurzen Treffen in Berlin auch schon, dass sie nicht informiert schien, wer die acht „Auserwählten" dieser Challenge waren. War ihre Zeit so eng bemessen oder interessierte sie sich so wenig für ihre Angestellten, dass sie sich im Vorfeld kein Bild über deren Vita machte? Oder sollte diese anscheinende Unvorbereitetheit gerade den Anschein des „Zufalls" bekräftigen, für welches Netzwerk sie auch immer unterwegs war?

Ihr Bruder war Betriebsratsvorsitzender der ProSiebenSat1-Gruppe, die knapp 41 Millionen TV-Haushalte mit Sendungen belieferte, von einer Gruppe, die sich zu einem Medienhaus weiter entwickeln wollte und die ohne Weiteres als direkter Wettbewerber Romys Konzern längst überrundet hatte. Während der Konzern Telekom Bildungsplattformen abbaute, baute die Mediengruppe Formate auf, die auch in gewisser Weise ihren „Beitrag zur Bildung" leisteten. Allerdings irgendwie in eine andere Richtung.

Romy konnte gut verstehen, dass viele Zuschauer diese Sendungen als *Unterschichtenfernsehen* abqualifizierten, auch wenn Romy selbst dann und wann bei einer dieser Sendungen „hängenblieb".

Das hohe psychologische Manipulationspotential der Sender konnte man nicht kritisch genug betrachten, ob durch Heidi Klums Magermodels, die Biggest Looser oder die Science Fiction-, Thriller- und Weltuntergangskinohits.

Dort wurden Kindershows am Sonntagabend ausgestrahlt, die bis weit nach 23.00 Uhr sendeten, ohne Rücksicht darauf, dass am nächsten Tage ein anstrengender Schulalltag und eine intensive Lernwoche auf die Kids warteten, um dort reale Bildung zu erfahren. Hier nahm man willfährig in Kauf, dass die meisten Kinder quängelnd ihren Eltern in den Ohren lagen, diese Sendung bis zum Schluss sehen zu dürfen.

Dort stellte man kreatives Potential von Erfindungen öffentlich zur Schau, gesponsert von privatwirtschaftlichen Interessenten mit

Millionen, ohne im Vorfeld zu verhindern, dass Produktideen ungeschützt den Markt erreichten und weltweit zeitnah das Kopieren dieser Konzepte starten konnte, wobei letztendlich die Entwickler finanziell kaum angemessen berücksichtigt werden würden.

Dort wurden in Sendungen mit Gewinnen in Millionenhöhe gelockt, während Quizsendungen auf öffentlich-rechtlichen Kanälen, eine Kaffeetasse als Gewinn auslobten und dabei aus der gestrigen „armen" Zeit erschienen, in jedem Fall aber geldfixierte Zuschauer kaum noch interessierten, womit die privaten Sender natürlich nicht nur die Preise verdarben, sondern ihren Attraktivitätsgrad so erhöhten, dass sie auf diese Art und Weise weiter Einfluss auf das Denken, Handeln und die Haltungen der „Kunden" nehmen konnten. Auch die massenhaften Werbebotschaften taten ihr übriges, die kaum noch ermöglichten, eine Konzentration auf längere Handlungsstränge bei Sendungen zu entwickeln und gerade Jüngere zum permanenten Zappen animierten, aber auch den Kopf mit eingängigen Werbejingles und Slogan füllten.

Also, höchst fragwürdige Medieninhalte, höchst fragwürdige Methoden, mit höchst fragwürdigen Zielen, die wesentlich das Leben von Millionen bestimmten und täglich, durch das damit verbundene hohe Suchtpotential zur systematischen Verdummung, wenigstens aber zur zeitlichen und mentalen Versklavung vieler Menschen beitrugen."

„Romy, jetzt bist du aber wieder mächtig extrem. Meinst du, dass jemand deinen Gedanken folgen kann? Und selbst wenn, werden die meisten sich ihre Glotze nicht ausreden lassen, nur mit den Schultern zucken und sagen: „Ist doch egal. Willst du mir das letzte bisschen Freude auch noch vermiesen?"

„Aber genau das ist es Katharina. Natürlich betrifft das nur einen Teil der Gesellschaft. Viele engagieren sich in ihrer Freizeit in Vereinen, treffen sich mit Freunden und sind aktiv. Doch ein großer Teil, kann sich mittlerweile einen Alltag ohne Simsons[36], Two and a half men, Exorcist, Lucifer oder The Bing Bang Theory kaum noch vorstellen. Da läuft die Kiste den ganzen Tag. Im Durchschnitt schaut die deutsche Bevölkerung 183 Minuten pro Tag Fernsehen. Und das ab einem Alter von 3 Jahren an. Ab 14 Jahre sind es sogar

[36] Simsons wurde im deutschen Sprachraum erstmals 1991 im ZDF ausgestrahlt, dann seit 1994 auf ProSieben.

198 Minuten. Also drei Stunden. Im Durchschnitt über die letzten Jahre sind es 220 Minuten[37]. Da hat sich nicht viel geändert. Was sich allerdings täglich ändert, sind Anzahl und Vielfalt medialer Angebote. Viele meinen auch nur: die Potenzierung der Einfalt. Insgesamt gibt es nun weit mehr als 100 digitale Free-TV-Programme und noch mehr Sender in SD oder HD mit TV-Paketen. Die Menschen kommen immer weniger zum eigenen Leben. Dazu fügen sich mediale Inhalte auf Netflix, Youtube, Instagramm, Facebook, Nachrichten auf Twitter, Xing und LinkedIn, 100te von Hörfunksendungen und Radioprogrammen, Musikevents, Entertainmentformate. Man bekommt das Gefühl, dass über diese „Bespaßungsebenen", auch viele neue Religionen Einzug in die Köpfe halten. Es findet eine regelrechte Informationsüberflutung, ein Overload der Gehirne statt. Nur noch wenige finden Konzentration und Ruhe, um überhaupt Bücher zu lesen."

„Bis auf die Ausnahmen am Strand, die Krimis und Thriller, die im Reisegepäck mitgenommen werden."

„Auch wenn das auf das Jahr gesehen, eher wenig ist, hast du recht. Zum Glück. So geht wenigstens die Lesekompetenz nicht ganz verloren."

„Aber wir leben eben in einer neuen und schnelllebigen Zeit. Willst du dies etwa wieder zurückdrehen?", empörte sich Katharina.

„Überhaupt nicht", erwiederte Romy. „Aber mir fehlen jeden Tag immer mehr die gesunden Proportionen, sich auch noch für das wirkliche Leben einzusetzen. Die Wahlbeteiligungen gehen zurück, weil es den Leuten zunehmend egal ist. Das Bürgerengagement in den Dörfern versiegt. Natürlich auch, weil viele Hilflosigkeit empfinden, ja doch nichts ausrichten zu können. „Die da oben machen ja sowieso was sie wollen", heißt es dann.

Oder sie gehen in den extremen Widerstand.

Sie schließen sich schnellen populistischen Meinungsbildnern an. Und da sind Medien natürlich das adäquate Mittel.

So beruhigt es einerseits zu sehen, dass sich die „Tagesschau" auf Rekordkurs befindet und im Jahr 2016 9,81 Millionen diese

---

[37] https://de.statista.com/statistik/daten/studie/118/umfrage/fernsehkonsum-entwicklung-der-sehdauer-seit-1997.

Sendung einschalteten[38]. Doch, dass die Nachrichten von Pro7-Zuschauern kaum oder immer weniger gesehen werden, kann eben nicht als Qualitätsmerkmal gewichtet werden. Die Zielgruppen dieser Sender interessieren eben ganz andere Formate - Thriller, Mysterie, Crime, Soaps.

Eher ist davon auszugehen, dass sie überhaupt weniger politische Sendungen erreichen.

Die Bevölkerung Deutschlands beträgt mittlerweile über 80 Millionen und man muss sich wohl fragen, wie sich der Rest der Menschen informiert, die nicht zu den fast 10 Millionen Tagesschausehern gehören?

Die elektronische Informationsflut ist riesig.

Und es ist kaum zu vermeiden, und da schließe ich mich nicht aus, dass ich einfach viel Zeit „vernichte" oder „totschlage", auch mit dem medialen Überangebot und oft einfach mit Blödsinn.

Wenn ich mich im Nachhinein ärgere, warum ich meine kostbare Lebenszeit so verplempert habe, ist es zu spät.

Oder wenn ich mich ärgere, dass ich Meldungen auf den Leim gegangen bin, die wirklich nichts mit der Realität zu tun hatten.

Und trotz dieses Spektrums und der feinsten Differenziertheit verschiedenster und oft polarisierender Berichte, sind die meisten Bürger immer noch der Meinung, dass sie zwischen seriösen und nicht seriösen Quellen, zwischen News und Fakenews, zwischen Wahrheit und Lüge unterscheiden könnten.

Aber das ist meines Erachtens aus heutiger Erkenntnis ein totaler Irrglaube. Der menschliche Geist ist begrenzt, und die mentalen Speicher laufen einfach über. Das Bewusstsein oder Unterbewusstsein registriert zwar noch Inhalte, ist aber schon lange weit davon entfernt, richtige Bewertungen darüber abzugeben, wenn eben nicht alle Informationen auf dem Tisch liegen.

Umsonst leiten nicht Schlagzeilen über gegenwärtige Skandale ein: Wir bemühen uns um schonungslose Aufklärung.

Was sagt uns das im Umkehrschluss - es gibt bisher keine Transparenz, die eine korrekte Entscheidung und Bewertung ermöglichen. Aber auch Werte sind auf dem Weg zur heutigen Gesellschaft vielfach verloren gegangen. Diejenigen, die diese „schonungslose

---

[38] www.quotenmeter.de/n/98143/tagesschau-auf-rekordkurs-herbe-verluste-fuer-prosiebens-newstime.

Aufklärung" fordern oder sich dafür einsetzen wollen sind meisten diejenigen, die daran gerade aber gerade kein Interesse haben. Sie sitzen oft an zentralen Schnittstellen der Macht im realen Leben und gehören zu einer Gruppe professioneller Schauspieler oder wenigstens semiprofessionell geschulter Rhetoriker und beherrschen ihre Rollen perfekt. Sie äußern immer wieder die selben Phrasen, die Bevölkerung hat sich mittlerweile daran gewöhnt. Es ist eben so wie es ist."

„Sehr fatalistisch Romy, sehr fatalistisch."

„Aber nehmen wir einmal den Bruder von Frau Prof. Schick. Er arbeitet als Betriebsrat, kann sich aber sehr gut vorstellen, zeitnah die Seiten zu wechseln, in eine „andere" verantwortungsvolle Position im Unternehmen. Dies ist sicherlich nichts besonderes, auch nicht, dass er die Programmgestaltung bei „seinen" Sendern lobt, und sicher auch nicht, dass er keinerlei Widersprüche zwischen seiner Schwester als Vorstand und ihm als Betriebsrat sieht. Das kann man gut finden oder nicht. Aber muss man nicht davon ausgehen, dass er alle „Deals" die er im Interesse der Arbeitnehmer vornehmen sollte, eher im Sinne seines persönlichen Fortkommens „gestaltet"? Ist nicht davon auszugehen, dass er Missstände durch die Führung eher „milde" anklagt, miserable Arbeitsbedingungen, schlechte Bezahlungen, Manipulationen unter den Tisch kehrt?

Für mich wirken diese Ansichten zu „weichgespült". Verstehst du was ich meine? Hinter diesen Einstellungen kann sich kaum ein wahrer Kämpfer für die Interessen des einfachen Volkes verstecken, oder er verbirgt dies sehr gut.

Wie mittlerweile viele „professionelle" Betriebsräte in den Konzernen, die hauptamtlich bezahlt werden, zu „Empfängen" der Vorstände geladen werden und die vor allem darauf bedacht zu sein scheinen, sich im und mit dem System zu arrangieren, um dabei natürlich auf lange Sicht finanziell nicht zu kurz zu kommen. Für ihn scheinen Jobs als Betriebsrat oder Gewerkschaftsfunktionäre eben Jobs wie jeder andere zu sein, mit einer begrenzen Laufzeit, mit persönlichen Vorteilen, ohne tiefergehende moralische Verpflichtungen[39]."

„Nun bist du aber wieder von deinem konkreten Design-Thin-

[39] vgl. www.donaukurier.de/lokales/schrobenhausen/Schrobenhausen-Immer-auf-der-Suche-nach-Loesungen;art603,2870816.

king-Projekt weg und schon wieder bei deiner Systemkritik gelandet", wand Katharina ein.

„Richtig. Aber das hängt ja zusammen und vor allem meine höchst persönliche Meinung. Je glatter und angepasster jemand ist, um so eher wird er mittlerweile auch in Positionen getragen, die eigentlich als Gegenantwort und Schutz vor Willkür und Ausbeutung etabliert wurden. Insofern sind es eben auch nur noch Scheinjobs pro Arbeitnehmer." Romy pausierte und setzte dann fort:

„Und insofern gebe ich auch nur zu Bedenken, dass dieser angebliche Streit, Skandal um Frau Prof. Schick auch nur ein inszenierte Geschichte sein kann. Und diese Intransparenz schürt eben Gerüchte und Spekulationen. Gewollt oder nicht gewollt."

„Aber mit welchem Ziel sollte dies nur eine Show gewesen sein?"

„Zum Beispiel, damit sich letztendlich niemand verantworten muss, falls doch schmutzige Wäsche ans Tageslicht kommt. Dann können sich alle reinwaschen. Der eine wusste nichts, der andere, oder besser die andere wurde krank etc."

„Und das man sie wirklich psychisch fertig gemacht hat?"

„Irgendwie fällt mir das jeden Tag schwerer zu glauben, denn dann muss sie wirklich lebensgefährlich bedroht worden sein. Ansonsten sollten ihre Netzwerke groß genug sein, um diesen Konzern und seine Politik zu Fall zu bringen, meinst du nicht?"

„Schon möglich, eben alles reine Spekulation. Wer kann das schon sagen. Allerdings ist schon möglich, dass es sich hierbei auch um ein einfach großangelegtes Medienmanöver handelte."

„Richtig. Der Vorgänger von Frau Prof. Schick im Personalvorstand der DTAG," musste Romy noch ergänzen, „sprach jedenfalls davon, dass man sie wohl in eine Falle gelockt habe. Nahm er sie damit in Schutz? Wobei er sie gleichzeitig diffamierte, in dem er auf ihre fachliche Inkompetenz anspielte? Wollte er sich selbst damit schützen? War dies die bessere Erklärung?"

Romy wusste es wirklich nicht.

Deshalb beschloss sie, weiter der einfachen Hypothese zu folgen, dass Frau Prof. Schick auch zum „Opfer des Konzerns" geworden war, irgendwie, so wie eben Romy und viele andere, und in der Hoffnung, dass sie nicht selbst Teil dieses „Verwirrspiels" war, um den Konzern noch weiter ins Abseits zu katapultieren, durch Führungslosigkeit im Personalbereich über eine lange Zeit, durch

Umlenken von Geschäften in die freie Wirtschaft, in private Medienkonzerne in Bayern oder durch die Fokussierung auf das Thema: „Bildung als Marketingmaßnahme", mit dem sich Frau Prof. Schick schon in ihrer Jugend beschäftigt hatte[40] und was natürlich die Strategien privater Medienkonzerne für seichte und desinformierende Bildungsinhalte wieder stärkte.[41] Aber vielleicht fiel ja die Betrachtung von Frau Schick diesbezüglich eher systemkritisch aus. Romy hatte die Arbeit nicht gelesen und konnte sich dazu kein Urteil erlauben.

Allerdings fiel es Romy trotzdem weiterhin schwer zu verstehen, dass sich eine so kluge und geschäftstüchtige Frau nicht Hilfe suchte, ihre Netzwerke einbezog und Stimmung gegen den Konzern machte, wie krank auch immer sie war?

Oder verkannte Romy die Situation und es ging um Leben und Tod? Oder hatte vielleicht auch die Angst Oberhand über ihr Leben gewonnen?

Hatte wieder einmal das kapitalistische „Mordsystem" erbarmungslos zugeschlagen, dass keine Führungskräfte duldete, die sich gegen die langfristige Informationskriegsstrategie des Unternehmens stellten und vor allem keine innovativen Entwicklungen und Methoden, in einem immer noch halbstaatlichen Konzern?

Dabei traf dies mittlerweile ja kaum noch zu: Über 68% der Anteile befanden sich bereits im Streubesitz und nur noch knapp 32% in staatlicher Hand. Und wenn der Konzern weiter so wirtschaftete und die neoliberalen „Vorschläge" zur Privatisierung angeblich unwirtschaftlicher Teile sich breit machten, stand vielleicht sogar schon bald der Ausverkauf des gesamten Konzerns auf der Tagesordnung.

Immerhin konnten, so wie bei Rodenstock „unerwartete Turbulenzen" in den USA den Konzern zu einem interessanten Übernahmekandidaten für britische oder amerikanische Investmentfonds

---

[40] www.gymsob.de/html/ehemaligenbibliothek.html.

[41] Personalvorstand: Marion Schick verlässt die Telekom. „Von Marion Schick stammt das Zitat, dass es bei der Deutschen Telekom kein Burnout gebe - Personifizierung der Abgehobenheit und Realitätsferne des Telekom Vorstandes insgesamt" - https://www.spiegel.de/forum/wirtschaft/personalvorstand-marion-schick-verlaesst-die-telekom-thread-123616-1.html.

machen. Dass sich der Konzern bereits in den letzten Jahren zunehmend amerikanisch aufstellte, war dabei sowieso nicht zu verleugnen und eben auch kein Zufall.

Der Jahresumsatz in den USA im Jahr 2017 betrug bereits fast 36 Mrd. Euro, während es im Jahr 2007 noch 14 Mrd. waren. Im Vergleich dazu ging der Anteil am Konzernumsatz in Deutschland von 44% auf 32% zurück, Tendenz fallend, und in Europa von 28 % auf 18%, Tendenz fallend[42].

Zufall?

Gerade in Zeiten, in denen die Digialisierung zur Schlüsseltechnologie Nr. 1 für alle Branchen und Entwicklungen erklärt wurde?

Gerade als alle Welt gebannt auf IoT (Internet of things), Industrie 4.0, Ambient Intelligence oder Smart Homes schaute, als der Run um digitale Wettbewerbsvorteile weltweit tobte, musste der Konzern seine Geschäfte verkleinern und meldete an allen Fronten Verluste?

Sollte das nicht zu denken geben?

Und immer, wenn Romy Vorschläge für Produkte und Leistungen für den deutschen oder europäischen Markt anzubringen versuchte, scheiterte sie damit komplett.

Hatte Frau Prof. Schick zu sehr auf den Wiederaufbau von e-Learning-Plattformen, die Priorisierung vernetzter Bildung und solch neuer Methoden wie Design-Thinking gesetzt?

Doch mittlerweile glaubte auch das Romy nicht. Aus ihrer Sicht wollte sie den wirtschaftlichen Skandal mit einem psychologischen „Burnout-Mäntelchen" überdecken, mit angeblichem Handystress und Techniküberforderung, maximal mit persönlichem und Einzel-Versagen bei Führungskompetenzen ummanteln, ohne auf die eigentlichen wirtschaftspolitischen Zusammenhänge und wirtschaftlichen Fehlentscheidungen eingehen zu müssen.

Warum machte sich Romy solch einen Kopf über den Vorstand?

Hatte sie vielleicht zu sehr auf den europäischen Zusammenhalt orientiert, in dem sie ein europäisches Challenge-Team zusammenstellte, so dass man sie als Vorstand einfach „aussortieren" musste? Oder musste und konnte sie vielleicht noch untertauchen? Fragen, Fragen, Fragen.

---

[42] https://de.statista.com/statistik/daten/studie/162787/umfrage/umsatzverteilung-der-deutschen-telekom-nach-region/.

„Du musst irre sein", kommentierte Katharina diese Schleifen von Romy, „dass du dich wegen Prof. Schick und anderer Verantwortlichkeiten so aufräufelst und ständig nach Erklärungen in deren Leben suchst, warum sie sich anscheinend ja doch unverantwortlich verhalten. Akzeptiere einfach, dass es Menschen gibt, die ganz einfache und niedere Beweggründe antreiben."

Bei diesem Wirtschaftskrimi, diesem gesellschaftspolitischen Thriller, den Romy jeden Tag erlebte, musste sie einfach irgendwann diese Tatsache akzeptieren. Trotzdem beschäftigte sie das Schicksal von Frau Schick noch weiter. Im Netz jedenfalls blieb Frau Prof. Schicks Webseite leer, ohne aktuelle Blogs und auch auf den Seiten der Hochschule, an der sie eigentlich nach ihrer Zeit als Konzernvorstand lehren sollte und wollte, konnte Romy keinerlei Notizen mehr über sie finden. Inwieweit ihr Internet Romy bereits aber auch nur „gefilterte" Inhalte bereitstellte, konnte und würde sie nie verifizieren können.

Einmal hatte Romy noch versucht, Frau Schick kurz nach ihrem Weggang aus dem Konzern zu kontaktieren, um mehr über die Umstände zu erfahren, die sie dazu bewegt hatten; um Solidarität von ihr zu erbitten, sich vielleicht mit ihr zu verbünden. Da kannte sie noch nicht ihre persönliche Einstellung, ihr „Denken Unternehmnesberatungen zu überlassen[43]". Romy erreichte sie nicht und sie probierte es auch nie wieder. Allerdings belastete sie dieser Umstand und die Suche nach der Wahrheit schwer.

Welch eine furchtbare Vorstellung, wenn systematisch jeder aus dem Weg geschafft oder mundtot gemacht wurde, der den Systembewahrern und „Rollbackstrategen" in die Quere kam. Irgendwie hoffte und tröstete sich Romy damit, dass Frau Prof. Schick im Rahmen eines Zeugenschutzprogramms vielleicht mittlerweile irgendwo auf einer Insel an einem weißen Strand saß und ihre Zeit genoss. Aber vielleicht dümpelte sie auch auf einer Krebsstation, da man kurz vor ihrem Weggang bei einer zufälligen Untersuchung, „zufällig" diese schwere Erkrankung festgestellt hatte. Oder sie verbüßte eine gerechte Haftstrafe, fernab öffentlicher Skandale. Alles Spekulationen. Doch vielleicht würde es jemanden geben, der Romy einmal die ganze Geschichte erzählen würde.

Unabhängig also von diesen offiziellen Präsentationsterminen

---

[43] dito. www.spiegel online. 11.04.2014.

zur Telekom Challenge, die nie zustande kamen und die dadurch noch einmal mehr wesentlichen Einfluss auf Romys psychische Verfassung und ihre Haltung nahmen, erteilten die Organisatoren Romy nochmals den Auftrag, sich um die Umsetzung der in diesem Projekt entwickelten telemedizinischen Innovationen in ihrem Fachbereich zu kümmern und deren Weiterführung mit ihren Führungskräften voranzutreiben. Anscheinend taten sie dies, ohne sich mit Romys Chefs im Vorfeld dazu abgestimmt zu haben oder wollten so noch einmal ihren Kampfeswillen herausfordern.

Wussten sie nicht, wie die Machtspiele innerhalb des Konzerns verteilt waren oder gehörte dies zum kläglichen Versuch, an diesen Gegebenheiten doch noch etwas ändern zu wollen?

Romy hatte ihnen doch zum Abschluss der Reise klar erklärt, dass es starke Spannungen zwischen den Führungskräften und ihr gab. Hörte niemand zu? Letztendlich konnten die Organisatoren aus dem Personalbereich Romy keine Aufträge erteilen, und eigentlich noch nicht einmal bitten, aktiv zu werden. Nur ihre Führungskräfte entschieden, wem sie ihre Arbeitskraft zur Verfügung stellen durfte und mit welchem Ziel.

Oder gehörte auch dies zu einem Plan? Zum Plan der Erkenntnisgewinnung?

Dr. Ahngeier würde sich sehr wahrscheinlich hinstellen und behaupten, er hätte ihr alle Zeit der Welt eingeräumt und jegliche Unterstützung zugesagt, lügen ohne rot zu werden, und das Organisationsteam würde letztendlich voller Enttäuschung konstatieren: „Romy hat es einfach nicht drauf".

Sie konnte sich kaum vorstellen, dass sich Dr. Ahngeier, als eigentlicher und offizieller Sponsor dieses Kenia-Projektes offiziell im Konzern hinstellen würde und argumentieren, dass er Null Interesse an den Ergebnissen, geschweige denn an einer Fortführung der Projekte oder Umsetzung dieser besaß.

Vielleicht hatte Romy ja zwischenzeitlich noch ganz andere Mails oder Aufforderungen von HR gesendet bekommen, die aber nie ihr eMail-Postfach erreichten? Denn das hatte Romy in ihrem bisherigen Leben oft genug erfahren müssen.

Wie würde sie dies je mitbekommen, jemals davon erfahren?

Nie.

Dieses technische System war einfach zu perfekt.

Denn nur Romy wusste, dass es keinerlei Kommunikation zwischen Dr. Ahngeier und ihr gab, nur sie konnte versichern, dass sie eine Ergebnispräsentation und ein Executive Summary vorbereitet hatte, nur sie wusste, dass sie in die Erstellung und Bearbeitung mehr Freizeit als Büroalltag gesteckt hatte, nur sie wusste, dass sie angeboten hatte, die Ergebnisse zu präsentieren, worauf nie reagiert wurde.

Romy bekam einfach wieder andere „wichtigere" Aufgaben zugewiesen, wie zum Beispiel Folien umzukopieren.

Und die Kenia-Themen verschwanden aus der Präsenz.

Niemand sprach mehr über die erste konzernweite, internationale und bereichsübergreifende Design-Thinking-Challenge als Erfolgsprojekt. So, als wenn es sie nie gegeben hätte.

Und vor allem sprach niemand mehr über die im Vorfeld ausgelobten 500.000 € Projektbudjet[44] für die vermeindliche Umsetzung. Eine stolze Summe.

Wahrscheinlich hatte diese bereits auch schon wieder andere Wege genommen. Töpfe gab es dafür sicherlich im Konzern reichlich. Oder aber auch außerhalb.

Für Romy und ihr Biofeedbackprojekt zur Betreuung der schwangeren Frauen in Kenia wäre sie bereits mit 100.000 € mehr als glücklich gewesen. Sie hätte ein wertvolles Netzwerk mit ersten Produkten und Dienstleistungen gemeinsam mit dem kenianischen Gesundheitsministerium und NGOs ins Leben rufen können.

Und was Romy noch viel weniger begriff, im Dezember nach der Kenia-Reise gewann das HR-Team gleich drei Human Resource Excellence Awards. Und ihre Biofeedback-Lösung zur mobilen Übertragung von Daten zur Patentenüberwachung als Telemedizin-Lösung zur Versorgung schwangerer Frauen war unter der Kategorie „Learning- und Developmentstrategie" dabei beispielhaft zum Sieger gekührt worden[45].

Zeitgleich saß Romy isoliert an ihrem Schreibtisch im Büro, trübselig, ausgegrenzt, gemobbt und ohne zu wissen, was um sie herum

---

[44] vgl. https://www.telekom.hu/about_us/press_releases/2013/february_22_2.

[45] Telekom gewinnt drei Human Resource Excellence Awards. https://www.telekom.com/de/konzern/details/telekom-gewinnt-drei-human-resource-excellence-awards-344330.

wirklich geschah.

Konnte das normal sein?

Da stimmte doch etwas nicht.

Irgendwie war das alles nicht lustig.

Und obwohl im Personalbereich abschließend noch ein Design-Thinking-Report geschrieben wurde, der sich sogar positiv um das Biofeedbackprojekt rankte, wurde weiterhin, speziell auch über dieses Thema Stillschweigen bewahrt.

Vom Award erfuhr Romy erst Monate später, per Zufall, durch eine Freundin aus einem anderen Bereich.

An Romy wurde diese Ehrung nie kommuniziert.

Und es blieb die einzige Challenge nachdem Frau Prof. Schick sehr schnell den Konzern wieder verlassen hatte und anscheinend niemand die Idee der übergreifenden Teamarbeit als Beispiel für kreative Innovationsprozesse weiter fortsetzen wollte.

Die Stelle des Personalvorstands blieb danach mehr als ein Jahr unbesetzt.

Romy hätte gern erfahren, was sich hinter den Kulissen um das Thema „Design Thinking" abgespielt hatte. Aber auch, ob all diese Vorgänge irgendetwas, entfernt auch mit ihr persönlich zu tun hatten.

Denn zum Glück überlebte Romy diese Reise, trotz vieler Befürchtungen.

Allerdings auch nicht ganz unbeschadet.

Nachdem sie mit dem sonderbaren Schwächeanfall in die Challenge gestartet war, über den sie sich zu dieser Zeit nicht wirklich ernsthaft den Kopf zerbrach, schien alles im grünen Bereich.

Als sich allerdings am Ende der Veranstaltung bei Romy Fieber bemerkbar machte, sie das Gefühl hatte, ihre Nieren würden versagen, wusste sie, dass sie letztendlich doch noch zum Opfer geworden war.

Mittlerweile hatten sich ihre Zweifel im Zusammenhang von Zusammenbrüchen und Zufällen zu handfesten Hypothesen manifestiert.

Nun allerdings ging Romy wirklich davon aus, als sie aus dem mehrtägigen Koma erwachte, dass dies nicht auf ein paar K.-o.-Tropfen zurückzuführen war und auch keinen Zufall darstellte, sondern sie bewusst „vergiftet" wurde. Vielleicht nicht gleich, um sie zu töten, aber schon, um sie erst einmal einige Zeit strategisch aus dem Verkehr zu ziehen, vielleicht auch weitere Tests oder Manipulationen an ihr vorzunehmen.

Plötzlich konnte sie zahlreiche Verbindungen viel klarer erkennen.

Eine gute Woche musste Romy nach ihrer Reise im Krankenhaus bleiben, wobei sie sich teilweise nicht mehr an die Zeit erinnerte. Black out des Gehirns würde man sagen.

So hatte es oder „man sie" zum Schluss doch noch erwischt.

Aber das war eine andere Geschichte.

Eine der Challenge-Organisatorinnen rief sie bedauernd im Krankenhaus an und wollte ihr Blumen mit besten Wünschen zur Genesung senden. Diese Blumen kamen nie bei Romy an. Anscheinend hatte man sie „aufgeklärt", dass dies seitens des Konzerns ein falsches Signal senden könnte.

Romy bewies es allerdings, dass es auch noch Menschen im Konzern gab, die offensichtlich nicht in diese strategischen Ränkespiele und taktischen Intrigen involviert waren und spontan „menschlich" empathisch reagierten, was sie wenigsten wieder etwas Vertrauen gewinnen ließ.

Jemand aus Romys Bereich flog dann bereits einen Tag, nachdem das Team nach Deutschland zurückgekehrt war und Romy direkt ins Krankenhaus „einzog", nach Kenia, um dort anscheinend, alle Stationen, Ministerien und Institutionen abzuklappern, die sie während ihrer Reise kontaktiert hatten, wenigstens das zentrale Krankenhaus in Nairobi und das Ministerium.

Sehr sonderbar.

Woher wusste der Kollege so genau über den Programmablauf, Inhalte und Ergebnisse des Teams Bescheid? Über Schwerpunktthemen, offene Fragestellungen, Diskussionspunkte? Am Freitag bei der Rückkehr gab es eine kurze Veranstaltung mit dem Team und den Organisatoren, um die Projektergebnisse dem Staff von HR und der DTHS vorzustellen. Allerdings nahmen daran weder Dr. Ahngeier oder Frau Prof. Schick teil. Und auch nicht der besagte Kollege, der dann am Sonntag aus dem Team International direkt nach Kenia flog.

Wenn Romy bedachte, dass es auch im Konzern eines gewissen Vorlaufes bedurfte, um Dienstreisegenehmigungen einzuholen und

Auslandsreisen zu planen, war dieser Zeitplan schon recht verwunderlich. Warum legte man plötzlich solche Hektik an den Tag? Und musste man nicht dabei davon ausgehen, dass diese Reise des Kollegen nicht plötzlich und spontan vom Himmel gefallen war, sondern geplant startete?

Von Freitag nachmittags bis Sonntag schien Romy doch recht knapp als Zeitraum von einer Entscheidungsfindung, für Abstimmungen bis zur Buchungsumsetzung. War seine Reise also bereits lange im voraus für diese Woche direkt nach Romys Rückkehr geplant gewesen? Und war es dabei nicht sonderbar, dass niemand einen persönlichen und ausführlichen Bericht erwartete?

Warum bekam sie nicht wenigstens einen Anruf ihres Kollegen: "Hey, wie gehts? Hast ja gesundheitlich Pech gehabt. Ich bin auf dem Weg nach Kenia, sozusagen zur Nachlese. Soll ich was beachten, was habt ihr so für einen Eindruck, kann man irgendwo geschäftlich ansetzen?"

Anscheinend benötigte im Konzern und in heutiger Zeit eine solche Kommunikation von Mensch zu Mensch. Niemand legte mehr wert darauf, dass Romy sprach.

Anscheinend reichten die bereits erhaltenen, „abgefassten" Informationen. Dass man Romy über diese Reise des Kollegen überhaupt nie offiziell in Kenntniss setzte, gehörte sicherlich auch in diesen merkwürdigen Kontext hinein.

Romy wusste also erst einmal nichts.

Während sie im Krankenhaus lag, bedauerte sie wiederum, pflichtbewusst und engagiert wie sie war, was auch ihrer eigentlichen Art entsprach, nicht direkt nach der Rückkehr die notwendigen Berichte erstellen zu können, die Kontakte im Konzern und in Kenia zu vernetzen.

Erst ein halbes Jahr später erfuhr sie ganz zufällig, bei einer Bereichs"party" von der unmittelbaren Reise ihres Kollegen.

Und obwohl weder Romy noch die andere Teammitglieder oder Organisatoren der Challenge „offiziell" nach den Ergebnissen dieser Reise gefragt wurden, sich anscheinend niemand weder für die erarbeiteten Konzepte noch für eine innovative Geschäftsentwicklung, weder für Kontakte noch Ansprechpartner oder Outcomes der Workshops mit potentiellen Geschäftspartnern interessierte, musste es ja doch bereits eine „Informationspipeline" gegeben haben.

Während Romy also von einem vollkommen sinnlosen Unterfangen, verschwendeten Ressourcen ausging, gab es anscheinend doch zeitnah und in „Echtzeit" Reports, die solch ein konkretes „Nacharbeiten", bereits einen Tag nach Abschluss ihrer Reise ermöglichten.

Oder es stimmte doch ihre Hypothese, dass sie Träger eines Senders war, über den in „Echtzeit" alle Dialoge, alle Äußerungen, Besprechungen, eben alles an „interessierte Kreise" übertragen wurde. Die Technik war schon lange existent. Und Romy konnte nicht deuten, inwieweit die Äußerung eines Kollegen, der nach seinen Hinweisen selbst ursprünglich aus dem Geheimdienstbereich, von der „Firma" kam, nur scherzhaft gemeint war oder doch leider der bitteren Realität entsprach: „Romy, wir wissen längst und immer alles über dich. Romy, du trägst einen Chip im Kopf. Deshalb wusste ich auch, dass du jetzt kommst."

Und wirklich wunderte sich Romy oft, dass dieser Kollege immer genau vor der Tür stand, wenn sie kam, so, als wollte er sie direkt abpassen. Allerdings konnten hierfür auch die Trackinginformationen ihres Autos ausgelesen worden sein, oder die Kameraüberwachung der Tiefgarage, oder generell Bewegungsdaten irgendwelcher Kamerasysteme. Um den Zeitpunkt ihres Eintreffens zu bestimmen konnte es also auch verschiedene Ursachen geben und dies musste nicht auf ein Body-.Implantat zurückzuführen sein.

Wären allerdings nicht da auch noch die frische OP-Wunde ihrer Mutter im Brustbereich, kurz vor ihrem Tod gewesen, die Aussagen von verschiedenen, vertrauensvollen Quellen und der für Romy vollkommen neutral erscheinende Vortrag des HPI-Professors mit der schrägen, aber sehr ehrlich rüberkommenden Aussage, zu den vielen gechippten und implantierten Menschen, die davon ja bisher keine Ahnung hätten und sich deshalb ja auch nicht um die Mensch-Maschine-Schnittstelle sorgen würden.

Insofern häuften sich die „Zufälle" und die Wahrscheinlichkeit, dass es sich hierbei doch um die bittere Wahrheit handelte.

Und für Romy festigte sich mit jedem weiteren Hinweis in diese Richtung das sehr unangenehme Gefühl, als Bioroboter oder humaner Cyborg hinsichtlich Verhaltens- und Haltungstests im Fokus wissenschaftlicher Untersuchungen zu stehen.

Und dies eben alles geheim.

Und wenige Woche später trat wieder jemand an Romy heran, der darauf verwies, dass wohl ein Neurologe einen Chip in ihrem Kopf vergessen hätte und bestätigte damit auch noch einmal die Aussage des HPI-Professors.

Drei vollkommen unabhängige Hinweise in so kurzer Zeit konnte nun eigentlich auch Romy nicht mehr negieren, wobei noch zwei weitere in kürzester Zeit hinzukamen.

Und da niemand ernsthaft eine persönliche Kommunikation mit ihr vorsah, anscheinend alle ihre „Gedanken" sich aber in handfesten Prozessen manifestierten, konnte ja nur der Schluss bleiben, dass die Informationsübergabe längst schon auf ganz andere, technisch vermittelte Weise, sozusagen mittels Aufzeichnung verlief.

Diese Erkenntnisse stützten immer stärker Romys Hypothese von in ihrem Körper eingesetzten Sendern, Empfängern und Trackingtechnologien, von Spy-Technology „in vivo", die sie zu einem Cyborg für Agentenzwecke prädestinierte, sie zu einem Spezial-Bioroboter zur Erkundung aktueller wirtschaftlicher und geopolitischer Herausforderungen machte?

Wenn sie das Gefühl hatte, dass ihre gesamte Reise aufgezeichnet worden war, warum sollte nicht Romy die lebende Sende-Empfänger-Station sein? Solche eingesetzte Technik tat ja weder weh noch spürte man sie überhaupt. Und man konnte sie nicht sehen.

Sie blieb für die menschlichen Sinne einfach unsichtbar.

Und deshalb perfekt.

Und da dies technologisch kein Problem darstellte, sprachen eigentlich nur noch moralische Gründe und menschlicher Anstand gegen diese Hypothese.

Da aber Romy im Konzern erleben durfte, welche Hemmschwellen bereits überschritten wurden, wie niedrig die moralischen Grenzen lagen, befürchtete sie, dass auch hier Wissenschaftler, Neurologen, Psychiater, Medizintechniker schon lange mit der Industrie zusammenarbeiteten, vielleicht auch mit dem Argument, dass der Kalte Krieg solche Maßnahmen erforderlich machte und mit dem Verweis, auf die Gefahr eines dritten Weltkrieges und einer nicht kontrollierbaren unvernünftigen Menschenmasse, manipulierbar durch neue Technologien, so dass auch diese rote Linie längst keine rote Linie mehr war.

Wer konnte falsifizieren, dass nicht bereits vor Jahrzehnten den wissenschaftlichen Forscher- und Erfindergeist die Chancen der

Technologien so verlockend erschienen, dass sie verkannten, irgendwann die Dimensionen negativer Konsequenzen nicht mehr abschätzen zu können? Oder aber, dass Macht- und Profitgier, angeblich heeren Zielen zum Schutz für das Überleben der Menschheit letztendlich zum Opfer gefallen waren?

Wenn Romy, aus all diesen Indizien schloss, dass sie sich in einem wirklichen und höchst realen James-Bond-Agententhriller befand, dann war auch dies ohne Weiteres vorstellbar.

Schaute man sich das Drehbuch des 1962 verfilmten Manchurian Kandidaten[46] an, dann bekam man eine Vorstellung davon, welche technischen Möglichkeiten mit Implantaten bereits vor Jahrzehnten bestanden. Sein Drehbuchautor, Georg Axelrod, brachte direkt von der US-Army aus dem Zweiten Weltkrieg die speziellen Kenntnisse aus dem Bereich des „Signal Corps", zur Entwicklung und zum Einsatz elektromagnetischer Waffensysteme und neuester Technologien mit.

War also Romy selbst ein elektromagnetisch gesteuerter und gleichzeitig überwachter Spion?

Was, wenn ihr im Vorfeld der Reise bei einer „geplanten Darmspiegelung" noch weitere Mikropeilsender oder Mikrophone eingesetzt und nach ihrer Rückkehr direkt im Krankenhaus wieder entfernt wurden?

Vielleicht zusätzlich zu der bereits implantierten Technik?

Romy tippte ja bereits seit Jahren auf ihre Zahnfüllungen und dementsprechende Implantate für das Deponieren von Sendern[47],

---

[46] https://de.wikipedia.org/wiki/Der_Manchruian_Kandidat. Drehbuchautor Georg Axelrod (en.wikipedia.org/wiki/Georg_Axelrod). deutschrussisch-jüdische Wurzeln, Mutter schottisch/englisch, Vater Anwalt, im Zweiten Weltkrieg bei den „Army Signal Corps" 1860 ggr. - Entwicklung, Test, Verbreitung, Management von Kommunikations- und Informationssystemen, Einsatz neuer Technologien, Militärische Intelligenz, elektromagnetischen Spektrum, Satelligen, Mikrowellen, Video-Telefonkonferenzen, taktische, strategische Technologien - wiki/Signal_Corps_ (United_States_Army),

[47] Bereits 1960 wurden durch das luftfahrtmedizinische Institut der US-Airforce in San Antonio künstliche Zähne eingesetzt, die einen winzigen Radiosender enthielten. Der Sender strahlte Signale aus, sobald der Patient zu kauen anfing. Damals wollten die Mediziner die Stärke und Häufigkeit von Kaubewegungen für Aufschlüsse hinsichtlich Abnut-

die sie bereits seit ihrer Jugend begleiteten. Warum sollten Forscher nicht das, was im Tierreich längst üblich war, auch auf den Menschen übertragen?

Mit diesen real existierenden Beispielen hatte sie sich schon vor Jahren in der Literatur beschäftigt. Bereits vor mehr als dreißig Jahren las sie von Sendern und Antennen in Zahnfüllungen, die natürlich vor allem für den militärischen Bereich gestestet wurden.

Aber wenn sich die klassische Kriegsform änderte?

Längst geändert hatte?

Der psycho-physische Krieg schon vor Jahren den Krieg abgelöst hatte, der uns zwar noch in Form syrischer Bombardierungen und Auseinandersetzungen mit Gewehren, Panzern und Raketen vorgegaukelt wurde, diese Kämpfe aber längst nur noch *Showelemente* darstellten, zwar furchtbare und grausame, aber trotzdem nur zur Ablenkung dienten und der richtige Krieg längst auf ganz anderen gesellschaftspolitischen Ebenen stattfand?

Und was hatte man in Romys Leben bereits schon an ihren Zähnen herumoperiert, gefüllt, überkront und aufgebaut, und das bereits seit ihrer Kindheit.

Aus wissenschaftlicher Sicht der Machbarkeit wäre es also denkbar, dass Romys Leben komplett aufgezeichnet worden war.

Auch hier wieder: Technologisch möglich.

Und wenn es dafür einen triftigen Grund gab und man diesen in Beziehung zu den vorhandenen militärischen Forschungsbudgets setzte oder zur sicherheitspolitischen Relevanz sah, auch ökonomisch relevant, vertretbar und im Sinne eines gesamtstrategischen Plans, war dies ohne Weiteres eine denkbare und überhaupt keine absurde Hypothese.

Würde Romy also mit der Vermutung, ein getrackter Cyborg zu sein, leben müssen? Und hatte die Auswahl vielleicht auch noch

---

zungserscheinungen feststellen. (17.02.1960) - www.spiegel.de/spiegel/print/d-43063339.html. Aber auch zum Empfang von Radiowellen waren diese Empfänger geeignet. - Können manche Menschen mit Zahnblomben Radio empfangen? - 1934 klagt ein in Brasilien lebender Ukrainer über ständigen Radioempfang im Kopf, über Schlafstörungen und wünscht sich einen Ausschalter. - Der überhebliche Kommentar der „Times" - der Ukrainer könne doch in diesen harten Zeit froh über sein kostenloses Radio sein. - https://www.zeit.de/1997/49/stimmt49.txt.19971128.xml.

etwas mit ihrer Abstammung zu tun?

Hatte man irgendwann einmal Familien ausgewählt, Einzelschicksale, Kleinstfamilien, die kontinuierlich von Generation zu Generation diesen Cyborgisierungsprozess durchliefen? Und dass im Zusammenspiel mit psychologischen Tests? Wie reagierten Ziel- oder Testpersonen auf Lärm, auf Stress, auf Emissionen? Wie veränderten sich deren Haltungen und Verhalten durch Isolation, durch Depression, durch mediale Manipulationen, durch Medikamente oder andere Stör- und Stressfaktoren?

Gehörte Romy zu einer lebenden, generationsübergreifenden Kohorte, die für medizinische und psychologische Langzeittests genutzt und beobachtet wurde, ohne dies zu wissen?

Immerhin hatte sich Romy sehr gewundert, als sie den toten Körper ihrer Mutter betrachtete, während sie an ihrem Sterbebett saß.

Romys Mutter verstarb vor wenigen Monaten nachdem sie jahrlang nur im Bett gelegen hatte. Langzeitliegestudie sozusagen.

Und gut sichtbar an ihrem Oberkörper, im Brustbereich, glänzte eine frisch genähte Wundnarbe. Wenige Tage vorher musste sie nochmals zu einem Krankenhausaufenthalt.

Das Sterben rückte näher.

Aber nicht deshalb, sondern da sie sich Beine und sonstige Knochen gebrochen hatte. Sehr ungewöhnlich und eigentlich ausgeschlossen, da Romys Mutter bettlägerig war und sich überhaupt nicht mehr selbstständig bewegen konnte, was die Vermutung und Hypothese nahe legte, dass man ihr, vielleicht nochmals zu Testzwecken, alle Knochen gebrochen hatte. Das man testete, wie porös das menschliche Knorpel-Material bei einem Sturz aus Höhe X im Alter Z reagierte? Oder war sie einfach nur dem zuständigen Pfleger zufälligerweise beim Waschen aus den Händen gerutscht?

Oder hatte man einfach nur einen Vorwand gesucht, um sie noch einmal ins Krankenhaus zu bekommen, zur Enfernung des Tricoders oder irgendeines anderen Implantats für Aufzeichnungen, zur Datensammlung oder für Manipulationen, um ihn für den finalen Endpunkt und zum Abschluss der medizinischen Studienakte auszulesen, dann zu recyceln und dem nächsten Testkandidaten einsetzen zu können?

Und die frische Narbe konnte nur von der Entfernung eines Implantates herrühren.

Das Pflegeheim schwieg über diesen Vorfall und verwies, auf Nachfrage der Krankenkasse und auch auf Romys mehrmalige Bitte zum ordnungsgemäßen Ausfüllen einer durch die Krankenkasse geforderten Dokumentation über den Unfallhergang, direkt an die, für solche Fälle bereit stehenden Rechtsanwälte.

Romy forschte nicht weiter nach. Sie hatte verstanden, wie das System funktionierte. Für sie waren die Umstände, der Anlass und die Ziele klar. Auch der Sterbeprozess ihrer Mutter.

Diesem, ihrem Erkenntnisprozess gegenüber, würde sich ein offizieller Prozess, gerichtlich und anwaltlich begleitet, zur Aufklärung, über Jahre ihres Lebens hinziehen, und letztendlich nur mit geringen Aussichten auf Erfolg. Die Einäscherung ihrer Mutter fand nur wenige Tage nach deren Tod statt. Weder eine Obduktion noch sonstige Untersuchungen würden medizinische Sicherheit bringen.

Nur mit einem ganzen persönlichen Foto ihrer toten Mutter hatte Romy diese Wunde für sich und als Erinnerung und Mahnung zugleich dokumentiert. Denn viel wichtiger, als den einzelnen involvierten Pfleger, den Operateur, das instrumentalisierte medizinische Personal zu identifizieren, ging es wohl darum, eine ganze militärisch motivierte, systemgetragene medizinische „Testindustrie" zu entlarven und die Auftraggeber oder Auftragnehmer, die Netzwerker und Drahtzieher dieser verhängnisvollen „Geschäftsmodelle" und Allianzen nachhaltig aufzudecken.

Romy war Betreuerin ihrer Mutter. Nie hatte sie etwas von eingesetzten Defibrillatoren, Herzschrittmachern oder sonstigen Geräten von ihr gehört. Nie hatte sie von ihr gehört, dass sie Diabetes gehabt hätte, Herzinsuffizienz, Asthma. Und immer wenn sie Einblick in die Gutachten über die Krankheiten ihrer Mutter erlangte, verlängerte sich deren Liste auf sonderbare Weise.

Einfach so.

Beim Aufenthalt im Heim.

Anscheinend bei Tablettencocktails, Verpflegungsexperimenten oder Flüssigkeitsentzug. Und bei bewundernswert stabilem Hautbild - sieben Jahre liegen ohne Dekubitus. Welcher Fortschritt!

Und alles gut dokumentiert.

Was hatte man in ihrer Mutter verbaut?

Und musste Romy damit rechnen, dass, wenn man ihren Körper eines Tages öffnete, auch zahlreiche technischen Geräte, Sensoren,

Chips entnehmen würde?

Musste sie damit rechnen, dass ihre „komische Anatomie", ihr zähflüssiges Blut, ihre unbekannten oder wenigstens von Ärzten unkommentierten Antikörper auch bereits Ergebnisse intensiver Forschungen und Experimente am menschlichen Körper und zur Optimierung von Funktionen und menschlichen „Bauteilen" waren?

Jedenfalls ergab komischerweise ein Krebstest, initiiert durch den Konzern[48] kurze Zeit vor ihrer Reise nach Kenia, zu dem sie explizit „zufälligerweise" gerade zu diesem Zeitpunkt eingeladen wurde, dass sie Blut im Stuhl hatte.

Eigentlich verwunderte es Romy in zweierlei Hinsicht.

Erstens, weil sie regelmäßig mit ihren Fastenkuren eine „Darmsanierung" durchführte und noch nie Probleme diesbezüglich hatte und zweitens, dass sich die Konzernbetriebsärztin, anstatt mit Präventionsangeboten und der Mitarbeiterbetreuung, wie z.B. mit dem online-Coaching und anderen Projekten zur Gesunderhaltung der Arbeitskraft ihrer Mitarbeiter, eher mit Darmanalysen beschäftigte.

Und es war sowieso betriebswirtschaftlich absurd, dass die wirklichen Präventionsthemen, die im Zusammenhang mit unzähligen Krankschreibungen standen und dafür Abhilfe schaffen konnten, aus dem Konzern Schritt für Schritt verschwanden, während Platz für vorangig nur für Datenerhebungen und für Projekte, konzentriert auf die „psycho-soziale Gesundheit[49]" freigegeben wurden.

Wenn Romy dachte, dass es bereits 2004 ein e-Health-Watcher-Konzept[50] im Unternehmen gegeben hatte?

Einfach verschwunden.

Und überhaupt alle mobilen eHealth-Anwendungen im Bereich der Prävention.[51]

---

[48] https://www.huffingtonpost.de/dr-med-annekatrin-krempien/betriebliche-darmkrebsvorsorge-erfolgreich_b_6865372.html.

[49] www.corporate-health-netzwerk.com/wp-content/uploads/2015/09/Telekom_Jahrbuch2014.pdf.

[50] Prävention per eHealth. - https://www.cr-bericht.telekom.com/site13/sites/default/files/pdf/corporate_responsibility_bericht_2012-individuell.pdf.

[51] www.connected-living.org/content/4-information/4-downloads/4-studien/23-fraunhofer-digitale-praevention-quelle-fraunhofer-institut-fuer-biomedizinische-technik-ibmt-fraunhofer-institut-fuer-arbeitswissen-

Das war doch alles sehr sonderbar.

Dafür konnte man aber, bei positiver Krebsdiagnose gleich auch noch eine psychologische Betreuung dazu erhalten oder sich bei „Mobbing"-Stress vertrauensvoll an den Betriebsarzt wenden.

Dass der Konzern dafür allerdings als Anlass die Erhöhung des Anteils „gesunder und motivierter Beschäftigter als wichtige Ressource für den Konzern" sah, bezweifelte Romy dabei stark.[52]

Und auch, dass sich die leitende Betriebsärztin immer wieder auf ihre Zusammenarbeit mit der TU-Dresden und Prof. Richter beim Thema Einfluss der Führungskräfte auf die Depression von Arbeitnehmern bezog, war mehr als doppeldeutig. Sicher meinte sie, Prof. Richter aus dem Bereich Arbeits-, Organisations- und Sozialpsychologie[53], der bereits im Jahr 2007 emeritierte und nur bis 2010 noch ein Drittmittelprojekt betreute?

Romy verstand nicht, warum sie bei ihren Recherchen aber immer wieder nur an einem Prof. Richter hängen blieb, der sich mit cyberphysischen Systemen und theranostischen Implantaten[54] sowie mobiler Medizin-, Mess- und Analysetechnik[55] an der TU-Dresden beschäftigte, was irgendwie, wenigstens nicht offensichtlich, in einem Zusammenhang mit Depressionen bei Führungskräften vermutet werden konnte.

Aber da Romy dieser Bereich schon lange interessierte und die Entwicklung von digitaler Mikrofluidik und *Labs on a Chip* für die Bioanalytik spannende Themen darstellten, sah sie sofort natürlich auch Verbindungen zwischen veränderten pysischen und psychischen Zuständen. Jeder wusste, wie sich zum Beispiel körperliche

---

schaft-und-organisation-iao/fraunhofer_digitale-praevention.pdf.

[52] www.health-on-top.de/userdoks/handouts/2013_semho_krempien.pdf.

[53] https://tu-dresden.de/mn/psychologie/wop/ressoucen/dateien/mitarbeiter/peter_richter/Prof.-%28em.%29-Peter-Richter.pdf?lang=de.

[54] Theranostische Implantate = therapeutisch und diagnostisch, intelligente medizintechnische Produkte, erfassen verschiedenste Biosignale, verarbeiten und analysieren diese, übertragen sie nach außen an ein Empfangsgerät als Grundlage für angepasste therapeutische Maßnahmen in Form elektrischer, biochemischer oder mechanischer Intervention und Stimulation.- https://www.fraunhofer.de/de/forschung/fraunhofer-initiativen/fraunhofer-theranostische-implantate.html.

[55] https://tu-dresden.de/ing/elektrotechnik/ihm/ms/forschung#intro-target-box.

Schmerzen auf das Denkvermögen auswirkten, oder trübe Gedanken eben auch körperliche Reaktionen nach sich zogen. Nicht umsonst war die Systembiologie[56] eine Wissenschaft für sich.

War es nicht beeindruckend, dass es bereits längst sensorische Mikrosysteme gab, die drahtlos Daten übertrugen?

Besonders theranostische Implantate faszinierten dabei zahlreiche Forscher. Antworten, dass es nicht möglich wäre Daten aus dem Körperinneren zu übertragen, gehörten längst der Vergangenheit an.

Die Kapselendoskopie[57] zum Beispiel, sendete mittlerweile zuverlässige Daten aus dem Inneren des Körpers, entwickelt in militärischen Forschungseinrichtungen, die sich natürlich auch mit BigData-Plattformen beschäftigten. Aber irgendwie hing ja dann doch alles zusammen.

Und wie physische Strafen als Druck zur Veränderung geistiger Haltungen und menschlichen Verhaltens eingesetzt wurden, war seit Tausenden von Jahren durch zahlreiche Folterinstrumentarien bekannt.

Romy überlegte, ob sie den Darmkrebs-Vorsorgetest durchführen lassen sollte.

Die Information „positiv" bei einer Krebsdiagnostik beruhigte nicht wirklich. Konnte man einfach darüber hinweggehen?

Romy war vorgeprägt. Eine Kollegin ihres Vaters starb in jungen Jahren, vermeintlich an Darmkrebs. Oft wurde dabei allerdings auch gemunkelt, dass die zahlreichen Behandlungen, Medikamente und Operationen, die sie im Zusammenhang mit dieser Diagnose hatte über sich ergehen lassen müssen, die zum Schluss bis zur Verlegung des Darms geführt hatten, daran einen nicht unwesentlichen Anteil hatten. Und es war natürlich auch erschreckend, wie rapide die Zahl der Darmkrebserkrankungen in den letzten Jahrzehnten an-

---

[56] Systembiologie = Zweig der Biowissenschaften, versucht biologische Organismen in ihrer Gesamtheit zu verstehen, integriertes Bild aller regulatorischen Prozesse über alle Ebenen, vom Genom über das Proteom, die Organellen, bis hin zum Verhalten und der Biomechanik. - https://de.wikipedia.org/wiki/Systembiologie.

[57] Entwickelt durch den israelischen Ingenieur Gavriel Iddan (RAFAEL Advanced Defense Systems Ltd), 2000, CE-Zertifizierung durch Given Imaging Ltd.

stieg. Mittlerweile litten allein 33.000 Männer und 26.000 Frauen in Deutschland an dieser Erkrankung[58].

Ein großes Potential für Forschungen, Studien, Pharmaprodukte, chemische und biologische Märkte und Geschäftsfelder.

Für Romy war es damals vollkommen unverständlich, wie eine gesunde, lebenslustige, aktive, sportliche und gutaussehende Schauspielerin plötzlich tödlich erkrankte. Eine, die sich gesund ernährte, weder rauchte noch sonst irgendwelche Laster aufwies, wenigstens soweit sich Romy erinnern konnte.

Woher kam dieser Krebs, diese plötzlich auftretenden bösartigen Gewebeneubildungen?

Insofern wollte ihr Unterbewusstsein Romy sicher signalisieren: „Nutze die Chance und die kostenlosen Analysemöglichkeiten des Konzerns und sorge vor. Man weiß ja nie."

Doch, dass Romy nun der Gedanke über medizin-technische Manipulationen, klinische Experimente, über ein großes medizinisch-neurologisches Testfeld und auch eingesetzte Chips nicht mehr losließ, war schon schräg und beunruhigte sie nicht weniger.

Aber warum sollte es so etwas eigentlich nur in Filmen geben, wenn es diese Technologien bereits im vorigen Jahrhundert in der Realität gab?

Die Indizien sprachen leider dafür, dass diese Hypothese realistisch sein konnte. Und wäre dies nicht eine wirkungsvolle Strategie und ein einsetzbares Instrumentarium im Kontext mit konkreter und geopolitischer Machtergreifung oder dem -erhalt?

Hätte es nicht etwas von psychologischer Kriegslist, einerseits die Bevölkerung permanent emotional und medial mit James-Bond-Hollywoodthemen zu penetrieren, die leider aber andererseits erschreckend genau eigentlich nur die Realität beschrieben?

Und wenn dann jemand auf Indizien in seinem täglichen Leben stieß, die genau ein solches Szenario widerspiegelten und dies anklagen wollte, lägen die Argumente einfach auf der Hand:

„Schauen Sie sich mal besser nicht so viele Filme an."

Eigentlich so simple und doch so genial.

In jedem Fall musste etwas an der Überwachung von Romy dran sein, wenn sie weiterhin auch noch Menschen vertrauen wollte.

[58] https://www.krebsinformationsdienst-de/tumorarten/darmkrebs/was-ist-darmkrebs.php#inhalt9.

Es konnten doch nicht alle ein Interesse daran haben, zu sehen, wie sie verrückt wurde, mit der Annahme, gechippt zu sein?

Oder doch? Oder hatte man diese Einflüsterer selbst in die Irre geführt, um Verschwörungstheorien zu beflügeln? Aber die Patentsituation, die technologischen Entwicklungen sprachen mehr als dafür, dass es sich um real-existierende Menschenexperimente handelte.

Wie sonst, konnte Joachim, einer ihrer Kollegen, der nach Kenia flog, so genau, jeden Schritt, jeden Termin ihres Teams und deren Inhalte „nacharbeiten"? Ohne inhaltliches Übergabeprotokoll? Ohne einen direkten Austausch?

Romy konnte natürlich nicht wissen, inwieweit die Organisatoren bis zum Zeitpunkt der Reise des Kollegen am Sonntag, die Challenge war offiziell am Freitagnachmittag zu Ende gegangen, detailliert alle Treffen und Arbeitsergebnisse protokolliert hatten. Möglich war alles. Von den vielen erarbeiteten Mindmaps, Skizzen, Basteleien, die besprochen worden waren, konnte man Fotos innerhalb von Sekunden von A nach B senden. Diese Annahme lag natürlich viel näher, als von einem implantierten Chip in Romys Kopf oder Körper auszugehen. Aber es ging ja nicht nur um den Flug ihres Kollegen dorthin, sondern auch die Termine vor Ort. Romy hatte den Aufwand der Reisevorbereitung ja mitbekommen, um notwendige Gesprächspartner und Verantwortliche der einzelnen Institutionen an einen Tisch zu bekommen.

Welche Agenda arbeitete er also dort ab?

Ihr war klar, dass sie dies nie im Detail erfahren würde. Generell schienen alle um sie herum auf totales Schweigen verpflichtet worden zu sein. Oder eben nur zur Weitergabe streng gefilterter und „gewollter" Informationen.

Allerdings festigte sich Romys Hypothese immer mehr, dass ihr ominöser Fieberanfall, ihr Koma, ihr Krankenhausaufenthalt nach ihrer Rückkehr in jedem Fall nicht nur einfach Pech, sondern wohl „organisiert" worden waren.

In jedem Fall verkleinerte ihre Auszeit die Gefahr, dass sie doch noch über die Reise berichtete, wie üblich zu netzwerken begann und damit den vermeintlichen Schaden ihres Aufenthaltes und des gesamten Teams noch weiter vergrößert oder noch von der Fahrt von Joachim direkt etwas mitbekam.

Ihr Knock-out als Falle für Ahngeier und Konsorten schloss Romy aus. Warum auch? Möglich war natürlich auch dies, um zu sehen, wie sich die Chefs sicher und komfortabel fühlten, um ihre strategischen Pläne ganz offen weiter umzusetzen.

Romy wusste es nicht.

Es blieb mysteriös.

In ihrem Bereich wollte in jedem Fall niemand von Romy nach ihrem Krankenhausaufenthalt wissen, wie es ihr ergangen war, aber auch nicht, welche geschäftlichen Potentiale sich in und für Kenia bei Investitionen oder durch Aufträge und Beteiligungen an Ausschreibungen ergeben würden. Alle Kollegen schwiegen eisern über die Reise und über Romy „hinweg". Sie wurde weiterhin isoliert. Soweit es eben nur ging. Und natürlich hatte dieses Verhalten auch bei Romy ihre Spuren hinterlassen. Sie wurde selbst schweigsamer, ihre früher vorhandene Plauderlaune schien versiegt, ihre eigentlich fröhliche Art schien nicht mehr zu ihrem emotionalen Repertoire zu gehören.

Keine Informationen, keine kollegialen Gespräche, keine Unterstützung. Dies konnte natürlich nicht ohne psychische Verletzungen erfolgen. Nicht umsonst gehörte Psychoterror[59] zu einer der gefährlichsten unsichtbaren Waffen.

Hinsichtlich ihrer „Vergiftung" bestanden für Romy keine Zweifel.

Jedenfalls und glücklicherweise war sie daran aber nicht gestorben. Allerdings zweifelte sie weiter an den Motiven für diese Vergiftung. Wollte man, positiv gedacht, als Vorsichtsmaßnahme, Romy erst einmal aus dem Verkehr ziehen, um sie zu schützen?

Vielleicht doch vor ihren Vorgesetzten, vor dem Netzwerken aus Intrigen und Kriminalität?

Oder sollte eher verhindert werden, dass sie ihre Ergebnisse im Konzern „platzierte", bevor die „Gegenseite" systematisch nacharbeiten konnte, um Schlimmeres zu verhindern, wozu auch gehörte,

---

[59] Psychoterror = Angriff auf die geistige Gesundheit des Opfers, große psychische Belastung, stark verbreitet in streng hierarchisch organisierten Gesellschaften, Betroffene entwickeln oft Psychosen und Neurosen, Ängste, Depressionen, Verfolgungswahn. Opfer werden in eine soziale Isolation gedrängt, bleibende Persönlichkeitsstörungen und posttraumatische Belastungsstörungen.

die guten Kontakte, die mit den dortigen Institutionen und NGOs begonnen wurden, personell zu übernehmen, damit Romy daran nicht weiter „aufbauen" oder diese „pflegen" konnte?

Oder ging es darum, ein Mikro-Implantat aus ihrem Körper zu entfernen? Vielleicht wurde dieses ja zusätzlich eingebracht, um die Spionage „*in vivo*" vielleicht mit GPS und über IPS[60] und Tracking-funktionen zu präzisieren? Vielleicht auch, um sie einfach nur orten zu können?

Das Einsetzen eines kleiner Peilsenders, eines Mikroimplantats oder RFID-Chips stellte heute technologisch keine Hürde mehr da und konnte schnell erfolgen. Wanzen gab es bereits in Reiskorngröße und RFID-Sensoren zum Messen von Blutdruck auch[61]. Und komischerweise zeigte auch einmal der 3D-Scanner am Flughafen bei Romy einen „Gegenstand" im Schritt, über den sich Romy sehr wunderte, den die Sicherheitskontrolle aber als Fehlinformation abtat.

Es war bekannt, dass beim Chipping, zum Beispiel von Mitarbeitern in Unternehmen Forscher aus London aber auch Stockholm ganz weit vorn arbeiteten, die dabei auch gern amerikanische Arbeiter und Angestellte[62] zu Testzwecken dafür einsetzten.

Aus den Romy noch als *Verichips*[63] bekannten Trackern für das Datensammeln und -speichern im Körper hatten sich mittlerweile *Biohax*[64] entwickelt, die einen internationalen und globalisierten Markt der Biohacker bedienten. Und bei beiden Eingriffen in Romys Körper, sowohl vor, als auch nach der Reise, war sie teilweise eine zeitlang bewusstlos. Viel Zeit, um technische „Interfaces" zu

---

[60] IPS = Indoor positioning system - Nutzung verschiedener Technologien in Kombination.

[61] www.rfid-ready.de/200902032483/rfid-sensor-in-arterie-misst-blut-druck.html.

[62] Three Square Market, ein Technologieunternehmen injiziert den Angestellten den Mikrochip, Erfahrungen gibt es schon im schwedischen Unternehmen Epicenter. Die RFID-Chips wurden bereits 2004 von der F.D.A. genehmigt, vgl. Microchip Implants for Employees? One Company Says Yes. - In: The New York Times by Maggie Astor, July 25, 2017. - https://www.nytimes.com/2017/07/25/technology/microchips-wisconsin-company-employees.html.

[63] https://de.wikipedia.org/wiki/VeriChip.

[64] https://www.biohax.tech.

prüfen, zu erneuern, zu entfernen.

In diesem *Zeitraum der Bewusstlosigkeit* konnte also viel mit ihr angestellt worden sein.

Insofern blieb alles offen.

Viele Hypothesen und viele Fragen.

Besonders „spannend" fand Romy aus retrospektiver Betrachtung zu sehen, dass sich mittlerweile ein *Center for Health Market Innovations*[65] vielen innovativen Themen in Kenia zentral annahm, und über Micro-Health-Insurance and Financing-Optionen mit der Changamka Smart Card[66] - auch der Changamka Maternal Health Card - abgerechnet wurde. Ein zentraler Partner in diesem Projekt war Vodafone[67]. Allerdings wies das Internet bereits auf diese Entwicklungen ab 2010 hin.

Damals wunderte sich Romy, dass ein Teammitglied, den Romy später als Maulwurf oder einen Mitarbeiter mit „speziellen Aufgaben" einstufte, seinen Freund von Vodafone zu einem internen Abendessen ihres Telekom-Challenge-Teams mitbrachte, um sich mit ihm, auch über anstehende Ergebnisse ihrer eigentlich doch noch konzerninternen Challenge auszutauschen, die ja im besten Fall neue strategische Geschäftsfelder erschließen sollte. Warum akzeptierten die Organisatoren der Telekom diesen „Gast" in der abendlichen Runde ohne Bedenken?

Natürlich begrüßte Romy generell Zusammenarbeit, Offenheit, Transparenz. Doch waren die Zeiten heute nicht noch weit davon entfernt, dass es wettbewerbsübergreifende vertrauensvolle Kooperationen „einfach mal so" gab? Oder verstand sich die Telekom mittlerweile schon als Ideenzulieferer von Vodafone? Leider musste man gerade heute ein gesundes Maß an Skeptizismus an den Tag legen, wenn es um innovative Entwicklungen ging, um die

---

[65] https://healthmarketinnovations.org/.

[66] dito /program/chamgamka-microhealth-limited..

[67] Vodafone GmbH = deutsches Tochterunternehmen der britischen Mobilfunkgesellschaft Vodafone Group, zweitgrößter Mobilfunkanbieter in Deutschland nach der Telefónica Deutschland Holding (Telekommunikationsunternehmen mit Sitz in München) - T-Mobile als deutscher Anbieter von Mobilfunk existierte bereits nicht mehr, nur noch Amerika, Österreich, Niederlande, Czech Republik und Polen, UK ist in EE Limited aufgegangen.

Erschließung von neuen Geschäftsfeldern oder Märkten.

Deshalb verwunderte es Romy zu sehen, welch enge Zusammenarbeit und anscheinend auch Innovationstransparenz hier offensichtlich gelebt wurde.

Ihr kenianischer „Challengebegleiter", anscheinend nur für eine kurze Zeit vom Konzern „angeheuert", kam aus den Niederlanden.

Was ja erst einmal nichts heißen sollte.

Doch aus dies konnte natürlich nachdenklich stimmen und Fragen aufwerfen, wusste man doch, dass der Vorstand der Telekom in den Niederlanden seine neue geschäftliche Entwicklungsperspektive gefunden hatte.

Während Romys Konzern viele Anläufe mit m-Payment „versuchte", um letztendlich diesen Bereich als „gescheitert" abzumanagen[68], schien es technisch bei Vodafone und selbst in den kenianischen Weiten unternehmerischer Initiativen einfach besser zu klappen.

Der deutsche Großkonzern musste sich damit wohl eingestehen, dass es mit deutscher Ingenieurskunst nicht so weit her war, sich die Fachkräfte im Konzern leider bildungsmäßig nicht mehr auf dem neusten Stand befanden oder Deutschland als Produktions- und Entwicklungsstandort strategisch globalpolitisch einfach nicht mehr auf der Agenda stand. Aus welchen Gründen auch immer.

Denn die Lösungen funktionierten nicht so schlecht, dass man sie nicht auf Messen präsentieren konnte.

Heutige Informationen über diese Entwicklungen des Konzerns lauten informativ: Mobile Payment - Englisch für „Mobiles Bezahlen". Bezahlvorgänge, bei der zumindest der Zahlungspflichtige mobile elektronische Techniken zur Initiierung, Autorisierung oder Realisierung der Zahlung einsetzt[69].

Aus.

Keine Projekte, keine Technologien, keine Strategien, kein Planungen. Keine Referenzen oder Presseberichte aus der Vergangenheit. Mehr hatte und wollte die Telekom offiziell nun nicht mehr bieten oder zu bieten haben.

---

[68] Mobile Payment: Telekom stellt MyWallet ein.- vgl. Briegleb, Volker, heise online, 07.11.2016. Quelle: https://www.heise.de/newsticker/meldung/Mobile-Payment-Telekom-stellt-MyWallet-ein-3458259.html.
[69] https://www.telekom.com/de/mobile-payment-376906.

Konnten sich die Führungskräfte auf die Schultern klopfen, dass sie sich strategisch auf der Zielgeraden befanden, den Konzern endlich gegen die Wand fahren zu können, dank der großartigen Leistungen des Vorstandes bei der Vernichtung innovativer Lösungen?

Tim Höttges erhielt dafür jährlich als Dank immerhin mehr als 4,7 Millonen im Jahr (2017), ein Jahr vorher waren es noch 4,2 Millionen[70]. Aber auf die 500.000 € im Jahr kam es ja nun auch nicht mehr an. Trotzdem machte ja eine „kleine Gehaltsaufbesserung" als Incentive für geleistete Arbeit immer Freude.

Die Webseite des kenianischen Zentrums für Gesundheitsinnovationen strahlte im einheitlichen modernen und klassischen Drupal-Layout und mit Farben, die Romy an ihren Konzern erinnerten. Das Finanzierungsmodell mit der Vergabe von Mikrokrediten ließ auf interessante Geschäfte schließen und die Spur führte Romy wieder zurück nach London. Finanziert wurde das Center unter anderem vom Department for International Development (DFID)[71], das sich unter der britischen Krone in ihrem Logo für die Verbesserung der Lebensverhältnisse in Kenia einsetzte.

Sehr humanitär.

Vor allem kannten sie sich in der Gegend aus.

Allerdings, so wie auch die Deutschen.

Deutsch-Ostafrika und British-Ostafrika teilten sich sozusagen in der Vergangenheit ihre „Ansprüche". 1888 kam die Imperial British East Africa Company (IBEA) nach Kenia und ab 1895 übernahm die britische Krone die Verwaltung der Gebiete. 1920 wurde Kenia offiziell zur Kronkolonie. Und in der sehr wechselvollen Geschichte unterstützten immer wieder Kredite Großbritanniens, nicht nur die wirtschaftlichen sondern vor allem die politischen Entwicklungen.

Und das damit auch schon einmal Waffen finanziert werden konnten, gehört zu den bedauerlichen Vorfällen in der Geschichte.[72] Zufälligerweise durchmischten sich zunehmend auch staatlich geförderte Gesundheitsprogramme und Finanzierungen durch „Glo-

---

[70] https://de.statista.com/statistik/daten/studie/15069/umfrage/deutsche-telekom-verguetung-des-vorstandes/.

[71] www.gov.uk/government/organisations/department-for-international-development.

[72] Pergau Dam vgl. https://en.wikipedia.org/wiki/Department_for_International_Development.

bal Funds".

Doch viel Zeit über die Rolle der Telekom oder Deutschlands in Kenia nachzudenken, blieb Romy nicht.

Als sie nach ihrem wöchentlichen Krankenhausaufenthalt wieder ins Büro zurückkam, wurde sie dringend und sofort mit ganz anderen Themen „beschäftigt".

Von der Reise des Kollegen „auf ihren Spuren" erfuhr sie erst mehrere Monate später. Und eben nur zufällig bei einem übergreifenden Teammeeting, einer Art Unternehmensfeier. Dabei verplapperte sich der noch relativ neue Kollege einfach, voller Stolz, einen so wichtigen Auslandsauftrag erhalten zu haben. Vielleicht war er einfach auch nur schlecht gebrieft, dass er darüber Stillschweigen, vor allem aber Romy gegenüber, bewahren sollte.

Romy war sich sicher, dass sie niemals von seiner Dienstreise erfahren sollte.

Die Betreuer von HR sowie die Verantwortlichen aus Südafrika hatten Romy während der Reise immer mal wieder hinsichtlich ihrer Fähigkeiten und Kompetenzen getestet. Wahrscheinlich so, wie sie auch die anderen Teammitglieder hinsichtlich ihres Auftretens bewerteten. Und anscheinend fielen diese Tests so positiv aus, dass die Organisatoren im Anschluss der Reise Romy für eine Führungsposition im Konzern vorschlugen. Dies ließ eine der Organisatorinnen schon einmal in freudiger Erwartung, in einem Gespräch mit Romy, natürlich streng vertraulich, durchblicken.

Romy freute sich bereits während der Reise hin und wieder über anerkennend nickende Gesichter oder Daumen-Hoch-Gesten nach Interviews und Expertengesprächen. Natürlich beflügelte sie der Gedanke, dass sie nun endlich kurzfristig aus ihrem mobbenden und Bossing-Umfeld herauskommen würde und ihre Fähigkeiten in einem anderen Bereich wertgeschätzt einsetzen konnte. Auch wenn sie dafür gegebenenfalls nach Bonn umsiedeln musste. Aber das wäre es ihr wert gewesen.

Was dann allerdings hinter den Kulissen ablief, konnte Romy nur erahnen.

Aus der Gerüchteküche wurde an sie herangetragen, dass wohl ein böser Rufmord hinsichtlich ihrer Person betrieben wurde. Ihre Führungskräfte bezeichneten und bewerteten Romy anscheinend als illoyal, intrigant, unkollegial und „noncompliant[73]", die auf Grund dieser Einschätzung natürlich jegliche Beförderung oder Versetzung ablehnten.

Die anscheinend für sie vorgesehene Stelle wurde schnellstmöglich mit einem anderen Kollegen besetzt. Was allerdings Romy nicht begriff, dass eine solche Wertung geglaubt wurde? Mussten sich die Organisatoren nicht fragen, warum man ihr dann überhaupt die Teilnahme an dieser Reise gestattet hatte? Wie wurde denn diesbezüglich von den Führungskräften argumentiert? Oder gab es doch eine Information, nun auch im Konzern, dass Romy verwanzt war, und insofern in keinem Fall an strategisch wichtigere Positionen im Konzern eingesetzt werden konnte, da sonst alle Informationen direkt an anderen Stellen zusammenliefen? Und wieder blieben bei Romy nur Fragezeichen.

Als die Teammitglieder zur internen Abschlussveranstaltung der Kenia-Challenge ihre Teilnahmeurkunden erhielten, sah der Leiter des HR-Teams Romy abwertend und kalt an, als er ihr als Letzte ihre Urkunde übergab. Was dachte er über Romy, was hatte man ihm über sie gesagt? Mit Romy sprach weiterhin niemand, weder über die nicht eingeleitete Beförderung, den ausbleibenden neuen Job, die positiven Bewertungen während der Challenge oder die schlechten Beurteilungen oder Erklärungen hinsichtlich ihrer Person danach.

Und das Mobbing und die Ausgrenzungen setzten sich nahtlos fort.

Jeder andere hätte nun wohl sicherlich hingeschmissen.

Romy konnte nicht sagen, was sie weiterhin motivierte, täglich pflichtgemäß im Büro zu erscheinen, irgendwie weiter zu kämpfen und dabei zu hoffen, dass sich irgendwann einmal die Gerechtigkeit durchsetzen würde. Aber Hoffen und Harren macht manchen zum Narren[74]. Wer kannte diesen Spruch wohl nicht.

Zwischenzeitlich riefen die Verantwortlichen für den Ausbau des Keniageschäftes, der Organisationseinheit in Südafrika zugeordnet, bei ihr an und fragten, ob sie nicht für einige Zeit nach Kenia kom-

---

[73] noncompliant (engl.) - aufsässig, rebellisch, ungehorsam, nicht konform.

[74] Ovid (43 v. Chr. - 17 n.Chr., eigentlich Publius Ovidius Naso, römischer Epiker, vgl. https://de.wikipedia.org/wiki/Ovid.

men wolle, vielleicht für einige Monate, um beim dortigen Aufbau zu helfen und das Team mit Fachkompetenz, Kommunikationsgeschick und konzeptioneller Stärke zu unterstützen. Diese Anfrage nach der offiziellen ablehnenden Haltung ihr gegenüber, verwunderte Romy. Sie wusste nicht, ob sie sich freuen und dies als späte Anerkennung begreifen oder sie eher misstrauisch machen sollte.

Die Welt war inzwischen nicht sicherer geworden.

Eine Woche, nachdem das Innovationsteam abgereist war, brannte der dortige Flughafen in Nairobi und das zentrale Einkaufszentrum flog in die Luft.

Angst hielt Einzug.

Noch Tage zuvor, hätten auch Romy und ihr Team dort zu den Opfern gehören können.

In diese Phase fiel auch die Anfrage an Romy zur Unterstützung in Nairobi. Natürlich fühlte sie sich verunsichert, inwieweit sie diese Veränderungen bei solch unruhigen politischen Rahmenbedingungen ihrer kleinen Familie hätte zumuten können.

„Bist du deshalb nicht nach Kenia gegangen?"

Katharina hatte lange Zeit aufmerksam zugehört, ohne ihre Freundin zu unterbrechen. Aber da sie sich selbst viel auf Reisen befand, interessierte sie ernsthaft der Beweggrund, aus dem Romy immer noch lieber dem täglichen Bürostress in Berlin trotzte, als in Afrika eine neue Herausforderung zu wagen.

„Auch. Nachdem wir abgereist waren, der Flughafen in Nairobi, wie gesagt, brannte und die moderne Shoppingmeile in die Luft flog, war das ein sehr schlimmes Gefühl. Nur eine Woche vorher waren wir genau in diesem Gebäude auf Souvenirsuche, in einem hochmodernen klimatisierten Komplex mit mamornen Fußböden, vergleichbar allerdings mit all den globalen Shoppingzentren und Malls weltweit. Man hätte in New York, Dubai oder Düsseldorf sein können. Wären nicht teilweise mehr afrikanische Produkte in den Auslagen zu finden gewesen und hätte man nicht am Eingang bewaffneten Security-Kräften seine Taschen öffnen müssen, um nachzuweisen, dass man weder Sprengsätze noch andere gefährliche Gegenstände mit sich führte, hätte man das wirklich verwechseln können."

Katharina schaute betreten.

„Dass mit den Bombenanschlägen ist wirklich beunruhigend.

Zwar warst du nicht direkt dabei, aber ich kann mir vorstellen, wie man schockiert ist, wenn plötzlich im Fernsehen über solch ein Unglück berichtet wird. Das ist bestimmt kein positives Gefühl. Immerhin hättet ihr ja einige Tage zuvor selbst zu den Opfern gehören können. Es gibt schon sonderbare Zufälle."

Es piepte.

Erst wussten Katharina und Romy nicht, woher dieses Geräusch kam, bis Katharina entdeckte, dass ihr Aufzeichnungsgerät in Warnstufe gegangen war, da ihm langsam die Energie ausging. Sie schaltete das Gerät ab, suchte in ihrer Tasche nach einem Ladegerät.

Sie rieb sich ihre Augen und lehnte sich zurück. Es sah so aus, als wollte sie eine Pause einlegen, sich etwas ausruhen. „War schon ein ganz schön langer Tag, oder?"

Doch Romy fühlte sich wie elektrisiert. Durch den Bericht über die Reise fühlte sie, wie die Emotionen von damals sie wieder überkamen und sie tief in die Umstände und Erlebnisse eintauchte. Sie befand sich im Flow, und wollte unter keinen Umständen jetzt aufhören. Jetzt, da sie die Geschichte noch nicht zu Ende erzählt hatte.

Offen war noch, welche verwirrende Begegnung sie mit einem Kenianer gemacht hatte, der als „angeblich" Geflüchteter nach Deutschland gekommen war und in Romys Heimatort in einem Flüchtlingsheim der Caritas untergebracht wohnte. Und wie er Romy erzählte, dass er ein großer *Business-Man* wäre und große Geschäfte in Deutschland plane. Er sprach wie aufgezogen und Romy hatte, sowie übrigens auch bei den anderen Flüchtlingen in diesem Objekt, nicht wirklich den Eindruck, dass sie es mit Kriegsgeflüchteten zu tun hatte. Als sie ihn fragte, warum oder wovor er denn geflüchtet sei und ob dies vielleicht etwas mit den Bombenanschläge zu tun hätte, denn andere Gründe sehe sie im Moment nicht, aus Kenia zu fliehen, flackerten seine Augen unruhig.

Stand vielleicht gerade einer dieser bombenlegenden strategischen Strippenzieher und Konfliktverbreiter, einer der Geschäftspartner für Terrorangst und Unruhen vor ihr?

Zufall?

Romy hatte kein gutes Gefühl. Sie konnte sich gut vorstellen, wie dieser kenianische clevere „Geschäftsmann" wirklich Geflüchteten angeblich half, vielleicht mit Geld, Dinge zu tun, die auf irgendeine

Art illegal waren. Wie er ihnen großspurig von seinen Erfolgen berichtete und darüber, wie man die dummen Verwaltungsangestellten auf den Ämtern austricksen konnte, die ja nur so erbärmlich englisch sprachen. Und warum konnte es soweit kommen, dass niemand die Industrie, wie die Telekom in die Pflicht nahm, endlich die Technologien einzusetzen, die längst existierten, um genau solche schwarzen Schafe aus dem Pool der wirklich Hilfesuchenden herauszufischen und dabei etwas gründlicher wiederum nach deren Auftrag- und Geldgebern, deren ideologischen Quellen zu forschen?

Auch musste sie sich innerlich eingestehen, dass sich neben den Bombenanschlägen natürlich auch noch ein anderes strategisches Rad in ihrem Kopf drehte: Wollte man sie vielleicht mit diesem Angebot auf elegante Art und Weise endgültig aus dem Verkehr ziehen?

Da die Kenia-Verantwortlichen ihre Anfrage aber erst an Romys Führungskraft, also Dr. Ahngeier „offiziell" stellen wollten, um dann ihre Delegierung zu erbitten, blieb Romy noch Bedenkzeit.

Positiv betrachtet, konnte sie es als Wertschätzung betrachten, dass man sie gefragt hatte und nicht jemanden aus dem Team International. Allerdings wusste sie auch nicht, inwieweit bereits von den dortigen Mitarbeitern bereits nur Absagen gekommen waren. Denn wäre nicht der Kollege, der ihr hinterher gereist war, eine bessere Wahl? Zumal ja sein Aufenthalt nach einem direkten Auftrag von Ahngeier erfolgt war. Sollte sie sich geschmeichelt fühlen, dass es ernsthaftes Interesse an einer Zusammenarbeit mit ihr gab? Oder war dies vielleicht auch nur eine Falle, für wen auch immer? Für Ahngeier oder sie? Wer konnte dies schon wissen?

Sollte sie nach Kenia abgeschoben werden, damit man sie dort nach einiger Zeit „platt" machen konnte? Ein Unfall nach ein oder zwei Monaten Aufenthalt in einem, angeblich ja so gefährlichen Land, würde niemanden misstrauisch machen oder verwundern.

Und dort konnte sie natürlich nicht auf täglichen Personenschutz hoffen.

Warum auch?

Sie wusste, dass diese berufliche Möglichkeit auch eine sehr gefährliche Option mit unabschätzbarem Risiko darstellen konnte.

Dass Romy während der Reise bewertet wurde, empfand sie als

normal. Auch, dass sich alle Teilnehmer sicher einem permanenten Assesssment unterzogen, denn schließlich wollte ja der Konzern wissen, ob sich die „Auserwählten" als würdig erwiesen, repräsentierten sie doch den Konzern. Wie führten sie Gespräche mit potentiellen Partnern? Wie bereiteten sie Business Cases vor und präsentierten diese, wie leistungsfähig und einsatzbereit erwiesen sie sich während der doch sehr anstrengenden Tage und Wochen?

Aber sicher auch, wie verhielten sie sich interkulturell?

Unerschrocken? Unkompliziert? Verlässlich? Subtil rassistisch?

Überheblich? Vielleicht sogar als Herrenvolk oder Herrenrasse[75]?

Romy wusste weder, ob es standardisierte Bewertungskriterien gab, noch welche das sein sollten. Vielleicht gab es ja auch einen Punkt: „Hat die Teilnehmerin in bestimmten Situationen Angst gezeigt?" Möglich war alles. Denn sicher gehörte diese Grundemotion zu den zentralen Indikatoren, die Mitarbeiter am einfachsten und verlässlichsten steuerbar machten.

Natürlich gab es immer wieder Momente, in denen Romy auch Angst spürte, Hilflosigkeit, Ausgeliefertsein. Aber anmerken ließ sie es sich eigentlich kaum. Eher versuchte sie, diese Emotion zu unterdrücken und ins Unterbewusste zu verdrängen, wenn sie an der gegebenen Situation sowieso nichts mehr ändern konnte.

Sollte sie dieses Angebot positiv also als eine Chance begreifen oder besser nicht dieses Risiko eingehen?

Romy vertraute darauf, dass schon die richtige Entscheidung für sie fallen würde. Ohne Vertrauen gab es kein lebenswertes Leben mehr und nicht jede Situation konnte man vorhersehend bewerten.

Katharina gähnte.

Und Romy? Sie wollte unbedingt ihre Geschichte weiter erzählen <u>und zwar jetzt und</u> möglichst so weit, wie es nur irgend ging.

[75] Seit dem letzten Drittel des 19. Jh. Schlüsselbegriffe von Kolonialismus, Rassismus und Antisemitismus, ideologische Rechtfertigung kolonialer Expansion. Wichtigster Beitrag zum angeblich germanisch-jüdischen Rassenantagonismus legte Houston Stewart Chamberlain (*Die Grundlagen des XIX. Jahrhunderts (1899)* - Chamberlain (1855 in Portsmouth, England, gest. 1927 in Bayreuth, entstammt wohlhabender Adelsfamilie, sich gelöst, naturwissenschaflich in Dresden forschend, Nervenzusammenbruch) „amalgamierte den Antisemitismus mit dem Mythos von der arischen Überlegenheit, messianischen und mystischen Vorstellungen von „Rasse", Sozialdarwinismus und Eugenik - Einfluss auf Hitler.

„Bist du müde?", fragte sie, in der Hoffnung, etwas Gegenteiliges von ihrer Freundin zu hören.

„Irgendwie schon, es ist spät." Während Katharina eher schlaff auf dem Sofa hing, hatte Romy wieder die Position eingenommen, als wenn sie sich kurz vor dem Sprung befand. Sie war einfach noch viel zu aufgedreht. Und sie wollte dieses Thema für sich zu Ende bringen, soweit es denn hierfür überhaupt ein Ende gab. Aber das Projekt Design-Thinking war überschaubar.

Auch auf die Gefahr hin, dass Katharina sie anschnauzen würde, griff Romy zum Aufnahmegerät, prüfte, ob der Akkuladestand mittlerweile wieder für einige Zeit reichen würde, blickte kurz zu Katharina, drückte auf START und setzte ihren Monolog fort.

Katharina nickte müde milde zustimmend. Im Moment hatte ihre Energie selbst aktiv zu werden, einen Tiefpunkt erreicht. ,Sollte doch Romy weiter erzählen. Woher nahm sie bloß diese Kraft? Benötigte sie so wenig Schlaf? Beneidenswert.', dachte sie einen Augenblick.

„Da in die Phase mit den Bomben auch die Anfrage nach meiner Unterstützung in Kenia fiel, fühlte ich mich verunsichert, inwieweit ich meiner Familie diese Veränderungen bei solch unruhigen politischen Rahmenbedingungen würde zumuten können. Trotzdem beschloss ich, mich zuerst einmal über die Einladung und das damit entgegengebrachte Vertrauen zu freuen und den gesamten Umstand als positiv zu betrachten. Ich war froh, dass der Ball ersteinmal an Ahngeier ging und ich noch Zeit hatte, gründlicher diese Option zu durchdenken und natürlich auch die Rahmenbedingungen, die sich daraus für Mia ergeben würden."

Eine Antwort oder eine Anfrage von Dr. Ahngeier oder seinem Büro, auf die angeblich offizielle Unterstützungsbitte der südafrikanischen Kollegen, erreichte Romy nie.

Die Gründe dafür konnten natürlich vielschichtig sein.

Und Romy blieben wie immer nur Hypothesen, die sie auf Grund ihrer Nicht-Verifizierbarkeit ehrlicherweise auch als Spekulationen bezeichnen konnte: Entweder man gönnte ihr diese Verantwortung nicht, mit der Möglichkeit gute Arbeit präsentieren zu können oder jemand wollte verhindern, dass sie wirklich dieses Abenteuer einging und sich damit vielleicht in Gefahr begab oder „begeben würde". Natürlich konnte auch die Anfrage generell nur ein Fake gewesen sein, um ihre Reaktion zu testen und eigentlich waren ihre weiteren Schritte in Deutschland sowieso längst geplant.

Romy würde es wahrscheinlich nie erfahren.

Sie musste nach der Reise konstatieren, dass dortige Experten aus dem Mobilfunkbereich, allerdings nicht aus ihrem Unternehmen, die über Supercomputer und Standleitungen nach Stanford verfügten, mit Design Thinking bereits tolle Softwareprodukte um- und eingesetzt hatten und zeigten, wie m-Payment und andere Innovationen in der Realität funktionierten[76], die ihr Team aus Deutschland erblassen ließen.

Sie waren im Think-Tank-Kenia technologisch ganz weit vorn, weiter als anscheinend alle Projekte in Romys Konzern in Deutschland in naher Zukunft je sein würden.

Jedenfalls was Romy sah oder was man sie sehen ließ.

Als die Gruppe einmal einen hochmodernen Gebäudekomplex betrat, in dem innovative Startups und auch Design-Thinking-Spaces zur Verfügung standen, staunte Romy nicht schlecht.

Auch hier wieder hätte sie sich in Atlanta, Boston, London oder Berlin befinden können. Bei etwas genauerem Blick hinter die Kulissen musste sie allerdings konstatieren, dass die Verhältnisse der dortigen Kreativarbeiter eher an moderne Formen der Sklaverei erinnerten. Oder hörte sie auch hier wieder nur die Flöhe husten?

Früher bestand das Ziel der Herrschenden darin, die Menschen

---

[76] Kenianische M-Pesa gehören zu den erfolgreichsten mobilen Bezahlsystemen weltweit, fast alle Kenianer nutzen mobile Bezahldienste, Vorreiter und Marktführer ist M-Pesa, ein Dienst der Vodafone-Tochter Safaricom, entwickelt 2007. Diesen Dienst nutzen 30 Millionen Menschen in zehn Ländern, 2016 wurden weltweit 6 Mrd. Transaktionen über M-Pesa abgewickelt, zu Spitzenzeiten 529 pro Sekunde, liegt auf dem Niveau von PayPal, wobei dort aber weitaus weniger Zahlungen über mobile Endgeräte (ohne Smartphone möglich) erfolgen. Mit Guthaben auf der SIM-Karte werden Rechnungen bezahlt, Überweisungen vorgenommen, Bargeld abgehoben, in Kenia gibt es ca. 40.000 *M-Pesa-Agents (Tankstellen, Internetcafes etc.)*, Abwicklung von ca. 25% des Bruttoinlandsprodukts, keine klassische Bankleistungen, Geschäft liegt direkt in der Hand des Mobilfunkanbieters. - Wohlfahrt, Miriam: Afrika zeigt der Welt, wie mobiles Bezahlen geht. veröffentlicht 09.03.2017. - https://www.welt.de/wirtschaft/bilanz/article162694583/Afrika-zeigt-der-Welt-wie-mobiles-Bezahlen-geht.html.

zur Schaffung von Mehrwerten, vor allem für körperlich schwere Arbeiten einzusetzen. Die Bilder der Galeerensklaven oder der hart schuftenden Arbeiter auf den Baumwollplantagen sind wohl heute noch den meisten Menschen tief ins kollektive Gedächtnis gebrannt, wenn auch nur aus Filmen oder dem Geschichtsunterricht.

Heute wird die ursprünglich anstrengende Arbeit vielfach von Maschinen, intelligenten Systemen oder Robotern geleistet, auch wenn es natürlich noch Gebiete gibt, wo der Mensch effektiver als Geräte einsetzbar ist.

In den Mittelpunkt der Ausbeutung gegenwärtiger Systeme ist nun an die Stelle der körperlichen, die geistige Arbeit zur Schaffung von Mehrwerten getreten. Die Wirtschaftsprofis haben es auf die kreativen Köpfe der Menschen abgesehen, auch wenn sich an dem System der Ausbeutung nicht wirklich etwas geändert hat.

Überall auf der Welt, wo sich wissenschafliches oder schöpferisches Potential generieren lässt, um dieses zu verwerten und daraus Profit zu erzielen, wird dies auch getan.

Und auch in Afrika geht es um nichts anderes als das Prinzip „Teile und herrsche" flächendeckend in eine langfristige geopoltische Strategie einzubinden. Dabei wird ein großer Teil der Bevölkerung der Armut, dem Hunger und miserablen Lebensbedingungen überlassen. Es sind diejenigen, die nicht leicht zu „Leistungsträgern" der Gesellschaft „aufgerüstet" werden können. Sie haben weder in Yale, Oxford oder Cambridge studiert und auch die Kinder dieser Familien werden kaum ihren sozialen Rahmenbedingungen entkommen können.

Und diejenigen, die Bildung genießen konnten, die vermeintliche Elite, wird in direkter Abhängigkeit zu royalen Wurzeln, zum Geldadel, zum amerikanischen oder anderen Finanzkapitalquellen „gehalten".

Sie wägen sich frei, da sie sichtbar mehr Zugang zu Wohlstand, Konsum, gesellschaftlichem Fortkommen besitzen. Und natürlich mit Blick auf die arme Seite der Bevölkerung, fühlen sie sich priviligiert. Und für den einzelnen, egoistisch gedacht, stellt dies natürlich einen komfortablen Zustand dar.

Gesamtgesellschaftlich betrachtet ist es natürlich nur Augenwischerei, denn die wirklichen Erträge aus den kreativen Leistungen, die neuen Produktideen, Softwareentwicklungen, Konzepte, Prototypen landen eben woanders, wie das gute Beispiel von Safaricom und dem m-payment zeigt. An diesen digitalen Strömen verdienen gegenwärtig die Mobilfunkbetreiber und dessen Gesellschafter, Aktionäre und natürlich die Führungseliten.

Sind die digitalen Strukturen, mit allen Unsicherheiten, erst einmal festgezurrt, wird es kaum noch ein Entrinnen aus dieser Form der modernen Sklaverei 2.0 und der kreativen Abhängigkeit geben.

Orientiert sich die Welt weiterhin an veralteten finanzökonomischen Modellen und schafft nicht den Übergang zu einem neuen Gesellschaftsmodell, um sich vom überkommenen Geldsystem und den implementierten Finanzströmen zu befreien, dann werden sehr schwierige Zeiten auf die Mehrheit der Bevölkerung zukommen.

Bei einer rapide fortschreitenden Machtkonzentration in den Händen weniger Konzerne, wie Bayer, Roche oder AT&T in Kombinationen mit der Informationshoheit von Google, Amazon, Facebook, Apple - den GAFAs - und Finanzkonzentrationen bei Investmentgesellschaften wie BlackRock Inc. mit über 6,3 Billionen US Dollar verwaltetem Vermögen und Laurence D. Fink an der Spitze, der mit Abstand als größter Einzelaktionär an der Deutschen Börse gilt, wird es zukünftig mehr als schlecht um die demokratischen Rechte der Menschheit bestellt sein und die Kolonialisierung der Köpfe, auch als Kolonialisierung 2.0 zu bezeichnen, kaum zu verhindern sein. Und dies auf der Grundlage einer „Scherenpolitik", die immer weiter unversöhnliche Ansätze produziert, so dass letztendlich kaum noch Verbindendes existiert und die Klassengegensätze wieder zu massiven Konflikten in und zwischen der Bevölkerunge, aber auch den Nationen führen werden.

*****

Auf Grund seiner Seelage und seiner Küstenregion gehörte Kenia ungefähr ab Christi Geburt zu einem internationalen Handelsnetz und oft wird die Geschichte Kenias vor allem mit der Entwicklung der Küste verbunden, die eine zentrale strategische Bedeutung besaß. Durch Migrationsströme, Entdeckungen, Eroberungen, Interessensansprüche entstand in den Küstenbereichen eine multikulturelle und multiethnische Gesellschaft.

Im 16. Jahrhundert beherrschten vor allem die Portugiesen diese Region und schränkten die Unabhängigkeit Kenias stark ein.

Gleichzeitig migrierten viele Bevölkerungsschichten aus den Anrainergebieten, aus Indien und Arabien nach Kenia.

Die Swahili oder Suaheli, eine kosmopolitische Gesellschaft, die die Küste Ostafrikas prägte, übernahm die Vorherrschaft. Sie definierte sich selbst über den Islam. Durch den internationalen Handel gelangte diese Gesellschaft zu enormen Wohlstand. Neben Gold, Schildpatt oder Kristall, fungierten sie besonders ab dem 18. Jahrhundert aber auch als Zwischenhändler für Elfenbein und Sklaven.

In der damaligen Zeit stellten dies sehr lukrative Geschäftsfelder dar, die man heute „eigentlich" als nicht mehr relevant betrachten würde. Dabei gehörte der Sklavenraub zu den gefürchteten Erscheinungen dieser Zeit. Die Sklaven wurden größtenteils aus Ostafrika in die arabisch-islamische Welt verbracht, aber auch nach Asien, auf Inseln im indischen Ozean oder nach Brasilien. Der ostafrikanische Sklavenhandel diente zum Beispiel bei der Erschließung der Sumpfgebiete im Süd-Irak durch den Anbau großer Plantagen.

Die Sklaven lebten unter schrecklichen Bedingungen.

Während der Höhepunkte im ostafrikanischen Sklavenhandel im 19. Jahrhundert wurden von der dortigen Küste Sklaven für Europa, Amerika und die Inseln im Indischen Ozean beschafft. Es fanden solche umfangreichen Jagden statt, dass ganze Landstriche entvölkert wurden.

Dann, mit dem Argument, den Sklavenhandel bekämpfen zu wollen, wurde die Kolonialisierung gerechtfertigt. Dabei begann die Geschichte Kenias als Kolonie mit einem deutschen Protektorat 1885. Ein Protektorat stellte ein teilsouveränes staatliches Territorium dar, eine Art Schutzstaat, dessen auswärtige Vertretung und Landesverteidigung zwar einem anderen Staat, aber durch einen völkerrechtlichen Staatsvertrag übertragen wurde.

Im Gegensatz dazu gehören klassische Kolonien der jeweiligen Kolonialmacht und die Bewohner sind deren Untertanen.

In der Zeit des „Weltlaufs um Afrika", in der Hochphase des direkten Imperialismus, zwischen 1880 und dem Ersten Weltkrieg verschwammen dann allerdings die Begrifflichkeiten, und man nahm es anscheinend nicht mehr so genau, was die „Besitzverhältnisse" anbetraf und so konnten Protektorate schon einmal Kolonien gleich kommen. Man gab sich nicht mehr mit der millitärischen und wirtschaftlichen Überlegenheit zufrieden, sondern begann, sich massiv in die Angelegenheiten Afrikas einzumischen.

Man überrumpelte Lokalherrscher, die des Lesens und der Sprache unkundig waren, um sich in Besitz von Land und Rechten zu bringen. Letzendlich führten die weltpolitischen Machtstreben europäischer Staaten auch zum Ersten Weltkrieg.

In den Jahren 1885 - 1886 wollte die Deutsch-Ostafrikanische Gesellschaft[77] Gebiete an der kenianischen Küste erwerben, was ihr allerdings nicht gelang. Dafür verwaltete ab 1888 bis 1895 dann die Imperial British East Africa Company (IBEA) die Gebiete British-Ostafrika.

Die IBEA war dabei ein kommerzielles britisches Unternehmen. Als es um die Eroberung und Aufteilung des afrikanischen Kontinents ging, vereinbarte man auf der Berlin Kongokonferenz 1884/1885 zwischen den Großmächten, auch die Teilung der Gebiete des heutigen Kenias. Im Jahr 1886 einigten sich die Regierungen Großbritanniens und Deutschlands über ihre Interessensphären, wobei Deutschland den südlichen Teil und Großbritannien den nördlichen Teil, also das heutige Kenia, zugesprochen bekam.

Und ab 1890 gehörte auch das Territorium von Uganda unter den britischen Einfluss und damit unter die strategischen Entscheidungen der IBEA.

Bereits im Jahr 1891 wurden die Häfen Mombasa, Malinda und Lamu telegraphisch miteinander verbunden. Den Aufbau übernahm die Eastern Telegraph Company. Diese Unternehmen wurde bereits ca. 1860 von John Pender[78] gegründet und entwickelte sich zur Ca-

[77] Deutsch-Ostafrikanische Gesellschaft - ggr. 1884 von Graf Behr-Bandelin und Carl Peters als Gesellschaft für deutsche Kolonisation (GfdK) in Berlin zur Errichtung deutscher Ackerbau- und Handelskolonien in Übersee. Es wurden deutschsprachige Schutzverträge unkundigen Lokalherrschern vorgelegt, die diese unterschrieben. So erwarb die Gesellschaft unlauter Herrschaftsansprüche. Die Reichsregierung und Bismarck lehnten dieses Vorgehen ab.
[78] John Pender (1816-1896) - Sir, Schottischer U-Boot-Kommunikations-Kabel-Pionier und Politiker, ging in Glasgow zur Schule, erfolgreicher Textilhändler, in Manchester ein Warenhaus, in London 1866 war er der Finanzdirekto der Unternehmen, die erfolgreich die ersten transatlan-

ble & Wireless plc, einem der heute größten Telekommunikations-unternehmen der Welt, wobei seine Geschichte durch Fusionen und Aufspaltungen zu charakterisieren ist. Die erste erfolgreiche Unter-seeverkablung gelang bereits 1851 zwischen Dover und Calais mit einem Kupferkabel und isoliert mit Gutta-Percha, einem kautschuk- oder latexähnlichen Saft zur Isolation. 1868 entschied die Britische Regierung alle inländischen Telegrafen-Unternehmen zu kaufen, ließ aber die Überseetelegraphie in privater Hand. Mit den vielen U-Boot-Firmen vernetzte Pender Australien, China, Indien. Und zwischen 1979 bis 1889 auch Afrika mit entsprechenden Kabelrou-ten. Mit den vielen Firmen verlinkte er Brasilien mit Chile und Ar-gentinien. Nach seinem Tod setzten Lord Tweeddale und sein Sohn John Denison-Pender diese Unterseeverkabelungen fort, der dann auch den Schritt in das Wireless-Business vollzog, welcher dann auch 1934 im Namen seinen Niederschlag fand - Cable & Wireless.

Und Denison-Pender wurde auch zum Kommandanten des Or-dens des Heiligen Michael und des Heiligen Georg (KCMG) für seine Verdienste um die Kommunikation im südafrikanischen Krieg ernannt. Und für seine Verdienste in zivilen Kriegszügen 1920 zum „Knight-Grand-Cross" des Ordens des Britischen Empires (GBE)[79] und wegen ähnlicher Verdienste während des Ersten Weltkrieges. Seine Firma war nicht nur für den Löwenanteil der Unterseever-kabelung von Großbritannien, sondern auch für die abgeschnittene

---

tischen Kabel von Valentia Island, Irland, nach Neufundland und Labra-dor verlegten, war das erfolgreichste transatlantische Kabelprojekt, 100% britisch finanziert, finanziell unterstützt durch amerikanische Investoren, er gründete 32 Telegrafen-Unternehmen, Merger daraus wurde die Cable & Wireless, ohne Hinweis im Namen auf das Empire.

[79] Order of the British Empire = Britischer Verdienstorden, gestiftet 1917 von König Georg V, auch ausländische Ehrenmitglieder, 5 Stufen, die obersten 2, wie Knight Grand Cross sind mit einer Nobilitierung verbun-den, der Erhebung in den nichterblichen Adelsstand und tragen den Titel Sir oder Dame, gilt auch für Bürger der Commonwealth-Staaten, die den britischen Monarchen als Oberhaupt anerkennen. Ordensmitglieder in einer zivilen und einer militärischen Abteilung., Souverän der britische Monarch, jetzt Königin Elisabeth II. Bill Gates z.B. zum Ritter geschla-gen - starkes Soft power Instrumentarium - https://de.wikipedia.org/wiki/ Order_of_the_British_Empire.

deutsche Kommunikation mit dem Rest der Welt verantwortlich[80].

Und wurde Deutschland vielleicht selbst heute noch weiter durch die britische und transatlantische „Machtstrategie" von der eigen- und selbständigen Kommunikation mit dem Rest der Welt abgeschnitten?

Wenn Romy die Mergerbewegungen bei der Telekom betrachtete, die „Wanderungsbewegung" deutscher Innovationen, dann erweckte dies gegenwärtig sehr den Anschein und fühlte sich nicht wirklich gut an.

Diesem Unternehmen, Cable & Wireless, war auch die Verlegung des indo-europäischen Seekabels zu verdanken, das das Vereinigte Königreich mit Indien verband. Heute gehört das Unternehmen zu den größten Internetdiensteanbietern weltweit und stellt mit Unternehmen wie AT&T, Level 3 u.a. einen beträchtlichen Teil des globalen Internet-Backbones. Und im Jahr 2012 wurde das Unternehmen von Vodafone für ca. 1,29 Mrd. Euro übernommen[81].

Als im Jahr 1895 die Verwaltung des kenianischen Gebietes dann unter die britische Krone geriet, weil die IBEA Bankrott anmelden musste, übernahm das britische Außenmisterium die Verwaltung.

Dabei wurden die meisten Angestellten der IBEA allerdings in den Dienst der Krone übernommen, so dass sich ihre Politik zwischen Diplomatie und Gewaltandrohung nahtlos fortsetzen konnte. Und die dort leitenden Personen waren es dann auch, die in der kolonialen Hierarchie aufstiegen.

Um die Bevölkerung unter Kontrolle zu bringen, wurde das Vieh geraubt, Ernten und Dörfer verbrannt, fruchtbare Gebiete enteignet und daraus *White Highlands* gemacht, an weiße Siedler verpachtet oder verkauft. Damit begann auch die Zeit der Reservate, in die die eigentliche Bevölkerung umgesiedelt wurde und die sie nicht verlassen durfte. Die Zahl der weißen Siedler stieg von 600 im Jahr 1905 rasant auf 2000 im Jahr 1907 und dann stetig weiter.

Und im Ersten Weltkrieg wurden dann Tausende von Afrikaner zum Kriegsdienst zwangsverpflichtet. Mehr als 350.000 wirkten gezwungenermaßen als Träger, die zum Teil ab 1917 wie bei früheren Sklavenjagden „gewonnen" wurden. Von der Straße weg, von den Feldern und aus den Häusern trieb man die kenianischen

---

[80] https://en.wikipedia.org/wiki/John_Denison-Pender.
[81] https://de.wikipedia.org/wiki/Cable_%26_Wireless.

Afrikaner in die Kasernen. 50.000 offiziell registrierte Tote vermeldete man und jeder dritte Kriegsteilnehmer aus Kenia starb. Diese Kriegserlebnisse hinterließen die Erfahrung, nicht für immer und ewig unter der Britischen Herrschaft leiden zu müssen.

Nach dem Krieg zogen zunehmend hochrangige Militärs nach Kenia, so dass 1921 mehr als 10.000 weiße Siedler dort lebten. Im Jahr 1920 wurde Kenia offiziell Kronkolonie, also eine klassische Besitzung der Krone. Die Weißen forcierten Landenteignungen und Verkleinerungen von Reservaten, um die Afrikaner als preiswerte Arbeiter nutzen zu können. Ab dem Alter von 16 Jahren musste jeder Afrikaner einen Metallbehälter mit einer Schnur um den Hals tragen, worin vermerkt wurde, wieviele Arbeitstage er geleistet hatte. Sie mussten eine hohe Steuerlast tragen, um dem Lohnarbeitsmarkt weiter und immer zur Verfügung zu stehen.

Mit dem Ende des 19. Jahrhunderts bildeten sich in Kenia auch eine Vielzahl von Missionsgesellschaften: katholische, protestantische, reformierte, freikirchliche, britische, amerikanische, italienische, französische, die dann auch die Bildungsangebote stellten.

Bald entwickelten sich daraus aber Konflikte. Die gebildeten Schüler strebten nach Unabhängigkeit und wehrten sich gegen den Kulturimperialismus der Missionen.

Viele der weißen Siedler lebten von der Landwirtschaft, erzielten aber auch mit Spekulationen des Verkaufs von Land hohe Gewinne.

Im zweiten Weltkrieg sollten sie die Nahrungsmittelversorgung von Großbritannien übernehmen. Zuerst arbeiteten noch viele Afrikaner auf den Feldern, zunehmend wurde dann aber mechanisiert und die Afrikaner wieder in ihre engen Reservate zurückgedrängt.

Nach dem zweiten Weltkrieg stieg die Zahl weißer Einwanderer auf 40.000.

Ab 1952 kam es dann zunehmend zu bewaffneten Aufständen und Freiheitskämpfen. In den Wäldern bauten sich Strukturen für einen Guerillakrieg auf. Die Lebensbedingungen der einheimischen Bevölkerung verschlechterten sich zunehmend und an politische Mitbestimmung war auch nach dem Zweiten Weltkrieg nicht zu denken.

Die Aufstände führten letztendlich zum Ausrufen eines Ausnahmezustandes und 1963 konstituierte sich ein unabhängiger Nationalstaat. Zu Beginn des Aufbaus griff ein ursprünglich wichtiges

Prinzip: Hilfe zur Selbsthilfe. Es entstanden Straßen, Schulen, Infrastrukturen. Aber diese Aufbruchstimmung währte nur kurz.

Dem Präsidenten Kenyatta schmeckte anscheinend seine Macht so gut, dass er seine Herrschaftsstrukturen immer weiter ausbaute.

Um den Wohlstand voranzutreiben benötigte das Land Investments, wodurch es wieder zunehmend in die Abhängigkeit von Krediten Großbritanniens geriet. Zwar galt es nun nicht mehr als offizielle Kolonie, aber über die Finanzströme steuerte man nun indirekt die gesellschaftspolitische Entwicklungen weiter. Und natürlich gab es zahlreiche Kollaborateure der Kolonialregierung im Land.

Zu Beginn der 70-er Jahre hatten weniger als 40% der Kenianer ihr enteignetes Land zurückkaufen können, vielmehr ging dieses an große Farmen afrikanischer Eliten.

Und dass Kenia bezüglich seiner guten Verbindungen zu westlichen Ländern, seiner hohen Inanspruchnahme an ausländischen Hilfen und Investitionen als mustergültiges Vorzeigeland mit hohem wirtschaftlichen Aufschwung galt, bedeutete im Zuge einer langfristigen nachhaltigen demokratischen Entwicklung nicht wirklich Gutes. Überall wird der Einfluss von Ritter Bill Gates und anderen amerikanischen und britischen IT- und High-Tech-Gurus sichtbar.

Und damit stiegen auch wieder soziale Ungleichheit und Arbeitslosigkeit. Heute noch finden sich überall im Lande Slums mit erbärmlichen Bedingungen, im Gegenzug dazu aber exzellent wirtschaftlich geführte Missionen, die als Krankenhäuser arbeiten, und vor allem zahlenden Kenianerinnen Unterstützung gewähren, High-Tech-Unternehmen für kreative Leistungsträger und eine anscheinend lückenlose Vernetzung mit digitalem Spielzeug zum Sammeln von Daten und für finanzielle Transaktionen, gesteuert, kontrolliert und überwacht aus dem Ausland.

Warum es 1998 eine „koordinierte Explosion" auf die US-Botschaft in Nairobi mit 212 Toten gab, kann man sicherlich diskutieren und interpretieren. Sehr wahrscheinlich ist aber, dass dies auch mit der blühenden Korruption in dieser Zeit im Land zu tun hatte. Dabei steckten die Regierung und viele Führungsebenen tief in Wirtschaftsskandalen, bei denen sie großen internationalen Wirtschaftsfirmen Steuerfreiheit auf bestimmte Exportgüter gewährten,

Geschäfte subventionierten, US-Dollar einnahmen, zum Beispiel aus Goldgeschäften.

Da Kenia selbst nicht so viel Gold besaß, wie es verkaufte, schmuggelten sie es aus dem Kongo und verkauften es als kenianisches Gold auf dem Weltmarkt. Und Kongo finanzierte damit seinen Krieg. Drahtzieher war hier die Firma Goldenberg International und ein dahinter stehender kenianischer Geschäftsmann, Kamlesh Pattni, ein Bankdirektor der First American Bank und der Leiter der „Special Branch[82]", einer Sondereinheit paramilitärischer Polizei. Involviert waren nicht nur der Expräsident Moi als Aktionär der Firma, sondern auch dreiundzwanzig kenianische Richter. Auch Journalisten erhielten Schweigegeld. Ein Konglomerat von Geld

---

[82] National Intelligence Service Kenya- National Security Intelligence Service (NSIS), aus der „Special branch" der nationalen Polizei entstanden, 1952 ggr. unter Britischer Administration. Bis 1982 entwickelte sich die Polizei zu einem Instrument der Unterdrückung, das systematisch das Gesetz missbrauchte und die Verfassung missachtete. Digital Intercept Technology Unit - Direktor Kimei und Sergeant Jamal (Agent Sparrow) - Tötung von Angreifern und Rettung von Opfern in Garrisa-Massaker auf Grund der IT-Fähigkeiten. A.d.A. Allerdings sollte man keine eindeutige Wertung historischer Entwicklungen in Somalia vornehmen, die auf einer sehr differenzierten Interessenslage zwischen sesshaften Ackerbauern, nomadisch lebenden Bevölkerungsgruppen, Warlords, Geschäftsleuten mit Privatmilizen basieren. Dabei darf man nicht vergessen, dass die Briten bereits nach 1839 Anspruch auf Somalia anmeldeten, Aden als Kühlstation auf dem Weg nach Indien und als lokale Fleischquelle für die Garnison nutzten. Der Britische Einfluss wird in den 1880er Jahren in einer Reihe von Verträgen formalisiert, Titel Britisches Somaliland. Während dann zwischenzeitlich auch Franzosen, Italiener und andere Ansprüche anmeldeten, eroberten 1941 britische Truppen das gesamte Gebiet des somalischen Volkes und stellten es unter britische Herrschaft. In einer Befreiungs- und Unabhängigkeitsbewegung gründete sich 1960 die Republik Somalia, der amtierende Präsident wurde 1969 durch einen seiner Leibwächter erschossen, es erfolgte ein Militärputsch und die Errichtung einer „Demokratischen Republik Somalia" als sozialistische Diktatur, die dann in Chaos und Bürgerkrieg endete. Schleichend hatte der Kapitalismus sowohl durch Soft Power als auch durch das Instrumentarium Mord den Rollback zum Imperialismus vollzogen sowie den neuen Weg in die Kolonialisierung 2.0, wobei es gleichzeitig gelang die Begriffe „Demokratie", „Republik" und „Sozialismus" nachhaltig zu beschädigen.

und Gold, Regierungs-, Justiz- und Medienmacht hatte sozusagen die gesellschaftspolitischen Entwicklungen Kenias wegweisend in die Hand genommen. Im Rahmen dieses Skandals wurden ca. 2 Milliarden Euro Regierungsgelder an 487 Firmen und Einzelpersonen verteilt. Goldenberg[83] stand mit 440 Milliarden Euro an der Spitze dieser Korruptionsliste."

„Siehst du hier Zusammenhänge mit ähnlichen Verwicklungen in Deutschland?", unterbrach Katharina ihre Freundin Romy.

„Bei Geschäften innerhalb der Telekom scheint es doch ähnliche Konstrukte zu geben, oder?"

„Ich denke mal, dass es überall, in vielen Konzernen aber auch generell Wesen des Kapitalismus ist und somit viele Parallelen überall zu finden sind. Geld stinkt eben nicht und die Menschen sind diesbezüglich verführbar. Und über die Jahrzehnte hat das System kräftig dazugelernt. Regierungen, Verantwortliche, Unternehmen verstehen es mittlerweile natürlich viel besser, solche Korruptionen oder verdeckte Seilschaften und Beziehungen zu tarnen, zu verstecken. Dabei nutzen sie immer stärker auch vorhandene wissenschaftliche Methoden und Erkenntnisse aus der Psychologie, aus dem Marketing, den Medienwissenschaften und vielen anderen Bereichen. Mittels neuer Technologien fügen sich diese Erkenntnisse dann bei Bedarf des Systemerhalts bis zum perfekten Verbrechen zusammen. Und der „Run" auf die Köpfe als *moderne Sklaven* geht weiter.

Ist es nicht erstaunlich, dass es ein *Goldenberg Europakolleg International* in Hürth für Technik und Gestaltung gibt? Und wer sind die Kooperationspartner? Die IHK Köln, das Bundesamt für Migration und Flüchtlinge, das Jobcenter Köln, die Bundesagentur für Arbeit, aber explizit auch die European New University, Kerkrade Niederlande, wo wiederum zahlreiche private Hochschulen weltweit involviert sind, wie z.B. die L'Ecole d'Internet et de Télévision in Paris, deren Webseite gerade nicht erreichbar war, als ich diese recherchieren wollte. So verlaufen sich die Finanzierungsströme im Sande und der Einfluss auf die Bildungspolitik und die politische Bildung mittlerweile in Deutschland auch. Vieles ist da überhaupt nicht mehr nachvollziehbar. Und die jungen Leute sehen <u>vor allem das Geld</u>, dass sie zum Beispiel von Stiftungen erhal-

[83] https://en.wikipedia.org/wiki/Goldenberg_scandal.

ten, ohne nach dem woher oder dem warum zu fragen? Sie glauben und vertrauen darauf, was ihnen große Unternehmen, wohltätige Gemeinschaften, gemeinnützige Verbände versprechen und gehen ohne jegliche Hintergedanken im Sinne politischer Systemszenarien an diese „Angebote" heran."

„Und denkst du, dass indirekt die „Kolonialansprüche" des britischen Empires mittels neuer digitaler Technologien wieder durchgesetzt werden sollen? Also in Kenia meine ich, nicht in Deutschland."

„Ich denke schon. Aber auch nicht nur in Kenia, sondern auch in Somalia oder anderen ehemaligen Kolonien. Und sicherlich gibt es auch Bestrebungen, ganz neue Ausbeutungsquellen zu erschließen, was natürlich mit der Gestaltung digitaler Prozesse zum Schürfen des internationalen Datengoldes sich relativ simpel gestalten lässt. Deshalb ist es gar nicht so abwegig, auch Deutschland als zukünftige Kolonie zu betrachten. Mittlerweile sind große Plattformen bereits nur noch in israelischer, amerikanischer oder niederländischer Hand. Und wer diese Strukturen sein eigen nennt, generiert die Umsätze, kontrolliert die strategischen wirtschaftlichen Ziele. Und die Gefahr ist diesbezüglich nicht zu unterschätzen, denn es handelt sich ja nicht allein um das Vereinigte Königreich sondern das gesamte alte Britisch Empire, zu dem zu besten Zeiten, als im Jahr 1922, zur Zeit seiner größten Ausdehnung 458 Millionen Einwohner, also ein Viertel der damaligen Weltbevölkerung gehörte. Und auch die USA waren ja ursprünglich Kolonien, 13 Kolonien formten die United States. Zu British America und British West Indis gehörten Massachusetts gleichermaßen wie New York, New Jersey, Pennsylvania, North und South Carolina. Und natürlich fällt es einer solchen Supermacht schwer, sich eingestehen zu müssen, dass die Zeiten der monarchischen, aristokratischen und neoliberalen Mächte vorbei sind und nun neue gesellschaftliche Strukturen auf dem historischen Plan und die Menschen damit vor einem evolutionären Sprung stehen.

Vor allem muss es bitter sein zu begreifen, dass monarchische *Soft Power* hin oder her, Geld aber auch religiöse Märchen die Menschen weltweit nicht mehr davon abhalten, den einmal bereits beschrittenen Weg in Richtung Sozialismus, Demokratie und Kommunismus weiter zu beschreiten, klassenlose Strukturen zu entwickeln und den wissenschaftlichen und Forschergeist für eine neue Gesellschaftsform des friedlichen Miteinanders einzusetzen.

Natürlich bestand lange Zeit dieser Plan und besteht sicherlich auch noch heute in einigen Köpfen, nicht nur allein die territorialen Ansprüche des Königreichs wieder auf globaler Ebene umzusetzen, sondern vor allem aus der vermeintlich informationstechnischen infrastrukturellen Überlegenheit und den Verbindungen zu Amerika, den existierenden finanziellen Verstrickungen, der transatlantischen Geld-Achse auch zukünftig wieder Herrschaftsansprüche ableiten zu können.

Und die Anstrengungen für den kolonialen techologisch untermauerten Rollback diesbezüglich, sind anscheinend gegenwärtig stärker als je zuvor. Denn auch hier und heute werden wieder Verträge aufgesetzt, Technologieoptionen verschleiert, Abschlüsse erschlichen, Expertisen aus verschiedenen Bereichen so kompliziert vernetzt, dass nur noch hochkarätige Anwälte überhaupt die Fallstricke, die sie selbst gelegt haben, entwirren könnten, wenn sie denn wollten.

Und wenn Supercomputer in Kenia in einem Design-Thinking-Lab stehen und über Standleitungen mit Stanford verbunden sind, dann stellen diese natürlich die modernen Fesseln der Gegenwart dar, so wie früher diese den Sklaven um Arme und Beine gelegt wurden, damit sie nicht fliehen konnten, werden diese nun mit den Köpfen verbunden, und so ein Flucht der Gedanken, des kreativen Potentials und damit gegebenenfalls hin zu neuen gesellschaftspolitische Strukturen zu verhindern.

Und meinst du nicht auch, dass in den rechtlichen Rahmenbedingungen in irgendeiner Datenschutzklausel bei diesem IT-Sharing zwischen Kenia und Amerika zu finden ist, dass alle Rechte hinsichtlich der entstandenen IPs, also der Intellectual Properties, die nun auf den amerikanischen Servern landen, großenteils finanziert aus britischen Investmentfonds, auch dort ausgewertet und verwertet werden können?

Und selbst wenn nicht. Die Profis setzen einen guten Gedanken innerhalb weniger Stunden in ein Patentpapier um, besorgen sich Investment bei Goldman Sachs und schon ist das Geschäftsfeld geclaimt.

Wasserdicht.

Und in Deutschland findet dieser Prozess gegenwärtig genauso statt.

Die modernen „Geist-Fänger" nennen sich elegant zum Beispiel „Die Neuen Auftraggeber[84]", gefördert durch die Kulturstiftung des Bundes, oder durch die Körber-AG, die 2,6 Mrd. Umsatz damit generiert, Geschäftsfelder wie Automation, Logistik, Werkzeugmaschinen, Pharma-Systeme, Tissue-Engineering, Tabak, digitale Bereiche und Unternehmensbeteiligungen auszubauen und dem Volk zur Beruhigung oder auch zur Einschläferung, vor dem bitteren Erwachen in der schönen neuen digitalen Welt, vor der Umsetzung der Strukturen zur Gesundheit 2.0, der Arbeitswelt 2.0 oder der Daseinsvorsorge 2.0 noch etwas kulturelles Entertainment anzubieten.

Vermitteln sie nicht dabei das Gefühl, als ob die Dörfer nur darauf gewartet hätten, die Konflikte der Bürger in der Kommune, wie perspektivisch sinkende Arbeitsangebote, sterbende dörfliche Infrastrukturen, Kinderarmut, demographischen Wandel, Landflucht, Zunahme rechten Gedankengutes, Probleme im Gesundheits- und Pflegebereich, fehlende finanzielle Mittel nun durch ein gemeinsames Kulturprojekt als „Neue Auftraggeber", priviligiert und durch gemeinsames therapeutisch moderiertes Reden und fleißiges Fakten- und Datensammeln der Stifter und die kostenlose Bereitstellung durch die Bürger lösen zu können?

Suggerieren sie nicht dem Volk, ihnen mit berühmten Künstlern Kultur aufs Dorf zu bringen, gestiftet von reichen Mäzenen, und noch reicheren Konzernen, unterstützt durch in das Projekt fließende Steuermittel, Fördergelder und Eigenbeteiligungen, finanziert durch „Mischkalkulationen", die eigentlich kaum wehtun und selbst dem kleinsten Dorf mit einer *Niki de Saint Phalle* oder einem *Joseph Beuys* zu globaler Berühmtheit und damit Wohlstand zu verhelfen?

Vermitteln sie nicht das Gefühl, dass das Dorf genau dieses Projekt für die eigene Dorfgemeinschaft und für ein besseres Leben benötigen würde, um aus dem grauen Alltag aufsteigen zu können?

Vermittelten sie den Bürger nicht, dass durch die internationalen Künstler Glanz auch auf ihr eigenes bescheidenes Dasein und Gemeinschaft abfiele?

War es aber eigentlich für die Bürger nicht wichtiger, selbst zu be-

---

[84] https://neueauftraggeber.de.

greifen, dass sie selbst innerlich strahlten, genug Kraft und Schönheit besaßen, um nicht nur gesponserte und alimentierte *„Neue Auftraggeber"* zu sein, sondern besser selbst die „Neuen Auftragnehmer" zu werden? Diejenigen, die selbst ihre Gestaltungskraft in kulturelle Objekte und künstlerische High-Lights einbrachten?

Bauten die Projektinitiatoren mit solcher Art von Projekten nicht eine mentale Utopie auf, die den Dorfbewohnern angeblich vermittelte, wenn sie durch ihren Wunsch nach globalem Ruhm noch mehr Gelder aus dem Bund, Steuermittel in diesen privatwirtschaftlichen Kreislauf pumpten, sie damit zu den Priviligierten gehörten, indem sie die Stärkung neoliberaler Strukturen unterstützten, und mit ihrem Votum, den gegenwärtig bereits 155 Milliarden schweren Umsatz in der Kreativ- und Kulturwirtschaft noch schwerer machten, allerdings nicht indem sie regionale Strukturen diesbezüglich aufbauten, sondern fremde Künstler finanzierten und ohne langfristig als Kommune davon zu profitieren. Vielleicht stand ja das Kunstwerk einige Zeit, vielleicht kamen ja Besucher, um sich dieses anzuschauen, mit Reisebussen, um aus den Fenstern Fotos zu schießen und die Kultur im Raum, ähnlich in einem Freizeitpark zu bestaunen. Und wer verdiente daran? Die überregionalen PR-Agenturen, Reiseunternehmen, Medien, die daraus Bücher verfassten, die vielleicht kleine Souvenire produzierten, die Interviews gaben und ihren Ruhm und ihr Image noch weiter steigerten. Der Name des Dorfes würde sehr wahrscheinlich den Betrachtern auf lange Zeit in Erinnerung bleiben.

Vielmehr flossen die kreativen und oft genialen Ideen der Dorfbevölkerung, natürlich kostenlos, in den Wertschöpfungs- und Verwertungsprozess der Gesellschafter, ihrer Förderer und Stifter ein.

Oder waren die Auftraggeber auch an der Gesellschaft der „Neuen Auftraggeber" beteiligt? Profitierten sie vom Gewinn? Flossen die Fördermittel an sie direkt und in ihre Ideen? War der Ideengenerierungsprozess als Milestone mit einer Summe „X" budgetiert, der der Gemeinde auf ihr Konto gezahlt wurde? Wurden ihnen nach Abschluss des Projektes alle Rechte zur Verwertung in Ton, Bild und Schrift exklusiv überlassen, so wie es sich bei „echten Auftraggebern" gehörte? Konzipierten sie als Netzwerk gemeinsam im Vorfeld einen realistischen Business-Plan, wie die mit der Kunst im Zusammenhang stehenden Verwertungen langfristig als kommunale Einnahmen den Wohlstand der Gemeinde erhöhten? Welche Dienstleistungen oder innovativen Zukunftsprojekte sich damit langfristig verbanden, so dass aus dem Projekt und rund um diesen kreativen Schaffensprozess herum, bezahlte Arbeitsplätze geschaffen werden konnten? Keine Initiativen, keine therapeutischen Sozialmaßnahmen oder ehrenamtliche Vereine, sondern bezahlte, am besten kommunale, Arbeitsplätze, so dass die Gemeinde langfristig von den hohen Investitionen profitierte? Investitionen ihrerseits hinsichtlich Zeit, Wissen, Erfahrungen, Geschichten, Engagement, der Bereitstellung von Daten - Geodaten, persönlichen Daten, sozialen Daten zu regionalen Besonderheiten, hinsichtlich des Staates durch Fördermittel aus Töpfen der Steuerzahler, möglichen finanziellen Aufwendungen der Kommune hinsichtlich der Bereitstellung von Räumlichkeiten, Material, natürlichen Ressourcen, Aufwand hinsichtlich Bearbeitung, Beantragung und Abrechnung usw. usf.

Sicher nicht.

Ein Beispielprojekt aus Pritzwalk verdeutlichte das ganze Elend.

Die Büger gaben bereitwillig und vielleicht auch naiv und voller Hoffnungen ihre Ideen. Stolz, als Auftraggeber nun priviligiert dass sich so berühmte und schlaue Menschen und Künstler mit ihnen „abgaben". Als „Neue Auftraggeber" beauftragten sie allerdings weiter alte und immer weiter wachsende, satte Auftragnehmer und finanzierten damit bestehende kapitalistische Strukturen, die sich über die erzielten Profite freuten.

Die Bürger freuten sich auch, über das Projekt, allerdings nur einen Sommer lang. Sie gaben 72 Projektvorschläge, Wände an Daten und Fotomaterial, und deren Rechte daran. Die Stadt gab leere Geschäfte, die die Bürger mit Kunst, Fotografie, Mode, Theater, Sprache, Musik und Tanz füllten. Sieben Disziplinen, drei Monate. Das Projekt lief ca. 3 Jahre bis es fertig war, mit einem Budget von 65.000 €. Dafür bekamen die Pritzwalker eine Buchpublikation: „Die Sieben Künste von Pritzwalk" des Salon Verlages, für das ihre Arbeiten, ihre Leistungen, ihre Kreativität fotografiert wurden.

Allerdings konnte niemand dieses Buch, bereits zwei Jahre nach Erscheinen, 2016, also 2018, erwerben und selbst für eine Bewertung oder eine Vermarktung über Amazon hatte das Engagement der Gesellschaft der *Neuen Auftraggeber* nicht mehr gereicht[85]. Die

---

[85] https://www.amazon.de/Die-Sieben-Künste-von-Pritzwalk/

Projektmittel waren anscheinend bereits 2014 aufgebraucht.

Selbst der Salon-Verlag in München wies zwar auf das Buch hin, hatte sich wohl aber eine verbindliche Preisangabe oder eine Nachauflage gespart, nachdem der Auftrag noch im Rahmen des Projektes der Neuen Auftraggeber ergangen war.

Warum beauftragte der Brandenburgische Kunstverein Potsdam e.V. einen Münchner Verlag, wo es doch auch im Land Brandenburg ausreichend Regionalkompetenz diesbezüglich gab? Warum förderte die Landeshauptstadt Potsdam, der Fachbereich Kultur und Museum, einen Kunstverein e.V., der wiederum indirekt Aufträge an die Gesellschaft der *Neuen Auftraggeber* weitergab, die dann vor allem in internationale Töpfe und für Mediatoren verschwanden?

Warum verließ Katja Dietrich-Kröck das renommierte Waschhaus-Projekt, um im Kunstverein als stellvertretende Vorsitzende, sich ganz der Kooperation mit den Neuen Auftraggebern zu widmen, um mit renommierten internationalen Künstlern, Kunst für ländliche Standorte zu kreieren, anstatt weiter im Projekt Kreatives Brandenburg, die Potentiale der eigenen Bürger entwickeln zu helfen? Hatte die ILB bei dieser Entscheidung etwas nachgeholfen?

Und hing ihre Stellung als Kreativkoordinatorin der ZAB, als Referentin der Kreativwirtschaft beim Ministerium für Wirtschaft und Energie des Landes Brandenburg, dann als Projektmanagerin Cluster IKT, Medien, Kreativwirtschaft der ZAB und parallel als Referentin im Ministerium für Digitalisierung und Strategie mit diesem Drängen der *Neuen Auftraggeber Gesellschaft* in Kreisliche Strukturen planvoll zusammen?

Sollten und wurden hier über politische Kanäle, kreative Potentiale der Bevölkerung, Daten, Zeit und Fördermittel abgesaugt und damit Mittel im großen Stil in die private Wirtschaft verschoben?[86]

Romy hatte solch einen Fall bereits im Rahmen der Vergabe der Agentur für Kreativwirtschaft im Land Brandenburg erlebt.

Anscheinend sollte sich nun dieser strategische Ansatz weiter fortsetzen. Romy konnte nur hoffen, dass kein Gemeindevertreter, kein Ortsvorstand, kein Bürgermeister auf diese Projektidee hereinfiel, sondern eher Budgets für die kulturelle und soziale Entwicklung des eigenen regionalen Kreativpotentials einforderte.

dp/3897704684.
[86] https://www.xing.com/profile/Katja_DietrichKreoeck/cv.

Die Innenstadt von Pritzwalk wurde für drei Monate zu einem „lebendigen Ort"[87], richtig. Aber danach? Selbst die Homepage von Pritzwalk warb weder mit der Publikation noch dem Projekt, wenigstens konnte Romy dieses nicht entdecken. So waren also Fördermittel in die vermeintlichen Strukturen einer gemeinnützigen Gesellschaft geflossen, es wurden Gelder für Mediatoren, Berater und Künstler in den bereits existierenden milliardenschweren Kreativ- und Kulturmarkt gepumpt. Aber leider ohne das Bewusstsein, dass das Land keine „Neuen Auftraggeber" sondern „Neue Auftragnehmer" brauchte, nämlich Bürger, die auch an diesem Milliardenmarkt mitverdienten, die dadurch gute Steuern zahlen konnten, die ihre Kommunen mit ihrem Kreativpotential zu Wohlstand führten, die neue Wertschöpfungskreisläufe etablierten, von denen die Dorfbevölkerung profitierte, anstatt das Geld nach London, Paris oder New York zu transferieren und mit einem Stück „fremder Kunst im regionalem Input" zurückzubleiben, verbunden mit der Hoffnung, dass sich daran vielleicht Touristenströme anschließen würden, um dieses „Kunststück" zu bewundern. Vielleicht auch, um dies als PR-Mittel einzusetzen, Gäste in den Ort zu locken und damit die heimische Wirtschaft zu höheren Umsätzen zu führen.

Doch würde das die Gemeinschaft reich machen? Würde dies zu mehr Zusammenhalt führen? Ein Prozess der Beauftragung?

War es nicht vielmehr der gestalterische Prozess, der die Bevölkerung zusammenschweißen würde?

Mit diesem Projekt der *Neuen Auftraggeber* würden weder neue Arbeitsplätze geschaffen, noch zukunftsweisende Strukturen für selbständige Wirtschaftskreisläufe etabliert. Sie würden innerhalb dieses Marktes nur Auftraggeber bleiben, allerdings ohne eigenes Geld, ohne Aussicht, nachhaltig damit Wertschöpfung zu generieren, ohne sich selbst neue Geschäftsfelder zu erschließen, ohne selbst eigene Kreativität zu entfalten und diese auch eigenständig zu verwerten, um damit ihr eigenes Schicksal in die Hand zu nehmen.

Solche Art von „Entwicklungshilfe"-Maßnahmen in Deutschland, sollten wohl eher kritisch betrachtet werden. Denn letztendlich handelte es sich ja um nichts anderes.

Die Bürger wurden mit kulturellen Workshops und vermeind-

[87] https://neueauftraggeber.de/de/projekte/die-sieben-kuenste-von-pritzwalk.

lichen kulturellen Ergebnissen bespaßt, wozu sie selbst noch ihr kreatives Input lieferten, sie dienten mit Daten und Bildern. Aber sie verkauften ihre Ergebnisse nicht. Sie trugen ihr Wissen, ihre Erfahrungen, ihre Probleme, ihre Konflikte zusammen und lieferten cleveren Datenhaien damit noch eine exzellente Ausgangssituation, auch hier, in Deutschland, nachhaltig koloniale Strukturen aufzubauen. Egal, ob es sich um die Weitergabe von Investmentwünschen, Informationen zu leerstehenden Gehöften, politische oder familiäre Konflikte handelt, alles konnte für das wirtschaftliche und politische Rollback und für die Initiatoren dieser Projekte wichtig sein.

Warum sollten sich die Bürger auf solch einen Deal einlassen? Weil die Zeche ja jemand anderes bezahlte? Der Bund? Aber sollte nicht auch dieser sein Geld langfristig intelligenter anlegen?

Wo waren die Assets, die dem Volk damit zu mehr Lebensqualität verhalfen? Nirgendwo. Diese Informationen der *„Neuen Auftraggeber"* wanderten direkt in die Strukturen z.B. einer Körber AG, die digital ihre Zielgruppe auswertete, deren Ideen und Wünsche, daraus Anträge formulierte, ob für die Bewirtschaftung mit Tabak- oder Canabispflanzen, Investments im Bereich der dörflichen Logistik oder was auch immer. Die AG könnte sich günstig an möglichen regionalen Startups beteiligen und sich natürlich auch als Mäzen des regionalen „Kunststücks" eines renommierten Künstlers positiv in Szene setzen.

Sollten die historischen Erfahrungen nicht ausgereicht haben, um diese Verführungstaktiken zu durchschauen? Wie wollen wir unsere Kinder erziehen, indem wir ihnen beibringen, nichts Süßes von Fremden zu nehmen, selbst aber den Bonbon eines vermeintlich international bekannten Künstlers und eines „fast geschenkten" kulturellen Dropses lutschen, um dann in einigen Jahren mit einem Kater aufzuwachen, da all unser Know-How, unsere Kreativität, unsere Initiativen von anderen verwertet wurden, die mittlerweile Ressourcen wieder „zurückerobert haben", und nicht nur Ländereien, Grundstücke, Schlösser sondern auch ihr „vermeintliches" Volk, ob als militärisches Futter für angebliche „Verteidigungsprojekte", damit dann nach einer nochmaligen konfliktreichen und Opfer fordernden globalen Bereinigung, endlich wieder ausreichend Ressourcen für die gut gesteuerten Leistungsträger der Gesellschaft zur Verfügung stehen? Letztendlich werden solche Initiativen nicht nur direkt, sondern auch langfristig durch die Bürger, durch die Demokratie und zugungsten einer nicht fortschrittlichen Gesellschaftsform teuer zu bezahlen sein. Die Dörfer werden weiter sterben, die Lebensqualität wird weiter sinken und das „Kunststück" der privaten Wirtschaftsgesellschaft mit ihrem berühmten Künstler wird auf dem Platz, im Internet oder als Publikation, seine, am Anfang vielleicht noch vorhandene, Strahlkraft wieder verlieren. Und das „Kunststück" wird sich auf die Fahnen schreiben können, auch einen Sargnagel zum infrastrukturellen Begräbnis der Region beigetragen zu haben.

Anstatt über den Einsatz der eigenen Kreativität in neuen innovativen Geschäftskonzepten oder neuen Gesellschaftsmodellen im Sinne einer wieder zunehmenden Subsidiarität nachzudenken, über wirtschaftliche Konzepte der Zukunft, über neue Wertschöpfungsketten in der Region, hatte man Zeit mit dem verschleiernden Label „Neue Auftraggeber" vertrödelt, hatte Geld in vermeindliche Kunstprojekte von überschaubarer Dauer versenkt, die viele noch nicht einmal als wirklich künstlerisch wertvoll erkannten, anstelle über den Aufbau eigener Strukturen, der Kreation eigener potentiell verwertbarer Konzepte nachzudenken, über Innovationen im Energiebereich, im Gesundheitswesen, neue Servicemodelle, innovative Mobilitätskonzepte, digitale Vermarktungsstrategien des Dorfes, Unique Selling Points, in neue interessante Angebote für die Weiterentwicklung der eigenen Bevölkerung oder Besucher zu investieren, in eigene Kreativlabs, Think-Tanks, ständige Bürger-Mediatoren des Ortes oder die Schaffung einer neuen Rolle des „Gestaltungskümmerers", der solche Workshops und Kreativprojekte für den Ort, als Teil der Gemeinschaft steuern und moderieren konnte - einfach und kurz - in die gemeinsame Weiterentwicklung des regionalen und lokalen „Brains".

Und dies nicht eben nicht für andere.

Solchen Projekten wie den *Neuen Auftraggebern* sollte entschieden eine Absage erteilt werden oder nur im Zusammenhang mit Neuen Regionalen Auftragnehmern gedacht werden. Projekte, die offensichtlich nur einer Seite nutzen und einem Ziel dienten, nämlich bereits bestehende reiche Strukturen noch reicher zu machen und Abhängigkeiten vom Kapital und damit die schöpferische Unfreiheit der Bürger noch weiter zu verstärken.

Und insofern gab es natürlich auch aktuelle Parallelen zu Bewegungen in Deutschland.

Und auch ein Kreativer in Kenia konnte unter den gegenwärtigen Bedingungen noch so gute Ideen entwickeln, langfristig besitzen würde er sie nur selten. Das große Geschäft würden wenn, dann andere mit diesen machen.

Es sei denn, er gehörte zur Schicht der „Auserwählten", zu den Vorbildern, die durch amerikanische und britische Eliteschulen und Universitäten gelaufen waren, die zu den „gebildeten Köpfen" gehörten und vermeindlich bewiesen, dass es jeder schaffen konnte. Nur, dass „jeder" eben nicht „irgendeiner" war, sondern eine bewertete Persönlichkeit, den man für würdig befand, aus der Masse herauszutreten. Auf Grund welcher individueller Merkmale auch immer, in jedem Fall aber gut steuerbar.

Und in diesem Zusammenhang hatte das kapitalistische System auch verstanden, dass es sich weicher und noch „verschleierter" geben musste, dass es dafür ab und zu jemanden aus einer anderen Schicht oder Klasse an die Oberfläche, an die Glamour-Luft „durchlassen" und diesen Vertreter mit einer medialen Erfolgsstory vermarkten musste, um den Traum von gleichberechtigten Chancen für alle, den Traum von einer gerechten und selbstbestimmten Zukunft für alle, aufrecht zu erhalten, keine Konflikte oder Systemumbruchwünsche zu riskieren und wenn diese auf vereinzelte Querköpfe zu beschränken. Und vor allem durfte das böse Wort „Kolonie" gar nicht erst wieder aufkommen, geschweige denn, ein gedanklicher Link zu gegenwärtigen Entwicklungen hergestellt werden.

Und auch der kenianischen Volkswirtschaft werden diese digitalen „Fesseln" amerikanischer Abhängigkeitskultur und Entwicklungshilfe auf ihrem Weg in eine selbstbestimmte Zukunft auf Dauer nicht weiterhelfen.

Sicher wird es ein „Scheinaufblühen" geben, aber das entspricht einfach nur dem Konzept des Zuckerbrotes, so viel wie nötig, oder besser, so wenig wie möglich abzugeben, so dass Unruhen oder Revolten verhindert werden können. Die Leistungsträger werden mit ihren Köpfen, ihren mentalen Potentialen und ihrer BrainPower direkt in den Regelkreislauf des kapitalistischen Verwertungssystems eingebunden, die lukrativen Brain-Network-Inferfaces stabilisiert, während diejenigen, die nicht mehr für die direkte wirtschaftliche Verwertung „benötigt" werden, zu Testzwecken für pharmazeutische Konzerne, die Gesundheits-, Nahrungsmittelindustrie und sonstige Konsumenten- oder Produkttest indirekt „verwertet" werden können und natürlich ggf. auch noch für geplante militärische Aktionen."

„Na, du bist ja wieder einmal bitterböse drauf", reagierte Katharina auf den zynischen Ton von Romy. „Wenn das so wäre, würde uns damit aber wirklich eine schreckliche Zukunft erwarten. Ich hoffe, dass entspringt nur deiner blühenden schwarzen Phantasie."

„Ich denke, dass wir es uns leider nicht so leicht machen können.

Gerade was die Experimente mit Massenvernichtungswaffen in „natürlichen Ausprägungen" betrifft, also biologische, oder besser gesagt medizinische Waffensysteme, scheinen hier die Prozesse aus dem Ruder zu laufen."

„Was meinst du mit natürlichen Ausprägungen", wollte Katharina wissen.

„Na, Grippe zum Beispiel. Sie basiert auf Influenzaviren und ist eine tückische Infektionskrankheit bei Menschen. Die ausgelösten Erkrankungen existieren weltweit, wobei Influenza-C-Viren nur sehr selten als Erreger vorkommen. Da der Virus über unterschiedliche Wege in den Körper eindringen kann, über Tröpfcheninfektion oder andere Kontakte und er dabei sehr resistent ist, ist die Übertragung leicht. Und bei der Bekämpfung der Viren wird der Körper geschwächt. Dadurch haben wiederum Bakterien leichtes Spiel, d.h. es kommt zu Sekundärinfektionen, die dann die eigentlich Gefährlichen sind. Es können Gehirnentzündungen, Entzündungen der Skelettmuskulatur oder Superinfektionen der Atemwege ausgelöst werden. Die Konsequenzen sind vielfach Lungenentzünen mit Todesfolgen."

„Ja, aber was willst du denn damit sagen? Das Grippe als Waffe eingesetzt wird?"

„Das ist leider nicht auszuschließen. Nach der Entdeckung des Bakteriums Haemophilius influenzae durch Richard Friedrich Pfeifer im Jahre 1892 entwickelten sich intensive Forschungsarbeiten zur Übertragung durch Viren. Besonders intensiv arbeitete daran das National Institute for Medical Research (NIMR), Sitz in

London, das 1913 durch den Medical Research Council gegründet wurde. Heute schreibt es Forschungsthemen im Rahmen von PhD-Programmen in den Bereichen Genetik, Entwicklungsbiologie, Immunbiologie, Neurobiologie und Strukturbiologie aus. Eng mit der Institution ist Sir Henry Hallett Dale verbunden, der vor allem zu Neurotransmittern und dem Einfluss von Substanzen auf die Nerven forschte, wofür er auch einen Nobelpreis erhielt. Sein Lehrmeister war John Newport Langley, der auch 1898 den Begriff des Autonomen Nervensystems einführte. Dieses kennen wir heute auch als vegetatives oder viszerales Nervensystem. Dort werden automatisch ablaufende Vergänge im Körper angepasst und reguliert. Alle lebenswichtigen Funktionen werden darüber gesteuert.

Auch Grippeviren greifen eben dieses Nervensystem an. Insofern ist davon auszugehen, dass solche Erkenntnisse auch bereits schon am Ende des 19. Jahrhunderts bekannt waren."

„Ja und?" Katharina verstand nicht, worauf Romy hinaus wollte.

„Also, wenn dann plötzlich eine Grippeepidemie auftritt, wie zwischen 1918 und 1920, die mindestens 20 Millionen Tote weltweit forderte, wenn nicht sogar 50 bis 70 Millionen Tote, wie es in unterschiedlichen Quellen heißt und dabei von unklaren Wellen berichtet wird, deren Auftreten ursächlich nicht verstanden werden, dann gibt dies natürlich mehr als zu denken auf. Das es zu ersten virulenten Ausbrüchen in den USA kam und sie sich von dort aus durch Truppenbewegungen verbreiteten, ist als These bereits in den 70er Jahren durch den australischen Medizin-Nobelpreisträger Frank Macfartane Burnet aufgestellt worden. Drei Personen aus einem Krankenhaus in Haskel County aus dem US-Bundesstaat Kansas zogen wohl ins US-Army-Ausbildungslager Camp Funston ein. Und von dort zur Militärbasis Fort Riley und dann rasant weiter. Was, wenn in diesem Zusammenhang erstmals der Mensch als biologische Waffe getestet wurde? Selbstmordattentäter mit Patronengürtel um den Bauch sind eine Möglichkeit, um Unruhe in die gegnerischen Reihen zu bringen aber auch den Feinden plötzlich und unerwartet Verluste beizubringen. Wieviel wirkungsvoller ist dann aber, einige Personen mit einem Virus zu infizieren und diese loszuschicken? Dies stellt eine noch viel elegantere Lösung dar, um Massen zu vernichten.

Nicht umsonst gab es auch viele Gerüchte um diesen Ausbruch:

Vergiftete Konservendosen, Gift generell, vergifteter Fisch, der vom Kriegsgegner vergiftet wurde. US-Amerikaner favorisierten dabei das Gerücht, dass Deutsche die Krankheit verursacht hätten: „Für deutsche Agenten wäre es ganz einfach, den Krankheitserreger in einem Theater oder einem anderen Ort, wo viele Menschen versammelt sind, freizusetzen. Die Deutschen haben Epidemien in Europa gestartet.[88]

Aber so wie man gleich die Schuld an die Deutschen verwies, wäre es gleichfalls auch ein Leichtes für die Briten und die Amerikaner gewesen, einen solchen Krankheitserreger freizusetzen.

Aber wer auch immer dies getan hatte, es war nicht mehr nachzuvollziehen. Und daraus resultierte natürlich auch die große heutige Gefahr. In einer Spirale aus Gewalt und Bedrohungen ließe sich niemand mehr verantwortlich machen, wenn tödliche Krankheiten durch die Straßen der Welt flogen.

Atomare Bedrohungen sind schlimm, Katharina. Aber viel schlimmer empfinde ich die lauernde Gefahr, wie psycho-physiologische Bedrohungen immer stärker in unserem Alltag Raum einnehmen.

In Kenia sollen bis zu 15% Tote in bevölkerungsreichen Gegenden zu verzeichnen gewesen sein.

Insofern ist die Gefahr biologischer Waffen riesengroß. Heute benötigt niemand mehr hochkomplizierte Mixturen, wie uns noch im Fall Skripal weisgemacht werden sollte.

Letztendlich muss wirklich nur irgendwo ein Erreger weitergegeben werden. Und wenn generell Bevölkerung dezimiert und der Mensch als lebende Waffe eingesetzt werden soll, dann muss nur solch ein Virus in Gegenden „ausgesetzt" werden, die nicht mit hohen Hygienestandards gesegnet sind, die generell schon an Armut und Unterversorgung leiden, wo viele Menschen auf engem Raum zusammenleben, dann erfolgt die Übertragung wie ein Lauffeuer.

Und innerhalb weniger Tage kann ich so eine ganze Region entvölkern.

Das Dengue-Fieber, dass neuerdings in den Fokus gerückt ist und auch zu explosionsartigen Ausbrüchen führen kann, ist auch keinesfalls eine neue Erscheinung, sondern wurde bereits 1886 von David

---

[88] Influenza 1918 in the United States bei pbs.org und https://de.wikipedia. org/wiki/Spanische Grippe.

Brylon, einem Arzt beschrieben, als dieses in trophischen Kolonien der Holländer, in britischen Kolonien, in Brasilien oder Spanien[89] auftauchte. Es ist davon auszugehen, dass Forscher auch bei dieser Infektion nicht erst vor einigen Jahren begonnen haben, diese näher zu erforschen, Ursachen, Verlauf, Auswirkungen auf das autonome Nervensystem, biologische Abläufe zu analyisren und sich am „Nachbau" zu versuchen.

Welche Waffe würde man künftig leichter unentdeckt einsetzen können, als bedauerlicher Weise eine „unvorhergesehene" Erkrankung, die man nicht in den Griff bekam. Beispiel ist ja dafür mein plötzlich auftretendes hohes Fieber bis zum Koma nach der Kenia-Reise, das vermeintlich einfach aus dem „Nichts" heraus entstanden war und mir auch die Ärzte später nicht erklären konnten oder wollten, was eigentlich die Ursache dafür war."

Romy stoppte und schwieg.

Katharina sah ihrer Freundin an, dass sie immer noch schwer an ihren Erlebnissen trug und anscheinend noch mehr daran, da sie ihre Erfahrungen als Beispiele für die weltweit vor sich gehenden Verbrechen erkennen musste.

*****

Und wie auch in Kenia, konnte man zunehmend erkennen, wie die digitalen Prozesse, die Wirtschaftsströme in Deutschland das kreative Potential nicht nur aus der Telekom sondern auch aus anderen Einrichtungen, Projekten und Formaten absogen.

Aber warum ließ sich Deutschland so innovativ ausbluten?

Warum steuerte bei solchen strategisch kritischen Punkten nicht die Politik durch politische Strukturen nach?

Gab es keine rechtlichen Möglichkeiten diesen Exodus zu stoppen?

Musste man einsehen, dass der, weltpolitisch von langer Hand vorbereitete Plan, aufgehen würde, erst die Potentiale und Ressour-

---

[89] www.deutschlandfunkkultur.de/das-denguefieber-karriere-einer-krankheit.976.de.html?dram:article_id=339296.

cen Deutschlands nachhaltig zu vernichten, um diese dann an anderer Stelle und natürlich in der Hand anderer Eigentümer wieder neu aufzubauen?

Aber warum schauten hier nur alle zu?

Waren nicht die Deutschen ursprünglich ein Volk der Tüftler und Erfinder?

Ja, und das ist auch bis heute noch so.

Nur haben sich die Verwertungsprozesse mittlerweile so unsichtbar und dabei verwirrend professionell neu strukturiert, dass es kaum jemanden auffällt, dass alle lukrativen Entwicklungen in Windeseile das Land verlassen.

Insofern hat sich dies in den letzten Jahrzehnten nur scheinbar ins Gegenteil verkehrt.

Dass bei den Bürgern nichts ankam, hieß im Umkehrschluss ja nicht, dass nichts existierte.

Bestes Beispiel waren hierfür die Entwicklungen zum m-Payment, an dem der Konzern Deutsche Telekom scheinbar flächendeckend gescheitert war.

„Kein Business-Case", erwiderte einmal jemandem aus dem Vertrieb auf Romys Frage danach.

Große Telekommunikationsanbieter bauten dieses Geschäft aus, Vodafone eroberte Afrika mit m-Payment. Natürlich ging es darum, neue Wertschöpfungsketten um diesen Bereich zu kreieren, natürlich ging es darum, andere, neue Akteure im Rahmen von Win-Win-Lösungen einzubinden, aber traf das nicht auf alle innovativen Entwicklungen zu? Dabei befanden sich Mobilfunkunternehmen in einer guten Position, um von m-Payments zu profitieren. Sie hatten eine enge Beziehung zum Kunden, verfügten über die notwendige Infrastruktur und hatten Einfluss auf die Endgerätewahl der Kunden. Innovative Dienste wie M-Parking und M-Ticketing konnten über neue Services Geschäftsfelder erschließen und sich damit auch vom Wettbewerb distanzieren[90]. Also, woran scheiterte die Telekom? Anscheinend spielten internationale Analysen und Trendbe-

---

[90] Taga K,. Kalsson, J. (2004) Arthur D.Little: Global M-Payment Report - Making MPayments a Reality. Arthur D. Little Austria GmbH, Wien. und Karlsson, J. und K. Taga (2006): M-Payment im internationationalen Kontext. - In: Lammer T. (eds): Handbuch E-Money, E-Payment & M-Payment. Physika-Verlag. HD.

wertung für die Telekom keine Rolle.

Warum auch immer, in jedem Fall konnte Romy dies nur als höchsts fragwürdig ansehen. Kritische Kommentare meinten darauf: „Der Erfolg war und ist in diesem Unternehmen nicht gewollt."

Wenn Romy allerdings strategisch in eine andere, eine positive Zukunft sah, eine, für die längst klar war, dass es nach einem Systemwandel, den man zeitnah erwartete, eine Abkehr von klassischen Finanzströmen geben würde und Geld nur noch als regionales Zahlungsmittel von Bedeutung sein würde, wenn der Geldverkehr in der Form, wie wir ihn heute noch kannten, einfach zum Erliegen käme, weil man diesen nicht mehr benötigte, weil sich eine globale Wohlstandsgesellschaft verbunden mit einer Politik der Vernunft entwickelt hatte, dann würde man natürlich solchen unsicheren digitalen Schnickschnack nicht mehr benötigen. Und auch Services wie M-Ticketing oder M-Parking wären obsolet, wenn es kaum noch Individualverkehr gäbe, der Parkplätze erforderlich machte und es kostenlosen ÖPNV[91] für alle gab?

Doch das sprach gegen aktuelle Projekte der Telekom, die vor allem Produkte zur Parkraumbewirtschaftung in das Zentrum ihrer strategischen Entwicklungen stellte, unpolitisch, unkritisch und gegen jeden Trend wirklich notwendiger Lösungen, wie im Gesundheitsbereich, im Energiesektor oder im Bildungsumfeld.

Anscheinend ging es bei den *Park and Joy-Konzepten*[92] dem Konzern vor allem darum, sich möglichst tief und breit in die Infrastrukturen gemeinschaftlicher Räume zu drängen, tief in die individuellen Lebensabläufe zu schauen und sich somit goldene Deals im Rahmen von BigData-Geschäften vorzubereiten? Natürlich nicht für den Konzern selbst, sondern bei „Kooperationen", die dann telekomeigene Plattformlösungen an niederländische oder israelische Investoren weitergaben.

Anstatt also mobile Konzepte im Sinne integrierter Lösungen zu denken, sich auf eine wirklich neue mobile aber nachhaltige Welt zu konzentrieren, widmete sich der Konzern der Reservicerung von Parkhäusern und der minutengenauen Abrechnung von Parkdaten.

[91] ÖPNV = Öffentlicher Personen-Nah-Verkehr.
[92] https://www.telekom.com/de/konzern/details/einfacher-parken-mit-park-and-joy-502194.

Aber natürlich passten solche Projekte gut zu anderen Konzepten von Beobachtungsstudien, Verhaltensalgorithmen, Marketingaktivitäten. Wer war wann wo wielange und zu welchem Zweck? Und man konnte Erfahrungen bei der langfristigen Vernetzung von Geodaten sammeln, in dem man Straßen, Plätze und Gebäude mit Sensornetzwerke „erschloss", und so die Grundlagen für ein sehr umfassendes Überwachungssystem schaffen konnte. Romy hielt früher solche Ansätze auch für sinnvoll. Aber nicht in den falschen politischen und ideologisierenden Händen.

Und betrachtete man die Entwicklungen in Kenia bezüglich eines sehr intensiven Aufbaus des m-Payment-Geschäftes durch Vodafone, dann konnte man natürlich auch böse pro britischer Kolonialisierung 2.0 unken: Wozu benötigte man diese Prozesse für Europa? Wichtiger war es, einen Überblick und die Kontrolle über die digitalen Verfahren der Ökonomien in den Entwicklungsländern zu besitzen und diese auch entsprechend steuern zu können. Bei systemischer Gefahr konnte man mit einem kleinen technischen regionalen Systemzusammenbruch, eine aufstrebende Wirtschaft, die sich freiwillig in eine solche High-Tech-Kolonialisierung begeben hatte, ganz schnell und plötzlich wieder in eine Kolonialisierung, ganz wie in guten alten Zeiten, zurück katapultieren.

Denn, wenn man es genau bedachte, bestand eigentlich keinerlei Bedarf mehr an Wachstum oder unendlichen Innovationsprozessen. Vielmehr ging es darum, all die Ideen, Konzepte und Entwicklungen der Generationen vor uns, flächendeckend und international umzusetzen. Für die Menschen.

Doch die Strategen an der Spitze hatten sich überlegt, dass mit diesen Technologien für die Mehrheit der Bevölkerung zu viele Freiheiten und auch Freizeit verbunden wären. Das Wissen und die Anwendung der Technologien könnte den Menschen die Ängste nehmen, die bis heute als Schmieröl im Getriebe des Kapitalismus wirkten.

Ohne die immer präsenten Schattenseiten der Gesellschaft, demonstrativ nachhaltig implementiert, als Elendsquartiere und Slums, als Obdachlosigkeit, Suppenküchen, Kinderarmut, als Flüchtlingsbewegungen, Bürgerkriege, würde dies langfristig sicher zum Zusammenbruch des gegenwärtigen mentalen Systems der schöpferischen Ausbeutung von Köpfen in einem virtuellen

Kolonialisierungsprozess führen.

Und wenn es ein Recht auf Faulheit[93] gab, dann bisher sicher nicht gleichberechtigt für alle Klassen. Denn nur in einer klassenlosen Gesellschaft schienen solche Konzepte vorstellbar.

Befand sich die Menschheit aber an einer unsichtbaren virtuellen und digitalen „Leine", dann würde sie auf ewige Zeiten zum Sklavendasein verflucht sein.

„Willst du sagen, wir alle wären Sklaven", empörte sich Katharina dazwischen. „Wir sind doch freiheitlich denkende Bürger in einer Demokratie. Das sind ja Ansichten wie bei den Reichsbügern, die Personalausweis im wörtlichen Sinne als Servicepersonal interpretieren. Dann wärst du mit deinem Sklavengedanken natürlich nicht weit ab. Aber du bist doch wohl kein Reichsbürger?"

„Nein, bin ich nicht", antwortete Romy ruhig. „Das Problem besteht nur darin, dass sich die Technologiefalle augenscheinlich zeitnah schließt und das Zeitfenster nur noch sehr klein ist, um hier den verbleibenden Spalt für ein Entkommen zu nutzen.

Weißt du, in der Vergangenheit hat man meistens Sklaven mit dem „schwarzen Kontinent" verbunden, vielleicht auch noch mit Sex-Sklaven, die wir auch heute noch aus dem Rotlicht-Millieu kennen. Wenn die Digitalisierungsprozesse wie ich sie gegenwärtig bei der Telekom erlebe, genau so weiter laufen, gegen die Menschen gerichtet, dann sind wir sehr schnell die zukünftigen Sklaven 2.0 in dieser Geschichte. In der Hight-Tech-Manipulationsfalle stecken wir jedenfalls schon knietief drin."

„Aber Sklaven?", musste Katharina doch noch einmal zweifelnd nachsetzen.

„Sklaverei bedeutet ja nichts anderes, als das Menschen vorübergehend oder lebenslang als Eigentum anderer behandelt werden", erwiederte Romy. „Dabei sind die Grenzen zwischen Sklaverei und

---

[93] Das Recht auf Faulheit (frz. Le droit à la paresse) - literarisches Werk von Paul Lafarque aus dem Jahr 1880, zur Widerlegung des „Rechts auf Arbeit" von 1848 - das Fleisch des Arbeiters sei mit einem Fluch belegt, die Bedürfnisse des Produzenten auf das geringste Minimum zu drücken, seine Freude und Leidenschaften zu ersticken und ihn zur Rolle einer Maschine zu verurteilen, aus der man pausenlos und gnadenlos Arbeit herausschindet." Lafargue. - https://de.wikipedia.org/wiki/Das_Recht_auf_Faulheit.

„sklavereiähnlichen Erscheinungen" fließend. Als moderne Formen der Unfreiheit existieren ja heute immer noch Phänomene wie weltweite Zwangsprostitution, Zwangsarbeit oder Kinderarbeit.

Doch letztendlich befindet sich ein großer Teil der Menschen heute in einer Sklaverei, die mittelbar durch die Abhängigkeit zum Geld ihren Ausdruck findet. Jeder Mensch ist auf die eine oder andere Art vom Geld abhängig, „Geld regiert die Welt". Ich muss dafür meine Arbeitsleistung demjenigen zur Verfügung stellen, der über das Kapital verfügt. Und dieser diktiert mir dann seine Spielregeln."

„Aber du kannst ja auch Selbstständiger, Freischaffender oder selbst Unternehmer", konterte Katharina.

„Ja, aber dann bin ich wiederum von den Spielregeln der anderen Marktteilnehmer, den wirtschaftlichen Akteuren um mich herum und von den Strukturen abhängig, die wiederum ihren Ausdruck über das Geld finden.Selbst freischaffende Künstler müssen Kunden oder Auftraggeber finden, um überleben zu können."

„Und das wäre nicht mehr notwendig?"

„Meines Erachtens nicht, wenn man sich mal die wirtschaftlichen Modelle im Kontext vorhandener Produkte, Prozesse und Erkenntnisse anschaut. Wir leben in einer Welt von Überproduktionen, mit viel zu viel logistischen Prozessen, zu viel Mobilität, zu viel Transporten, zu viel Globalisierung, zu viel Warenströmen, eben alles zu viel, was dann zu allem Überfluss auch noch haufenweise vernichtet wird. Die Perversion der Marktwirtschaft hat gegenwärtig ihren Höhepunkt erreicht, wie am Beispiel Amazon deutlich wird, der als Händler neue und funktionierende Waren und Güter einfach vernichtet, weil dies besser in seine Finanz- und Logistikströme passt und er trotz der täglichen Vernichtung von Werten im fünfstelligen Bereich noch genügend Gewinn anhäuft[94].

Wenn das nicht eine verkehrte Welt ist.

Überall japst der Planet nach Luft, Wasser, Ressourcen, und die Unternehmen produzieren munter weiter Dinge die niemand benötigt und die die Lebensqualität der Menschen um nicht einen Deut verbessert. Es wird von notwendigem Wachstum gesprochen, von schneller, höher und weiter. Aber wohin und wozu?

---

[94] https://www.zeit.de/wirtschaft/unternehmen/2018-06/amazon-zerstoert-retouren-neuwaren-produkte.

Damit sollte nun wirklich einmal Schluss sein." Romy hatte begonnen, sich wieder über die gesellschaftspolitische Sackgasse aufzuregen, in der anscheinend nicht nur Deutschland, sondern alle Länder auf die eine oder andere Art steckten.

„Aber das alte System oder besser die, die sich in der Klassengesellschaft als Elite sehen, haben daran kein Interesse, richtig? Sie wollen vielleicht den Ressourcenverbrauch einschränken, aber auf ihre Weise und sie wollen die Enwicklungsländer weiter in Abhängigkeit wissen, um sich natürlich die Profite, die sich aus den erwirtschafteten Leistungen dort ergeben, in die eigene Tasche stecken, richtig?"

„Ja. Im Moment, vor allem aber in vielen europäischen Ländern, haben wir Glück und die Fesseln, die wir tragen sind komfortabel verpackt. Dadurch nehmen die wenigsten diese Abhängigkeiten wirklich wahr. Nur die, die sozusagen Pech haben, spüren, wie sie gequält und drangsaliert werden, wie ihre Persönlichkeit geformt wird. Und wie sie dafür noch nicht einmal angemessen entlohnt werden. Nur die wenigsten haben ja, wie du und ich das Glück, oft frei entscheiden zu können, welche Tätigkeiten wir ausüben möchten. In der Regel unterliegen aber auch wir hier Zwängen und müssen und dem Markt beugen, reguliert über die Finanzen.

Wenn sich die informationelle Macht, inklusive der virtuellen digitalen Netzwerke dann in einer Hand befinden, kann das Sein jedes Menschen auf einfachste Weise zum *Luxussklaven* oder zum *Bettelsklaven* „gestaltet" werden."

„Dann wäre ich natürlich lieber eine Luxussklavin", lachte Katharina.

„Klar. Aber so albern ist das nicht. Vielleicht betrifft es uns heute noch nicht ganz so extrem, aber wenn wir nicht aufpassen, sind wir in zehn oder zwanzig Jahren genau an dem Punkt, wo es kein „Zurück" mehr gibt. Ich glaube, dass wir uns dieser Gefahr in Deutschland nicht bewusst sind, dass auch wir mit jedem Tag mehr, zu genau so einer digitalen High-Tech-Kolonie umfunktioniert werden. Die wirklich sinnvollen Anwendungen und Lösungen, die für die Menschen einen Fortschritt bedeutet hätten, wurden vom Konzern abgemanagt, und die, die eine psychische Abhängigkeit manifestieren, die Schnittstellen zur Manipulation implementieren, die werden voll Eifer umgesetzt.

Und mit jedem Kopf, der entweder auf seinen ganz persönlichen Erfolgs- und Egotrip entführt wird, der für eine religiöse Idee oder esoterische Gedanken begeistert wird, wird auch die Anzahl derjenigen kleiner, die sich überhaupt noch mit Systemfragen, mit historischen, gegenwärtigen und zukünftigen politischen Zusammenhängen beschäftigen, um dabei die Rolle der Digitalisierung überhaupt in angemessener Weise im gesellschaftspolitischen Kontext bewerten zu können."

„Du meinst, während man den Blick auf Afrika und das British Empire richtet, wenn überhaupt und höchstens in diesem Zusammenhang High-Tech-Kolonialisierung impliziert, verkennt man, dass sich eigentlich auch Deutschland längst auf diesem Weg zur Kolonie befindet? Das ist extrem. Romy, da wird dir jeder einen Vogel zeigen und meinen du skandalierst."

„Aber Katharina, was soll ich machen. Ich habe doch erlebt, was im Konzern passiert. Ich habe dir doch die Projekte geschildert, die in privatwirtschaftliche Hände, in Ritterorden oder irgendwohin versanden. Das denke ich mir doch nicht aus. Und daraus lassen sich nun einfach mal keine anderen Hypothesen entwickeln, geht man mit einem gesunden Menschenverstand heran. Du kannst ja selbst in Patentdatenbanken recherchieren, du kannst dir historischen Entwicklugen von Erfindungen ansehen, du kannst dir jetzt die Beteiligungen an Gesellschaften ansehen und die massive Abnahme staatlichen Eigentums. Dann wirst du es begreifen.

Ohne einen starken demokratischen Staat und finanziell gesunde und sozio-ökologisch intakte Kommunen wird der einzelne Bürger sozusagen zum Freiwild.

Ein Sklave auf der Flucht.

Da gibt es dann niemanden mehr, der den sozialen Mantel schützend über die Schwächeren hält. Nur wer am schnellsten laufen und am besten kämpfen kann, wird das nächste Level erreichen.

Und in Kenia kannst du das extrem krass sehen.

Du hast dort unheimlich reiche katholische Krankenhäuser, Missionen einerseits und ein vollkommen marodes und überlastetes staatliches Gesundheitssystem.

Westliche Unternehmen kommen, und anstatt Digitalisierung für Gesundheitsleistungen umzusetzen, für Logistikprojekte für eine bessere flächendeckende Versorgung und Energiekonzepte ist das einzige, was ihnen einfällt, Mikrokredite und m-Payment zu forcieren, womit sie die gesamte Bevölkerung ideal fernsteuern können. Natürlich sind die Netzwerke der katholischen Einrichtungen technologisch auf dem neusten Stand.

Und sie verfügen über ausreichend Soft Power, um Informationen zu streuen, die hypothetisch wahr sein könnten, wobei es sich dann allerdings vor allem nur um die Notwehr eines Systems handelt, dass durch katholisch ideologische Inszenierungen in den letzten Jahrhunderten selbst erst solche Skandale heraufbeschworen hat, in dem sie ursächlich für die schlechten Zustände in den Entwicklungsländern verantwortlich ist: fehlende Aufklärung, fehlende Bildung, fehlende Möglichkeiten der Verhütung, fehlende Möglichkeiten der Abtreibung. Dass dies in aufgeklärten Zeiten im 21. Jahrhundert eine planvolle Bevölkerungspolitik verhindert, sollte heute niemand mehr als Geheimnis betrachten[95].

Vielmehr ist allerdings davon auszugehen, dass es sich hier um das klassische Prinzip: „Was ich denke, was ich tu, trau ich auch den anderen zu." handelt.

Wie sonst könnte die Katholische Kirche den Einsatz biologischer Kampfstoffe, getarnt als medizinisch indizierte Tetanus-Impfungen als geheime Waffen der UNO und UNICEF anklagen, denn Spritzen mit unbekannten Substanzen, die der langfristigen Vernichtung einer gesunden Bevölkerungspopulation dienen, sind nichts anderes, wenn sie nicht selbst Sachkenntnis hinsichtlich der Manipulation pharmazeutischer Mittel hätte. Durch die Nutzung des Begriffs UNO-Kolonialismus meint die Katholische Kirche, von ihren eigenen Plänen ablenken zu können, nach dem Motto: „Angriff ist die beste Verteidigung". Es ist aber davon auszugehen, dass man Kolonialismus eher mit religiösen Zwängen als mit Gremien wie der UNO in Verbindung bringt, auch wenn es innerhalb dieser Institution natürlich nicht wenige schwarze Schafe gibt, die eine weltweit akzeptierte Institution unterwandert haben und bestimmte Strukturen für ihre eigenen Zwecke missbrauchen. Von

---

[95] Geheimaktion: WHO und Unicef wollten Millionen Frauen geheim sterilisieren. - 13.Nov. 2014. Katholische Ärzte und Bischöfe stoppen UNO-Kolonialismus. - https://www.katholisches.info/2014/11/geheimaktion-who-und-unicef-wollten-millionen-frauen-geheim-sterilisieren/.

einem UNO- oder UNICEF-Kolonialismus zu sprechen, verdreht aber dabei die Wirklichkeit. Man muss sich nämlich fragen, wie Stephen Karnja, der Vorsitzende der katholischen Ärztevereinigung des ostafrikanischen Landes Kenia auf die Idee kommt, den Impfstoff zur Anti-Tetanus-Vorbeugung auf sterilisiernde Substanzen prüfen zu lassen? Weil keine akute Gefahr besteht? Die tödlich verlaufende Infektionskrankheit, auch als Wundstarrkrampf kann jederzeit auftreten. Die resistenten Sporen des Bakteriums kommen nahezu überall vor, im Straßenstaub, in der Gartenerde. Und damit kommen kenianische Frauen wohl permanent in Berührung. Ging es nicht eher darum, den kenischen Sozialstaat zu schwächen und langfristig eine Selektionskampagne anzuschieben? Nicht ihre katholischen Frauen in den privaten katholischen Kliniken wären betroffen, sondern die staatlich versorgte Bevölkerung. War hier die katholische Kirche dabei, einen Massenmord vorzubereiten, um ihre Kolonialisierungsziele schnell und sauber zu erreichen? Bereitete sie eine großangelegte Vernichtung der „einfachen" Bevölkerung vor?

Auf Grund der zufällig analysierten „verseuchten" Impfstoffprobe im Rahmen einer Soft-Power-Imagekampagne der katholischen Kirche, bei der sicher niemand beweisen konnte, woher dieser manipulierte pharmazeutische Stoff wirklich kam, die als natürliche Substanz getarnte Biowaffe, musste Kenia sein offizielles Impfprogramm einstellen, dass 2,3 Millionen Frauen im Alter zwischen 14 und 49 Jahren vor Tetanus schützen sollte. War dies nicht ein cleverer Schachzug der katholischen Kirche? Sie beschuldigten die UNO des Kolonialismus und legten gleichzeitig eine biologische Bombe. Auf Grund der fehlenden Impfungen würden natürlich vor allem die Frauen an Tetanus erkranken, die unter schlechten sozialen und vor allem auch hygienischen Bedingungen lebten. Eine sehr einfache und wirkungsvolle Politik der Bevölkerungsreduktion. Gesponsert durch die katholische Kirche in enger und vertrauensvoller Zusammenarbeit mit der Pharmaindustrie. Gleichzeitig beschädigte man das Image der WHO und der UNICEF, die die Impfaktion finanzierten und für die Sicherheit des Impfstoffes garantierten und auch die Regierung, die sich laut Wortlaut der katholischen Kirche „damit schmücken wollte, für die Gesundheit ihrer Bürger Sorge zu tragen."[96] Dieser Fall zeigte vor allem, wie grausam das System zu mörderischen Instrumenten greift und ohne Skrupel die Gesundheit der Menschen für ihre strategischen Zwecke geopolitischer Machtinteressen ins Spiel wirft. Mit der Überschrift „Schlimmster Kolonialismus nicht so schlimm wie diese Barberei" wollte die Kirche wohl schon auf die nächsten Stufen ihrer globalen „Entwicklungspolitik" hinweisen. Anscheinend hatten sich hier „guter Cop" und „böser Cop" zu einer noch viel unheiligeren Allianz zusammengeschlossen - eine wirtschaftssabotierende Abteilung in der WHO, die gemeinsam mit der katholischen Kirche diese strategische Intrige ausgeheckt hat. Für Romy war nur schlimm zu sehen, dass anscheinend niemand in der Öffentlichkeit dieses Spiel durchschaute. Dringend wäre nun angeraten, die WHO- und Unicef-Verantwortlichen, aber auch deren vertrauensvolle Kooperationspartner in der katholischen Ärzteschaft aus dem System zu nehmen und die Tetanus-Impfaktionen für die 2,3 Millionen Frauen sicher nachzuholen. Tetanus-Impfungen gehörten zur Prävention und bedurften keiner akuten Gefahrenlage. Wunden konnte sich jeder Mensch zu jeder Zeit und immer zuziehen. Und diese Argumentation hätten verantwortungsvolle Ärzte eigentlich widerlegen sollen. Als Voraussetzung für das Impfen einen Tetanus-Notstand zu benötigen war medizinischer Nonsens.

Wenn sich also ein Gesundheitsminister eines Staates vertrauensvoll auf die Seite der katholischen Kirche stellte, wie dies im Jahr 1992 durch Sam Ongeri erfolgte, als bereits eine solche Intrige erstmals inszeniert wurde, um Organisationen wie die UNO oder UNICEF zu beschädigen, dann sollte sich die Gesellschaft fragen, was in den letzten Jahrzehnten schief gelaufen war und nicht nur im Bereich der politischen Bildung, sondern generell.

Dass sich der amtierende Geunsheitsminister 2014 nun auf die Seite der WHO stellte, zeigt auf gewisse Weise die Lernfähigkeit d und die Weiterentwicklung eines kollektiven Gedächtnisses, die mörderische Wirtschafts- und Struktursabotage auch als solche begreifen. Wenn nun die Impfaktionen der Millionen Frauen entsprechend verantwortungsvoll nachgeholt wurden, konnte man nachhaltig die dunklen Pläne der Kirche, für eine wirklichen Neo-

---

[96] dito. WHO und Unicef bezahlen - Regierung schaut weg. - https://www.katholisches.info.

kolonisierung stoppen. Wenigstens in einem Bereich.

Die Gefahren durch die Implementierung digitaler Prozesse blieben dabei allerdings weiterhin bestehen. Und dabei auch die exklusive und ausschließliche Nutzung von mPayment-Anwendungen über nur einen Konzern.

Dieser war nun in der Lage, mit den vorhandenen Algorithmen die Kaufgewohnheiten der Bürger zu erfassen, Beziehungsgeflechte festzuhalten, Abhängigkeiten herzustellen, Gesundheitsprobleme auszunutzen - alles ließ sich über diese Bezahlsysteme abbilden und natürlich auch „gestalten".

Und wenn es keine alternativen Möglichkeiten mehr gab, jederzeit die Finanzströme gesteuert und individuell manipuliert werden konnten, hatte ich nicht nur die gesellschaftspolitischen Strukturen im Griff, sondern auch deren Bürger.

„Und damit kann ich auch jeden Menschen von einem Systemkritiker zu einem lammfrommen Haussklaven werden lassen, sofern dieser sich nicht für den Weg des Widerstandes entscheidet und damit auf andere Art und Weise potentiell seinem Leben ein Ende setzt." Romy wusste, dass Katharina sich schwer vorstellen konnte, wie weit mittlerweile schon der Einsatz technologischer Systeme ging.

„Ich weiß, dass das eine gruselige Vorstellung ist, aber das kapitalistische System kennt keine Alternativen. Es muss diesen modernen Weg der Ausbeutung mittels Steuer- und Kontrollfunktionen durch Technologien beschreiten oder es geht krachend unter."

„Wenn wir denn dann, also die Mehrheit der Menschheit, aber wirklich nach deiner Definition, Sklaven des kapitalistischen Gesellschaftssystems sind, welches durch die Digitalisierung die Fesseln immer enger zieht, müssten wir dann nicht total gegen neue Technologien sein?"

„Das ist eben der Irrglaube. High-Tech-Kolonialisierung erfolgt ja nicht auf Grund der Digitalisierung, sondern auf Grund der Auswahl von Anwendungen, Diensten, der sorgfältigen Implementierung von, in die Abhängigkeit führenden Angeboten. Nicht die Digitalisierung ist zu verteufeln, sondern die teuflichen Gedanken, die manche Digitalisierer eben umsetzen."

„In jedem Fall habe ich verstanden, was du meinst. Je mehr ich meine Daten, Arbeitsleistungen, mein Leben im virtuellen Raum einer zentralen Macht weitergebe, kann diese letztendlich mit mir machen, was sie möchte. Und wenn sie entscheidet, dass von einem Profil [x,y] eben zu viele Menschen weltweit existieren, dann schaltet er diese einfach mit einem Knopfdruck aus. Oder wenn er möchte, dass jemand für ihn genau diese Arbeit verrichtet, ob er es möchte oder nicht, dann setzt er die Rahmenbedingungen so eng, dass die Zielperson eben gar keine andere Wahl hat."

„Genau. Und letztendlich läuft alles eben auf die grundlegenden Theorien der Informatinswissenschaften hinaus."

„Dein Thema." Katharina hatte sich zwar an dem Begriff Sklaven gestört und hierin musste sie ja Romy auch nicht zustimmen, aber prinzipell konnte sie schon verstehen, dass es in diesem System eigentlich keine wirkliche Freiheit geben konnte, wenn diese immer in direkter Abhängigkeit zum Geld stand und nicht auf anderen Werten, Kompetenzen oder Leistungen beruhte.

Da ihre Reise zum Glück nicht vorrangig einen Wissenstransfer nach Afrika zum Ziel hatte, konnten die Teilnehmer der Challenge trotzdem überwiegend positiv die Gespräche verlassen.

Neidlos musste Romy eingestehen, dass es mehr als angebracht war, den dortigen Wissenschaftlern und Institutionen auf Augenhöhe und mit großem Respekt und Wertschätzung zu begegnen. Wie auch immer sie ideologisch und religiös sozialisiert waren, konnten sie doch mit ihrer universitären Eliteausbildung glänzen.

Natürlich war die amerikanische und britische Abhängigkeit mehr als stark erkennbar. Studiert in Cambridge oder Harvard, waren ihre kenianischen Gesprächspartner, vor allem natürlich in den privaten und katholischen Einrichtungen meistens promoviert, exzellent ausgebildet. Teilweise ließen sie durchblicken, dass sie nichts „Wertvolles" erkennen konnten, was Romys Konzern ihnen hätte verkaufen können. Immerhin trat man der deutschen Delegation aus dem Konzern noch mit Respekt entgegen, obwohl gerade die Plattformgespräche in den Ministerien sich eher als Flop erwiesen.

Trotzdem ergaben sich einige Ansätze, die eine potentiell interessante Zusammenarbeit ermöglicht hätten, wäre man denn bereit gewesen, die ursprünglich geplante Innovationsstrategie auch so fort- und umzusetzen, wie sie eigentlich von den Vordenkern der Challenge aus dem Consulting-Team angedacht war.

Einmal hatte Romy sogar ein Aha-Erlebnis, als sie das Smart Shirt der Fraunhofer Gesellschaft vorstellte, mit dem Risikoschwangere mit potentiellem Bluthochdruck hätten auch fernab der Metropole Nairobi mit Unterstützung eines Community Health Workers betreut werden können, um damit die sehr hohe Mütter- aber auch Kindersterblichkeit zu senken, vor allem von Schwangeren, die fernab der Metropole oder sonstigen Infrastrukturen lebten.

Internationale NGOs waren interessiert und wollten Romy Kontakte zu den Ministerien vermitteln, um eine Umsetzung voranzutreiben. Und ein solcher Anruf aus dem Ministerium erfolgte sogar wirklich, einige Wochen nach ihrer Zeit in Kenia.

Doch Romy wurde wieder einmal von ihren Führungskräften untersagt, weitergehende Gespräche in diese Richtung zu führen oder sich überhaupt diesem Thema zu widmen.

Aber das kannte sie ja schon.

Romy fühlte sich erschöpft und müde.

Warum wurde erst ein Team nach Kenia geschickt, um Innovationsprojekte zu konzipieren und dann wurde ihr verboten, an einer realistischen Umsetzung zu arbeiten, Netzwerke aufzubauen, ein Geschäftsmodell zu entwickeln? Ging es nur darum, die gesellschafts- und geopolitischen Zusammenhänge klarer zu begreifen? Diente diese Reise vor allem dazu, die strategische Wirtschafspolitik des Konzerns zu erkennen und daraus Schlüsse für weiteres Handeln abzuleiten?

Irgendwie machte dies fast den Anschein.

Für das Shirt lag Romy von den Fraunhofer Instituten ein Angebot um die 70.000 € zur Realisierung des Prototypen vor, weg vom Shirt, hin zu einem Schwangeren-Bauchgurt, einem Gürtel mit Sensoren, der dann erst in Kleinstserien und später natürlich auch in einer Produktion hätte skaliert werden können. Ein einfaches textiles Produkt, nicht teuer, leicht zu produzieren und einfach einzusetzen.

Warum ergriff also ein so reicher und wirtschaftsstarker Konzern wie die Deutsche Telekom nicht diese Chance, sich ein zukunftsträchtiges Marktfeld und nachhaltige Wirtschaftsbeziehungen in Afrika aufzubauen, zumal dort doch gerade erst eine Dependance in Nairobi eröffnet worden war, in einem boomenden Markt mit so viel Potential? Und aus welchen Gründen schloss man diese dann kurzfristig wieder, ohne jeglichen Markterfolg abzuwarten, obwohl die Auftragsbücher angeblich voll waren?"

„Die kenianische Zweigstelle wurde wieder geschlossen?", fragte Katharina ungläubig dazwischen.

„Ja, obwohl die Vertreter bereits Verträge mit Interessenten für Logistikprojekte und andere IT-Strukturen in der Tasche hatten. Unverständlich, wenn man das große Potential in dieser Region bedenkt."

„Dann war das alles nur eine riesige Show?"

„Ich glaube schon, oder es gehörte alles zu meinem persönlichen Mobbingszenario mit dem Ziel dazu, mich noch weiter zu frustieren, Aggressionen und Wut in mir aufzubauen, mich zum Kämpfen zu motivieren? Aber dieser Ansatz oder diese Gedanken sind wohl etwas zu egomanisch gedacht. Doch durch die vielen komischen Erlebnisse im Umfeld des Konzerns, bin ich auch irgendwie *„Ich-zentrierter"* geworden, was auch immer das heißt und natürlich vollkommen kontraproduktiv und schwachsinnig war."

Doch war diese Hypothese wirklich zu weit hergeholt? Zwei Jahre nach ihrer Reise las Romy im Newscientist[97]: *„High-risk pregnancy can be monitored remotely by the belt, so women won't have to go to hospital."*, was so viel meinte, wie Gesundheitsparameter von Hochrisiko-Schwangeren können nun mittels eines Gürtels aus der Ferne beobachtet werden, so dass diese Frauen nicht ins Krankenhaus müssen. Hatte man anscheinend, zufälligerweise, Romys Gurtidee nun erfolgreich umgesetzt?

Ein israelisches Unternehmen, der Nuvo Gruppe[98][99]?

Alles Zufall?

Im Konzern betreute Romy bereits zu Beginn ihrer Tätigkeit im Konzern ein israelisches Projekt oder besser, sollte es betreuen, welches direkt unter dem „Schutz" des Vorstandsvorsitzenden René Obermann stand und seinen Fokus auf eine Online-Kindersprechstunde richtete. Mit dem potentiellen Partner MedTrix healthcare[100]

[97] https://www.newscientist.com/article/mg23731710-100-the-future-of-hiv/

[98] vgl. auch Israel inspired by Innovation at Medica 2017, dort, wo Romys Konzern nun nicht mehr teilnahm, dafür die Nuvo-Gruppe israelmedicalinnovation.com/exhibitors/nuvo-group.

[99] Israel Develop Wearable Device for Non-stop Fetal Monitoring. https://www.haaretz.com/israel-news/business/wearable-device-offers-continuous-fetal-monitoring-1.5369945.

[100] Israelisches Netzwerk technischer und medizinischer Experten in den USA, UK, APAC und Mittelasien mit einem globalen „Delivery Cen-

durfte Romy sogar einen NDA vorbereiten. Nur, als sie die Ausrichtung des Projektes auf deutsche Partner richtete, musste sie das Projekt abbrechen. Deutsche Kooperationen und made-in-Germany waren einfach nicht gefragt. Vielmehr sollte sie Israel im deutschen Markt den rote Teppich ausrollen.

Und auch mit der israelischen Firma „Early sense[101]" durfte Romy einen NDA formulieren und an einem Thema der mobilen Diagnostik zu arbeiten, bis sie das Konzept mit deutschen Produkten, die bereits existierten, umsetzen wollte. Da wurde es ihr plötzlich wieder verboten. Also was steckte dahinter, dass Romy den Israelis sozusagen per sé einen Wettbewerbsvorteil gegenüber deutschen Unternehmen in Deutschland verschaffen sollte, obwohl auch aus wirtschaftlicher Sicht dies einen viel ineffizienteren und unökonomischeren Business-Case darstellte.

Dies führte Romy vor Augen: In keinem Land der Welt, wie in Israel, gab es eine solche große Konzentration an Lifescience Unternehmen, IT-Kompetenzen und militärischer Forschung, die synergetisch riesige Marktmacht entwickelten.

An der ihr Konzern anscheinend nicht vorbei kam. Aus welchen Gründen auch immer. Sicherlich hatte dies viel mit den persönlichen Wirtschaftsbeziehungen von René Obermann und alten neoliberalen Seilschaften zu tun, die vor allem den Kapitalismus zu ihren gunsten weiter erfolgreich am Laufen halten wollten.

Zitat des Vorstandsvorsitzenden: „Engste Zusammenarbeit zwischen Wissenschaft, Militär und jungen Unternehmen" waren es, die Israel so führend aufstellte. „Es gibt sehr viel Wissen aus dem militärischen Bereich, das in die private Wirtschaft übernommen wird. Und dann gibt es Zentren wie Tel Aviv und Beer Sheva, wo mit viel Erfolg das mutige Projekt gestartet wurde, mitten in der Wüste die Ben Gurion-Universität[102] zu gründen. Was mir auffällt: Internationale Vermarktung ist noch steigerungsfähig. Da können wir als Deutsche Telekom mit unserem Know-how gerade auf dem europäischen Markt helfen."

---

ter" in Indien und Sitz in Großbritannien, unterstützt von Nestle, Pfizer, Novartis Bayer u.a..

[101] https://www.earlysense.com.

[102] A.d.A. Die eigene Hochschule, die HfTL wurde zeitgleich dafür vollkommen vernachlässigt. vgl. https://www.hft-leipzig.de/de/start.html.

Und Vermarktung konnte ihr Konzern wirklich.

Und anscheinend dienten die Projekte, die Romy umsetzen sollten vor allem auch nur dazu, das europäische Marketing für die israelischen Firmen anzukurbeln und ihnen in Deutschland einen guten wettbewerbsrechtlichen Start zu verpassen.

„Romys" Produkt, der Schwangerschaftsgürtel, wurde nun unter dem Namen „PregSense" auf einer Wearable Technology Show in London zu einem Verkaufspreis von $200 bis $250 Dollar vorgestellt. Auch designerisch kam dieses Produkt Romys Entwurf sehr nahe. Nur, dass sie an eine komplette Bauchbinde gedacht hatte.

Das beworbene Produkt bestand nun nur noch aus zwei Sensorbändern. Aber wenn die Sensoren ausreichend gut positioniert werden konnten, sparte dieser Entwurf natürlich Material. Wenn sie sich weiter mit dem Projekt beschäftigt hätte, wäre sie sicherlich auch auf diese Lösung gekommen.

War es dass, was René Obermann meinte: Ein israelisches High-Tech-Produkt auf dem europäischen Markt, platziert auf einer deutschen Messe, von der sich der Konzern demonstrativ kurz vorher zurückgezogen hatte?

Ganz so wie es Obermann strategisch angekündigt hatte?

So ging eben Business á la René.

Und das King's College London bestätigte: „Diese Erfindung hat Potential."

Sollte Romy nun in die Tischkante beißen?

„Ich glaube ..., dass ich sowohl bei der Unternehmensstrategie als auch in der konkreten Umsetzung viel dafür getan habe, dass wir innovationsfreudiger, -offener und -hungriger werden. Unter anderem dadurch, die Telekom als Plattform zu positionieren", so Obermann.

Mit Unternehmen kooperieren durfte Romy zwar nicht, aber dennoch fühlte sie, wie ihre innovativen Ideen förmlich vom Konzern „gefressen" wurden und in weltweiten Deals ihre Geschäftsmodellen vorangetrieben wurden.

Konzern-Blasen-Sprech?

Die Verantwortlichen in Kenia erstaunten Romy oft, wie sie trotz der in den Medien so oft kolportierten schweren Rahmenbedingungen neue innovative Wege erschlossen und auch intensiv deren Umsetzung vorantrieben. Einmal verblüffte sie der Leiter einer Krankenhausgruppe, der in Cambridge, London und Stanford studiert hatte mit einem Projekt, über Radio und individualisierte Push-Services mangelnde Wissenslücken in der Bevölkerung zu schließen.

Dabei handelte es sich allerdings wieder nicht um ein staatliches Gesundheitsnetzwerk, sondern um eine starke Gruppe katholischer Einrichtungen, die auf das Beste mit High-Tech ausgestattet waren[103] und anscheinend auch für „andere Projekte" eng mit der Pharmaindustrie verbunden waren. Der Tetanus-Fall gehörte sicherlich auch in diese Kategorie.

Auf die Idee, dass dies allerdings bereits zu einem politischen Gesamtkonzept gehören könnte, kam Romy dabei zu diesem Zeitpunkt der Gespräche noch nicht. Vielmehr fühlte sie sich beschämt darüber, dass die Deutsche Telekom AG überhaupt keine Lösungen, innovative Projekte oder Produkte direkt aus dem Konzern mitgebracht hatte, sondern diese erst auf Anregung der Akteure des kenianischen Gesundheitssystems generieren wollte.

Und noch nicht einmal Flyer, Präsentationsbroschüren oder Gastgeschenke hatte ihr Team dabei. Soetwas war Romy eigentlich nicht gewohnt. Sie hätte wenigstens angenommen, dass die sie betreuenden südafrikanischen Telekom-Mitarbeiter einen bunten Strauß an Informationsmaterial, Imagebroschüren oder irgendetwas aus dem Marketingangebot der Telekom dabei haben würden, und wenn es die BMI-Messgeräte gewesen wären, um daraus einen einführenden Small-Talk zu entwickeln.

---

[103] vgl. auch Wurzeln des Catholic Medical Mission Board's (CMMB) - Idee ab 1912 von Dr. Paluel Joseph Flagg, Anästesist, St. Vincent's Hospital New York, ab 1967 Freiwillige Dienste und „medical donation programs", unterstützt von Merck, P&G, Teligent, Johnson & Johnson etc.

Aber nichts.

Der ihre Challenge-Gruppe betreuende Kollege vom Team aus Südafrika also, über dessen Kenntnis- und Informationsstand sich Romy bereits anfänglich gewundert hatte, da er keinerlei Informationen zu Produkten des Konzerns, keine Informationen über Strategien, eigentlich nichts in den Händen hielt, was ihn befähigt hätte, dort ein Geschäft aufzubauen, erhielt im Nachhinein allerdings ihre größte Hochachtung.

Was konnte er auch dafür, dass er durch die Konzernleitung in Deutschland in keiner Weise adäquat für seine Aufgaben ausgerüstet wurde und man ihn in einer Art „Tal der Ahnungslosen" hielt?

Romy erschütterte zutiefst, dass anscheinend das Team International überhaupt nichts tat, was eigentlich dessen zentrale Aufgabe gewesen sein sollte: zu informieren, vorzudenken, konzeptionell und strategisch zu unterstützen.

Alles was Romy sah, war - einfach nichts, bis auf hier und da etwas *Konzernsprech* über „Financing Channels", die aber inhaltlich nicht unterfüttert wurden.

Bereits zu Beginn fiel Romy das perfektionierte „Konzern-Blasen-Sprech" auf, das einen externen Partner sowohl beeindrucken als auch abschrecken konnte oder sollte, je nachdem.

In jedem Fall gaukelte es höchste Kompetenz und Exzellenz vor.

Im Mittelpunkt der Diskussion standen keinerlei Inhalte, es ging weder um Ergebnisorientierung, noch um Kompetenzaufbau oder Geschäftsentwicklung.

Wenigstens nicht in den öffentlich deklarierten Themenfeldern.

Auf welche Aufgaben konzentrierten sich die Führungskräfte denn dann?

Mit welchen Themen waren sie wie und wo unterwegs?

In jedem Fall konnte Romy keine Korrelation zwischen dem erkennen, was auf der Business-Unit „draufstand" und was letztendlich „drin" war.

Nachdem Romy sich an einem Abend, nach einem bereits anstrengenden Tag bei NGOs und in Ministerien noch einmal individuell mit dem südafrikanischen „Head of Healthcare", Dunkan, austauschte und ihm ihre strategischen Konzepte für Kenia vorlegte, brachte er Romy ernsthaft für ihre Arbeit Wertschätzung entgegen, wobei er über die Leistungsfähigkeit und die Vorlagen von

Romy wirklich ehrlich erstaunt schien.

Er nickte anerkennend, als er die Prozessdiagramme, Portfolio-vorschläge und strategischen Entwicklungsrichtungen für den keni-anischen Gesundheitsmarkt betrachtete.

Ob er eigentlich Weisung besaß, nicht mit ihr zu reden, konnte Romy nicht einschätzen.

„You are a hardworking women, right?"

Auf Grund der sehr stressvollen Situation in den Monaten davor und nicht eines Wortes der Anerkennung für ihre Leistungen rührte sie allein dieser Kommentar, der ja noch nicht einmal etwas über die Qualität ihrer Ergebnisse sagte, sondern nur ihren Fleiß hervorhob.

Gemeinsam tranken sie ein Bier und tauschten sich über ihre Familien aus.

*****

Auch nach ihrer Rückkehr nach Deutschland schrieb sich Romy von Zeit zu Zeit mit Dunkan eMails, allerdings auf einer eher ober-flächlichen und privaten Ebene. Aber sie freute sich, von Zeit zu Zeit etwas von ihm zu hören.

Nun fand regelmäßig im Konzern, organisiert vom Team International eine Zusammenkunft aller Landesgesellschaften statt, die sich mit gesundheitlichen aber auch anderen Themen beschäftigten.

Und natürlich würde auch das Team aus Südafrika anwesend sein. Unter normalen Umständen war es Romy untersagt, an Veranstaltungen aus anderen Bereichen teilzunehmen: „Was soll das für einen Sinn haben?", bügelte solche Anfragen ihr Chef meistens klar und deutlich ab.

In der Regel hielt sich Romy auch daran.

Außer, wenn diese Veranstaltungen direkt in dem Gebäude statt-fanden, wo sich auch ihr Schreibtisch befand. Wer wollte ihr ver-bieten, mal etwas durchs Gebäude zu spazieren, bei Kollegen ste-henzubleiben, die sie lange nicht gesehen hatte und vielleicht auch einmal in einen interessanten Vortrag reinzuhören, wenn sich dies nun einmal zufällig anbot.

Allerdings hatte Romy nicht wirklich Lust, diese Zufälligkeitsnummer zu improvieren.

Deshalb beschloss sie, den Leiter vom Team International der Deutschen Telekom Healthcare and Security Solutions direkt anzusprechen. Und wenn man es genau nahm, lud sich Romy ganz dreist einfach selbst in die jährliche internationale Zusammenkunft aller Landesgesellschaften des Konzerns im Bereich Gesundheit mit den Worten ein: „Ist doch o.k. Matthias, wenn ich an der Veranstaltung teilnehme, oder?" Matthias reagierte wie immer leicht verwirrt auf dieses selbstbewusste Vorgehen von Romy, dass irgendwie keinen Widerspruch zuzulassen schien.

Da Matthias ihr gegenüber nicht weisungsberechtigt war, also nicht direkt hierarchisch über ihr stand, schien er auch nie richtig zu wissen, ob es sich nun über ein abgestimmtes Vorgehen mit Werner Rastig, ihrem Chef, handelte oder einfach einer spontanen Idee und Laune von Romy entsprang.

Da sich der Wind in ihrer Geschäftseinheit ständig drehte und sich dabei die Führungskräfte anscheinend auch nur selten bezüglich der neuen Taktik konsequent austauschten, konnte Romy diese teilweise mangelhafte und unkoordinierte Absprache für sich nutzen, wenn sie nur schnell genug agierte. Zuviel „Luft" durfte sie allerdings nicht zwischen solchen Anfragen und einem Event lassen.

Romy konnte nicht nachvollziehen, dass sie zwar theoretisch und auch praktisch Projekte im internationalen Umfeld begleiten, konzipieren und vorantreiben sollte, im Gegenzug dazu, aber niemals zu solchen Veranstaltungen eingeladen wurde, die dem internationalen Austausch gewidmet waren, die die Strategien zu den internationalen Gesundheitsthemen vorstellten und diskutierten, und natürlich auch das Kennenlernen der einzelnen Verantwortlichen im internationalen Kontext ermöglichten und beförderten.

Matthias zuckte also nur mit der Schulter und wenige Stunden später spazierte Romy durch die Veranstaltung, als wäre dies immer so und nie anders geplant gewesen.

Als sich Dunkan meldete, erhob und zu reden anfing, klopfte Romy das Herz. Was würde er sagen? Würde er konkret werden?

Und er wurde konkret.

Da die Veranstaltung zeitnah zu ihrem Kenia-Aufenthalt und ihren Gesprächen stattfand, konnte sie erleben, wie Dunkan sich gegen die fehlende strategische Ausrichtung, die Desinformationen, die Entscheidungswillkür und das Unvermögen der Führung aussprach, wie er die Vorgehensweisen kritisierte und deren Zukunftsfähigkeit anzweifelte.

Romy war über diese Zivilcourage beeindruckt. Wie viel Mut gehörte wohl dazu? Hatte er seine Rede, seine Anfragen geplant oder waren ihm diese spontan in den Sinn gekommen, als ihm von dem nebulösen Konzern-Sprech des Vortragenden die Hutschnur platzte?

Die Anwesenden schwiegen teilweise betroffen und der angesprochene Redner „eierte" in schillernden, aber eher ungeschliffenen Worten um den heißen Brei herum.

Für Romy war dies ein hoffnungsvoller Augenblick.

Endlich gab es jemanden aus der internationalen Führungsriege, der sich gegen die existierenden Missstände in der deutschen Zentrale positionierte, deren Strategie hinterfragte und seine Kritikpunkte auch konkret begründen konnte.

Doch der Mut Dunkans wurde nicht honoriert.

Innerhalb eines Monats verlor er seinen Job.

Was in Deutschland schwieriger zu realisieren war, konnte in Südafrika mit einem Wimpernschlag umgesetzt werden.

Romy tat dies unheimlich leid.

Sie fühlte sich nicht nur indirekt dafür verantwortlich, schuldig, ihn „aufgehetzt" zu haben, ohne wirklich etwas ausrichten zu können. Der Konzernarm war länger und stärker. Duncan bot dafür nun den direkten Beweis.

Hatte Romy ihm nicht erst durch ihre Sturkturentwürfe und ihre bohrenden Fragen verdeutlicht, wie es eigentlich anders hätte laufen können und sollen?

Die erst wenige Monate bestehende Filiale in Nairobi, die auf dem besten Wege war, Umsatz und Wachstum zu generieren, in einem hochinnovativen Bereich mit großem Zukunftspotential, wurde innerhalb weniger Monate wieder geschlossen, während die Amerikaner vor Ort mächtig Gas gaben, sich Bill Gates und andere die Klinke in die Hand reichten, um ihre zukünftigen Wirtschafts- und Wachstumsfelder, gemeinsam mit der britischen Krone, zu sichern, hatte es der deutsche Konzern nicht nötig, trat mit vornehmer Zurückhaltung mehrere Schritte zurück und sah angeblich „kein nachhaltiges Potential".

Freie, unternehmerische Entscheidung.

Auch wenn dies absurd klang, würde die Marketingabteilung schon statistische Torten- und Kuchendiagramme zaubern, um die Margen, Gewinn- und Verlustrechnungen so anschaulich visuell zu gestalten, dass selbst der letzte Aktionär davon überzeugt wäre, dass Afrika, vor allem aber Kenia, keine telekommunikativen Services, kein Internet, keine IoT-Anwendungen benötigte.

Inwieweit es Romy besser fand, dass Kenia eigentlich generell seine eigenen Strukturen, seine eigenen Unternehmen aufbaute und seine eigenen Kompetenzen entwickelte, stand noch einmal auf einem ganz anderen Blatt. Im Moment sah sie nur ein wirtschaftlich durch britische und amerikanische Unternehmen beherrschtes Land.

War im Konzern längst klar, dass sie sich nicht in den afrikanischen Märkten engagierten?

Aber wozu dann diese Challenge?

Um kreatives Input an die englischsprachigen Freunde „weiterzugeben"?

Um neue Märkte und Geschäfte durch den Innovationsschub deutscher Experten zu inspirieren?

Gab der Konzern soviel Geld aus, nur um eine Fake-Story im Sinne des Marketings zu lancieren und damit sowohl Anleger, Mitarbeiter und die Presse zu täuschen?

Eine andere Hypothese gab es für Romy eigentlich nicht.

Mit den existierenden Kompetenzen wäre es sicherlich ein Leichtes gewesen, auch in Kenia und natürlich in ganz Afrika neue Geschäftsfelder mit Partnern aufzubauen. Von dem kleinen Team in Nairobi waren ja bereits erste Aufträge akquiriert worden.

Als eine Vertreterin der World Health Organisation plötzlich bei Romy unerwartet anrief, als sie gerade wieder trüb in ihrem Büro saß und Folienschlachten vorbereitete, fiel Romy aus allen Wolken.

Die WHO hatten wohl bereits Vorgespräche mit dem Gesundheitsministerium geführt und plante, eine gemeinsame Telefonkonferenz mit der DTHS, um über das „Wie" der Einführung, der von Romy vorgestellten, neuen Biofeedback-Technologien zu beraten und zeigte sich höchst interessiert an einer weiteren und langfristigen Zusammenarbeit.

Romy stand damit wieder massiv unter Druck.

Ihre Chefs hatten ihr untersagt, weiter an diesen Themen zu arbeiten. Es gäbe vor allem seitens des Konzerns kein Interesse an „solchen" Projekten. Aber an welchen denn dann?

In den darüber liegenden Hierarchien hatte Romy keine richtige Lobby. Und mittlerweile hatte sie auch das Vertrauen, vor allem aber die Kraft verloren, weiter gegen diese Windmühlenflügel und für ihre Ideen und Projekte zu kämpfen.

So „vergaß" Romy, nach der ersten Freude und Euphorie, diesen Anruf einfach, was sonst überhaupt nicht ihre Art war und ging zur Tagesordnung über.

Mentale Verdrängung aus Selbstschutz.

Man hatte Romy geschafft.

Sie verspürte weder Lust noch Energie, noch einmal mit diesem Projekt zu beginnen. Sie glaubte nicht mehr daran, im Konzern auch nur einen Millimeter vorwärts zu kommen. Sie wollte sich auch nach außen nicht weiter verbrennen.

Der Healthbereich der T-Systems International (TSI) in Südafrika wurde kurz darauf komplett abgewickelt und die Geschäftsführerin nach Europa „umgesetzt". Damit hatte man nicht nur Duncan geschasst, sondern gleich das gesamte Geschäftsfeld *IT im Gesundheitswesen* seitens der Telekom[104]. Dabei gab es gerade in diesem Bereich so viele Ansätze, nicht nur für Business, sondern vor allem zur Umsetzung von telemedizinischen Konzepten, die den Patienten wirklich helfen konnten.

Aber dies natürlich nicht nur in Afrika sondern auch in Deutschland oder weltweit.

Als wenige Wochen zuvor der damalige Filialleiter aus Nairobi Romy anrief, um sie zu fragen, ob sie nicht für einige Zeit nach Kenia kommen wolle, hatte er diese Entwicklungen bestimmt noch nicht abgesehen.

Oder doch?

Vielleicht gehörte er als Niederländer auch als Teil zu dieser gesamten Inszenierung, um in ihrem Kopf Verschwörungstheorien zu kreieren? Oder sie nach Kenia zu locken, um dann wenige Wochen später den Geschäftsbereich zu schließen und sie damit einer ord-

---

[104] https://www.cr-bericht.telekom.com/site17/
landesgesellschaften#suedafrika-t-systems-south-africa,atn-5453-5460.

nungsgemäßen „betriebsbedingten Kündigung" zuführen zu können?

Romy versuchte sich an den Anruf zu erinnern: „Willst du nicht für einige Monate nach Nairobi kommen? Du kannst uns sehr beim Aufbau der Geschäftsnetzwerke helfen."

Jeremys Stimme klang eigentlich wie immer, aber irgendwie doch anders. Kam diese Anfrage wirklich von ihm? Wollte man Romy psychisch aufbauen oder sie in eine mentale Falle laufen lassen oder durch solchen taktischen Schachzug noch weiter aus dem Gleichgewicht bringen oder aufhetzen?

Jeremy war ein dynamischer Typ, heute hier, morgen da, feiern, lachen, Party machen. Das Verhältnis zu Dunkan, seinem Teampartner aus dem Health-Bereich in Südafrika, dem grundsoliden Mann, der vor allem Telekommunikation betreiben wollte, konnte Romy nur schwer einschätzen. Aber wem konnte Romy überhaupt noch vertrauen? Bestand darin vielleicht das eigentliche Ziel? Aus Romy eine misstrauische und paranoide Person zu „kreieren"? Einen Menschen, der ausreichend Wut und Hass in sich ansammelte, um dann entsprechend laut und egoistisch seine Ziele gegen jeden und jede zu verfolgen?

Kenia hing Romy noch lange nach.

Vor allem die damit verbundenen und vermeindlich bestehenden psychologischen Hintergründe, Netzwerke und Bestrebungen.

Generell hatte die Zeit in Kenia natürlich auch Freude bereitet. Und es gab nicht wenige Lektionen, die Romy von dieser Reise mitnahm.

Zum Beispiel die Momente der Angst, die ihr aber erst im Nachhinein wirklich bewusst wurden. Anscheinend war Romy mit einem gesunden Regelkreislauf für angemessene Verhaltensreaktionen in bedrohlichen Situationen begünstigt und verfiel nicht dem Stress vermittelnden Botenstoff Corticotropamin-Releasing Hormone (CHR) und dessen Rezeptor 1 (CRHR$_1$)[105]. Ihr neuronales System schien emotional korrekt zu reagieren, so dass sie weder in Gleichgültigkeit noch in Panik verfiel.

[105] Basale Ausschüttung von CRH unterliegt dem Zirkadian (Tagesrhythmus). Impulse aus dem limbischen System wie Angst oder Stress haben einen positiven Effekt auf die Ausschüttung. - flexikon.doccheck.com/de/ Corticotropin-releasing_Hormone.

Eines Nachts zum Beispiel, befand sich das Team nach einem abendlichen Restaurantbesuch, auf dem Rückweg zu ihrer Residenz durch die nun bereits dunkel werdenden Viertel Nairobis, über holprige und schlecht oder gar nicht gepflasterte Straßen.

„Plötzlich ruckte es einmal und unser Auto blieb stehen. In einer entlegenen menschenleeren und gespenstig wirkenden Gegend. Um uns herum nur Bauruinen und vermülltes Gelände. Die Skyline der halb verfallenen Gebäude warf drohend ihre Schatten auf uns und undefinierbare Geräusche durchbrachen die ansonsten irgendwie unheimliche Stille, wenn wir uns nicht gerade aufgeregt über unsere Notsituation austauschten. In solchen Augenblicken wurde mir plötzlich wieder die gefährliche Gesamtlage bewusst. Wenn in diesem Augenblick jemand mit einer Pumpgun vorbeigekommen wäre und hätte uns alle umgenietet, wäre dies nichts weiter, als ein bedauerlicher Zwischenfall. Wollte man mich wirklich beseitigen, wäre dies sicher eine dieser sehr günstigen Situationen gewesen."

Romy machte eine Pause und nahm einen Schluck Wasser.

„Im Nachhinein wird mir bewusst, in welcher potentiellen Gefahr wir uns indirekt befanden. In der Situation selbst allerdings, war mir das zum Glück überhaupt nicht bewusst. Da ist man so mit Adrenalin vollgepumpt. Erst im Nachhinein, begann dann plötzlich mein Herz zu klopfen. Zumal diese Panne zweimal hintereinander passierte. Beim ersten Mal bekam der Fahrer den Wagen noch mit mehreren Anläufen wieder gestartet, beim zweiten mal, vielleicht einen Kilometer später, war dann endgültig Ruhe. Und das war besonders ungenehm, da wir beim ersten Mal noch in einem kleinen Fahrzeugkonvoi fuhren, beim zweiten Mal aber kein anderer PKW mehr in der Nähe war. Natürlich empfand ich diese Situation nicht gerade prickelnd, da wir aus unserem Team eben nur noch Vier waren, davon zwei Frauen und dann noch in Abendgarderobe, sichtbar wie ein bunter Hund und wenn man paranoid denkt, ein wunderschönes Zielobjekt, nicht zu verfehlen. Weißt du, was ich meine?

Irgendwann sieht man, wenn man Pech hat, an jeder Ecke eine drohende Gefahr lauern. Aber anscheinend findet auf diese Art und Weise unter anderen auch die professionelle „Produktion" von Paranoia statt.

Kenia stellt für Angstszenarien, wenn man sich generell bedroht fühlt sicher noch einmal ein ganz anderes Pflaster dar, zumal wir vom Sicherheitslagezentrum des Konzerns ausdrücklich immer wieder angewiesen wurden, uns nicht aus unserem „Reservat" zu bewegen. Diese Fahrt von Restaurant war zwar genehmigt und dass der Motor plötzlich nicht mehr lief, einnmal nicht, dann mit Hilfe doch, dann das zweite Mal nicht, kann man natürlich auch als Pech ansehen. Da ich aber in der Zeit bei der Telekom soviele technische Pannen „erleben durfte", schien mir selbst dies, schon auf Grund der Häufigkeit eher doch kein Zufall gewesen zu sein, sondern vielmehr eine Art „Zeichen". Diese Panne in einer verwahrlosten, ausgestorbenen und gespenstigen Gegend zeigte natürlich in eklatanter Weise den Widerspruch zwischen Supercomputern auf der einen Seite und bitteren Lebensverhältnissen auf der anderen Seite.

Und diese Widersprüche schienen sich unversöhnlich gegenüber zu stehen und wir standen nun in unseren Business-Kostümchen wie Fremdkörper auch noch dazwischen."

„Und dann?"

„Nichts. Nachdem wir eine Weile in der Pampa gestanden hatte, bekam der Fahrer den Motor plötzlich wieder an. Was warum wieso führte er natürlich nicht aus, sondern zuckte nur mit den Schultern. „Eben Technik."

Und trotz dieser Erfahrung und den klaren Anweisungen aus dem Konzernlagezentrum[106], sich nicht unter die heimische Bevölkerung zu mischen, sind wir an einem Wochenendabend sogar auf eigene Faust losgezogen. Natürlich mit den beiden südafrikanischen Vertretern der Telekom als Guides, da die sich schon besser im Land und in der Stadt auskannten, aber natürlich auch nicht diesen Konzernanweisungen unterstellt waren. Aber meinst du, ich hätte da gesagt, ich komme nicht mit? Natürlich nicht. Insofern glaube ich wirklich, dass man mir irgendwann mal ein Angstgen geklaut hat."

„War das nicht riskant?" Katharina schaute Romy erstaunt an.

„Ehrlich gesagt, habe ich in der Situation überhaupt nicht darüber nachgedacht. Aber sicher, zumal ich mich, wenigstens gefühlt, noch in einer ganz anderen, also in der als potentieller Whistleblower und Störfaktor in den Konzernprozessen fühlte und mich damit irgendwie noch in einer doppelten Bedrohungslage befand. Nicht nur

---

[106] Interview: Shitstorm-Management bei der Deutschen Telekom nach #Drosselkom. - social media facts. - www.socialmediafacts.net/shitstorms/deutsche-telekom-nach-drosselkom.

die unsicheren nächtlichen Verhältnisse in den Straßen von Nairobi, sondern auch noch die Gefahr, als potentieller „Maulwurf" ganz unauffällig bei einer solchen passenden Gelegenheit zufällig aus dem Verkehr gezogen zu werden."

„Und, ist was passiert?"

„Wie man es nimmt. Eigentlich nicht, aber eigentlich schon. Soziologen würden sagen: Self-fulfilling prophecy[107]".

„Wie meinst du das? Hat dich jemand angegriffen? Am Leben bist du ja noch, also abgemurkst hat dich bisher keiner." Katharina lachte.

„Ok. Du gibst ja doch keine Ruhe."

„Erzähl schon und lass dich nicht so lange bitte. Ich habe dir ja die letzten Tage auch bei weit weniger spannenden Ausführungen zugehört."

„Unsere kleine Gruppe ist also nachts in die Innenstadt von Nairobi gefahren und dann dort durch die überfüllten Kneipen und Diskotheken gezogen. Natürlich sind wir immer zusammen geblieben und haben gegenseitig auf uns geachtet. Soweit dies allerdings überhaupt möglich war. In dem Gedränge Partywütiger Kenianer, die sich tanzend mit ihren Cocktails und Drinks von einer dunklen zur nächsten dunklen Bar schoben, fiel es schon schwer, nicht den Blickkontakt mit den anderen zu verlieren. Wenn dort etwas passiert wäre, dann wäre etwas passiert. Verhindern hätte man dies in diesem Gedränge und der Unübersichtlichkeit in keinem Fall. Niemand hatte alle und keiner hatte jeden im Blick."

„Und war es das wert?"

„Gute Frage. Aber es wäre irgendwie sehr frustrierend gewesen, in Nairobi zu sein, einer Stadt, die du überhaupt nicht kennst und

---

[107] Selbsterfüllende Prophezeiung - Vorhersage, die über direkte oder indirekte Mechanismen ihre Erfüllung selbst bewirkt. Derjenige verhält sich so, dass sie sich erfüllt - positive Rückkopplung zwischen Erwartung und Verhalten, als Begriff 1911 erstmal von Otto Neurath (geb. 1882 in Wien, gest. 1945 in Oxford) verwendet, österreichischer Nationalökonom, schlug 1919 in der Bayrischen Räterepublik die Gründung eines Zentralwirtschaftamtes vor, wurde dessen Präsident und unternahm den Versuch, eine geldlose Wirtschaft zu installieren, Anklage wegen Beihilfe zum Hochverrat, wurde als Austromarxist politisch verfolgt. Konzept dazu vom Soziologen Robert K. Merton (geb. 1910 in Philadelphia, gest.2003 in New York) 1948 ausgearbeitet.

wenn du dann nicht einmal mit dem wirklichen Leben in Berührung kommst. Generell fand ich es toll, einmal diese sprühende Atmosphäre, die Stimmung und die überfüllten Straßen im nächtlichen Nairobi miterleben zu können. Ansonsten stehe ich dem Abend allerdings eher etwas ambivalent gegenüber, was aber nichts mit Nairobi zu tun, denn die Stimmung in den Bars und Nachtclubs war toll und irgendwie aufregend. Insofern bin ich auch im Nachhinein froh, dass wir diese Weisungsübertretung riskiert haben." Romy zögerte.

„Aber?", drängelte Katharina.

„Allerdings begann an diesem Abend dann leider doch mein persönlicher und ganz realer Thriller, den ich leider erst viel zu spät als solchen erkannte. Die Zeiten sind eben kompliziert und komplex."

Romy überlegte, wie sie weiter erzählen sollte und was überhaupt, denn bestimmt hörte sich diese Geschichte etwas schräg an.

„Die Gefahren lauern in unserer heutigen Zeit an anderen Ecken als vielleicht früher oder vor allem als dort, wo man es eben im normalen Alltag erwarten würde. Vielleicht kann ich es aber auch nur als einen weiteren Baustein persönlicher „Übergriffigkeiten" bezeichnen, durch den mir eine wichtige Lektion erteilt werden sollte und den man nun so oder so interpretieren kann. Dieser entscheidet dann letztendlich darüber, inwieweit du überlebst oder untergehst."

„Werde mal ein bisschen konkreter." Katharina dauerten die philosophischen Ausführungen von Romy, die irgendwie nur Andeutungen enthielten, definitiv zu lange.

„Komm endlich zum Thema", setzte sie noch nach.

„O.k." Romy fiel es nicht so leicht, wie sonst in ihrem Plauderton, einfach dieses Erlebnis „herunterzuschwatzen", wie Katharina bemerkte.

„Da hat mich ein Typ aus unserem Team angebaggert. Obwohl er nicht wirklich baggerte, sondern relativ nüchtern und schnell zur Sache kam. Heinrich Groger."

„Oho, Heinrich mir graut vor dir." Katharina hatte Spaß. „Wenn da der Name nicht mal schon Programm ist."

„Ich fand ihn eigentlich gar nicht so toll. Also nichts, was man in Richtung „Verliebtsein" oder wenigstens „Schwärmerei" oder Bewunderung hätte interpretieren können. Männer würden einfach sagen: Eher eine 5 und überhaupt nicht mein Typ.

Er war immer korrekt, sehr auf Linie, zwar nicht wirklich eine Spaßbremse und manchmal machte er auch einen Scherz. Aber irgendwie wirkte er eher wie ein grauer Beamter. Vielleicht ist diese Beurteilung im Nachhinein auch nicht fair, aber sicherlich spielt nun auch die faktische Betrachtung der Gesamtumstände eine nicht unwesentliche Rolle. Er wirkte auf mich auch nicht, wie ein wirklicher Teamplayer. Das wurde besonders deutlich, als wir die Abschlusspräsentation vorbereiteten und er sich seinen eigenen Case gestaltete. Oder als wir den letzten Abend alle zusammensaßen und er lieber einen Freund treffen wollte. Oder eben auch, als er den Typen von Vodafone zu unserem Essen mit angeschleppt hatte. Irgendwie spielte er seine eigene Rolle. Heinrich hielt sich also auch so immer etwas abseits, wenn wir anderen heftig über dies oder das diskutierten. Also nicht unbedingt der super Sympathieträger und potentiell niemand, mit dem man sich eine „Kurschattenaffaire" oder besser Telekom-Reise-Beziehung vorstellen konnte. Aber du weißt ja, wie das ist: ein paar Drinks, Party, dunkle Ecke, ein klares Angebot. Irgendwie hat er mich mit seiner direkten, aber auch ganz handfesten Art total überrumpelt. Ich war einfach nicht darauf eingestellt, mental vorbereitet, Es gab keinen Flirt vorher, keine Blicke oder Zeichen. Plötzlich lag seine Hand erst um meine Hüfte, dann zügig zwischen meinen Beinen. Ehe mein Verstand überhaupt diese Situation checken konnte, reagierte mein Körper. Und von den anderen aus unserem Team war weit und breit niemand zu sehen.

Als alleinstehende Mama mit „Rund-um-die-Uhr-Versorgungsverpflichtungen" kann man da schon mal unvernünftigerweise schwach werden. Und ich bin ja keine Claudia Schiffer, die jeden Tag mindestens zehn solcher Anträge abwimmeln muss. Außerdem fehlen mir überhaupt für solche Dates Zeit und natürlich auch Gelegenheiten."

„Alles klar. Du musst hier keine großen Erklärungen oder Entschuldigungen auffahren. One-Night-Stands sind ja kein Verbrechen, wenigstens wenn du nicht katholisch bist. Die kenianische Bischoffskonferenz würde das sicher anders sehen." Katharina musste grinsen.

„Und was passierte dann? Eine schnelle Nummer mit einem Teamkollegen der Telekom, einem „geprüften" und „auserwählten" Siegertypen des Konzerns, wird ja noch nicht gleich die große Gefahr bedeuten, oder?" Katharinas Stimme klang wieder munterer, leicht amüsiert und erpicht darauf, zu erfahren, ob sich dahinter auch noch eine handfeste Story verbarg.

‚Endlich mal eine Geschichte, die nicht nur die trockenen Unternehmensherausforderungen und deine Schreibtischkonflikte in den Fokus stellt.', schien sie zu denken.

„Na, was soll sein. Er war groß, kräftig, hatte was Bäriges. Allerdings gestaltete sich, na du weißt schon, die Organisation nicht so einfach. In der Bar reichte die Zeit nicht mehr, denn die anderen bliesen zum gesammelten und kollektiven Aufbruch. Und in bei uns im Ressort war es auch nicht so einfach. Immerhin schliefen wir in Gemeinschaftsunterbringungen, gendergerecht und irgendwie achtete da auch jeder auf jeden. Aber es ging ja auch nicht anders. Schon allein die knarrenden Türen meldeten das Kommen und Gehen der Mitbewohnerinnen an. Andere Geräusche hätten in diesem Umfeld vielleicht einen Skandal aus gelöst. Die Wohnungen, in denen wir untergebracht waren, mit drei Zimmern, Küche, Bad und einem Gemeinschaftsraum, lagen aber auch nicht direkt nebeneinander, sondern in verschiedenen Hausaufgängen. Generell waren die Räumlichkeiten schon ziemlich groß und weitläufig. Ich schlief mit zwei Mädels also in einem anderen Gebäude. Eigentlich konnten mir die Umstände egal sein. Ich war gerade ungebunden, ohne Verpflichtungen und demzufolge auch ohne schlechtes Gewissen. Also, was war schon dabei?"

Romy zuckte demonstrativ mit den Schulter.

„Allerdings war er aber verheiratet. Für mich war das o.k.. So konnte ich wenigstens sicher sein, dass daraus nichts Festes entstehen würde, woran ich natürlich keinerlei Interesse hatte. Dafür hätte ich keine Nerven gehabt und dazu war er ja auch nicht wirklich mein Traummann, obwohl das eher zweitrangig war. Allerdings berichtete er mir sehr gern, zu allem Überfluss, häufig von seinen Neurosen, Schwächen, seinem Hobby des Improvisations-Theaterspielens, seinem Rollenspiel zur Festigung seines Selbstvertrauens. Irgendwann dämmerte es mir dann. Doch da war es irgendwie schon zu spät."

„Was dämmerte dir? Und wo ist jetzt der Thriller?"

Katharina schaute Romy erwartungsvoll an und setzte dann nach:

„Romeo[108]?"

„Klar. Ich sehe, du steckst schon richtig im Thema. Aber lass uns hier nicht weiter reden. Das ist wirklich ein anderes Kapitel."

Katharina, die nun wieder richtig munter geworden zu sein schien, machte ein enttäuschtes Gesicht. Auf eine Story aus der Rubrik „Sex and Crime" hatte sie jetzt richtig Lust.

„Erzähl doch noch ein bisschen." drängelte sie.

Aber Romy blieb stur.

Sie wollte Katharina weiter über die wirtschaftlichen Zusammenhänge im Konzern und das Design-Thinking-Projekte berichten.

Natürlich spürte sie auch, dass es eigentlich Quatsch war, diese Themen zu trennen, denn sehr wahrscheinlich gehörte alles ja auch zusammen. Ihr „Kurzzeitlover" Heinrich meinte nämlich einmal:

„Man hat mich im Konzern gefragt, ob ich in diese Nebentätigkeit einsteigen würde. Ich habe etwas überlegt und mich dann doch dazu entschlossen", wobei er ein geheimnisvolles Gesicht aufsetzte.

Was er mit „dieser" Nebentätigkeit meinte, verriet er natürlich nicht. Aber Romy drängte ihn auch nicht. Doch so geheim, wie er sich verhielt, seine Art legten den Geheimdienst irgendwie nahe, da er auch keine weiteren Andeutungen machte und ansonsten eigentlich über „jeden Kram" erzählte. Und Romy hatte in den letzten Monaten von sehr vielen den Hinweis auf einen Nebenjob oder einen zweiten Arbeitgeber erhalten. Und wenn dann das große Schweigen einsetzte, gab es ja diesbezüglich nicht viele weitere Möglichkeiten.

Romy hatte bereits das Gefühl, dass sie in weiten Teilen nur noch von „Nebenbeschäftigten" umgeben war.

Insofern überraschte sie Heinrich nicht wirklich mit diesem „Geständnis". Und dass er über diesen Job nicht offen plaudern würde, lag auf der Hand. Allerdings verstand Romy nicht, warum er sie überhaupt auf diese Fährte stieß. Oder gehörte dies dazu, sie durch Fake-Gerüchte einen weiteren Schritt in Richtung Paranoia zu treiben? Hier eine sonderbare geheimnisvolle Bemerkung, dort ein streng vertraulicher Kommentar, hier wieder ein wissender oder konspirativer Blick? Dienten diese Hinweise um sie herum dazu,

---

[108] Romeo-Falle = nachrichtendienstliche Sexspionage-Operation, ein männlicher Agent knüpft eine Liebesbeziehung mit einer Zielperson an, übliches Vorgehen in West und Ost, besonders bei Nachrichtendiensten im Kalten Krieg.

Romy wirklich über die reale Lage aufzuklären, zu verstehen, was um sie herum ablief oder eher dazu, sie aus dem System zu kicken, kopflos und panisch in Richtung Verschwörungstheorien zu schicken?

Katharina wollte natürlich die Story weiter hören.

„Wie wäre es denn trotzdem noch mit einigen leckeren Details. Komm schon." Romy schüttelte den Kopf.

„Vielleicht ein anderes Mal", vertröstete sie die Neugierige.

Romy reichte schon, dass sie davon ausgehen musste, dass sie, ging sie doch von einer hypothetischen „Mithörgesellschaft" aus, generell genügend Ohren mit ihren sexuellen Eskapaden „in Echtzeit" befriedigen würde.

Auffällig fand Romy in diesem Zusammenhang, dass Heinrich sie massiv drängte, noch nach ihrem Zusammensein in eine ausführliche Bewertungs- und Auswertungsrunde zu gehen. Romy mochte dies überhaupt nicht. Sex war Sex. Und so lange sie den Mann nicht heiraten wollte, ihn nicht liebte, war es für sie vollkommen unerheblich, im Nachhinein noch einmal Stellungen, Posen, Zeittaktungen oder Handgriffe zu analysieren. Entweder es hatte Spaß gemacht und Romy hatte es genossen, oder eben nicht. War es gut, wollte sie den Augenblick schweigend genießen. Und wenn nicht, dann war es auch nicht prickelnd, noch einmal ausführlich darüber zu philosophieren.

Romys Freundin Maren, die sie im Keniateam kennengelernt hatte, berichtete ihr irgendwann einmal nach der Reise, dass „Romeo" permant wechselnde Sexualpartnerschaften im Konzern pflegte. Vielleicht war er ja deshalb so erpicht auf eine Auswertung, um seine Performance im Auftrag des Konzerns oder seines zweiten Arbeitgebers weiter verbessern zu können. In jedem Fall schien er also gut „gebucht" zu sein. Auch wenn es für Männer in der Regel nichts Ungewöhnliches war, selbst als verheirateter Mann mit Kindern, sich sexuell im Rahmen des beruflichen Umfeldes „auszutoben", hatte es in diesem Fall schon eine andere Qualität. Wenigsten im Rahmen von Romys Romeo-Hypothesen.

Romy identifizierte ihn später als den Persönlichkeitstyp, der sich als Opfer für diese Rolle perfekt qualifizierte, auch wenn er im strengen Sinne natürlich zu den Tätern gehörte.

Für Romy hingen solche Rollenbilder allerdings immer ganz eng zusammen. Und da sie sein „Experiment" oder „die Maßnahme" überlebt hatte, vergaß sie schnell wieder ihre emotionalen Befindlichkeiten. Romy verdrängte die Option, dass Heinrich sie hätte töten können, sondern ging von einem Auftrag aus, in dem es nur darum ging, sie dem Gesundheitswesen zuzuführen, für eine zeitlang aus dem Spiel zu nehmen, um im Rahmen des Gesamtkonzeptes notwendige „Handlungen" zu ermöglichen.

Es würde nie Beweise geben und alle würden, ginge Romy mit ihren Hypothesen an die Öffentlichkeit, an die Presse oder vor ein Gericht, diese als Mär aus dem Reich der Phantasie einstufen. Doch Romy war dazu ein viel zu sachlicher und gleichfalls nüchterner Typ. Und wenn sie sich eine Situation angeschaut hatte, detailliert, ruhig, konnte sie relativ sicher bewerten, inwieweit dort etwas nicht stimmte.

Für Romy standen im Moment ihrer „plötzlichen Erkrankung" aber erst einmal ihre persönlichen Erfahrungen und die daraus abgeleiteten Erkenntnisse im Vordergrund. Sie musste zuallererst begreifen, verstehen, Hypothesen aufstellen und zu guter Letzt davon auch noch selbst überzeugt sein, warum dies alles mit ihr geschah.

Und das war schwierig genug, da sie mit ihren permanenten Zweifeln und ihrer permanenten Selbstreflexion ständig immer wieder alles hinterfragte, sofern neue Erkenntnisse hinzu kamen.

Zwei Hypothesen schienen für Romy aber unstrittig:

Heinrich hatte sie vergiftet, so, dass daraus ernsthafte Krankheitssymptome entstanden und sie sogar ins Koma fiel. Und ihre Schmerzgrenze oder ihre biologische „Stabilität" lag anscheinend etwas höher als bei der anderer Menschen, antrainiert oder genetisch determiniert, warum auch immer, denn ansonsten hätte sie diesen realen Thriller vielleicht nicht so glimpflich überstanden.

Aber sie wusste es nicht.

Design-Thinking–Memory?

Zwei Jahre später.

Der komplette Vorstand plus weitere ausgewählte Führungskräfte reisten in die USA, ins Sillicon Valley, um sich dort über Design Thinking Methoden zu informieren und vor allem, um angeblich von *Profis,* zu „lernen".

Gerade so, als wenn es dazu zwei Jahre früher nie eine Kenia-Challenge im Konzern gegeben hätte, als wenn die Human-Ressource-Abteilung sich nicht intensiv mit diesem Thema beschäftigt hätte. So, als hätte es eigentlich keine phantastischen Ergebnisse gegeben, tolle Partner und hervorragende Perspektiven für Kenia unter Leitung des Personalvorstandes.

Aber irgendwie hatte es für den Konzern und den Vorstand dies alles ja nie gegeben. Alles in diesem Zusammenhang wurde totgeschwiegen. Jedenfalls in Romys Wahrnehmung. Und auch, wenn es nie zu einer offiziellen Präsentation oder zu Diskussionen hinsichtlich der Überführung der Ergebnisse in reale Produkten kam - Design-Thinking gehörte im Konzern zur gelebten Geschichte dazu.

Warum tat der Vorstand also so, als wenn es nie Auszeichnungen, nie Berichte, kein Organisationsteam, keinerlei Erfahrungen dazu gegeben hätte?

Warum?

Wollte deshalb Herr Höttges schon damals davon nichts wissen?

Heute schien er an Wirtschafts- und an Methodenamnesie[109] zu leiden. Und anscheinend waren sich alle Reiseteilnehmer sehr sicher, dass niemand den Vorstand deswegen befragen oder kritisieren würde.

Und so war es auch.

Romy las über die Reise zufälligerweise im Intranet.

Warum scheute sich der Vorstand nicht, von den großen Erfolgen im Silicon Valley und natürlich in Israel zu schwärmen, verbunden mit dem mahnenden Hinweis, dass sich die Deutschen dringend da-

---

[109] Amnesie = Form der Gedächtnisstörung für zeitliche oder inaltliche Erinnerungen.

von ein Stückchen abschneiden müssten?

Wie sicher musste sich der Vorstand fühlen, mit solchen „Märchen" an die Presse zu treten, zwei Jahre nach der immerhin zweimonatigen Kenia-Challenge samt Auszeichnungen und dem offiziellen „Verlust" des Personvorstandes?

Und stand dieses praktische Erfahren und Umsetzen überhaupt in einem vergleichenden Verhältnis zu dem nun absolvierten 10-tägigem Informationsaufenthalt in Stanford?

War nun plötzlich der große Durchbruch mit Design Thinking im Konzern gekommen?[110]

Gab es nun grünes Licht vom HPI, dem Hasso-Plattner-Institut, und der dortigen School of Desing Thinking?[111]

Hatte man nun alle transatlantischen und globalen Fäden der Informations- und Kommunikationstechnologien so verbunden und koordiniert, dass das geordnete Erfassen des deutschen Kreativpotentials ohne Risiken möglich wurde?

Hatte der Konzern einfach zwei Jahre länger gebraucht, um in der strategischen geopolitischen Timeline zur Umorientierung wirtschaftlicher Beziehungen im „beschlossenen" Rahmenplan zu bleiben? Und sah dieser Plan zur strategischen Ausrichtung des Konzerns als Teil des Network Centric Warfare Konzeptes vor, zuerst das kapitalistische System und die Marktwirtschaft zu sichern, dann die Kolonialisierung 2.0 in Angriff zu nehmen und in diesem Zuge möglichst das wiederständlerische Kreativ-Potential aus schlecht steuerbaren Köpfen und Regionen erfolgreich so zu manipulieren und abzusaugen, so, dass daraus nachhaltig keine Gefahren mehr für gedankliche und daraus resultierend auch ganz praktische Systemumstürze erwachsen konnten - eben Design Thinking der „gestalteten Art" und deshalb auch erst zwei Jahre später?

Romy musste an den Spruch: „Man hast du eine lange Leitung!" denken, wenn jemand nicht gleich kapierte, was Phase war.

Aber zwei Jahre für den Vorstandsvorsitzenden eines Dax-Unternehmens, um den Wert des Design-Thinkings zu begreifen und um dieses Argument gelten zu lassen, erschien ihr doch etwas zu lang, Zumal er ja deutsche Projekte oder Berlin als Kreativ-Hub vollkommen negierte.

---

[110] vgl. https://berlinvalley.com/telekom-chef-tim-hoettges-fehlerkultur/.

[111] https://hpi.de/en/school-of-design-thinking/design-thinking.html.

Und so saß Romy immer noch, auch zwei Jahre später in ihrem Bereich, null Projekte weiter, und wurde, so wie das Design Thinking Projekt, auch weiter totgeschwiegen.

Die Projekte in den T-Labs[112] wurden zusammengeschrumpft wo es nur ging, die innovativen Entwicklungen in die Schubladen verbannt und auch der Gesundheitsbereich wurde eingestellt.

Das einzige, was explizit beworben wurde, schien die Blockchain-Technologie zu sein: „Block für Block: Vertrauen muss aufgebaut werden. Blockchain verändert die Welt und bahnt den Weg in eine dezentralisierte Wirtschaft."

Aber woher sollte Romy dieses Vertrauen nehmen, wenn nicht stehlen? Und wer wollte schon, dass Blockchains die Welt veränderten? Waren es nicht ganz andere Werte: Kultur, Soziales, gesellschaftliches Miteinander, Lebensfreude, die zu einem gesellschaftlichen Wandel beitragen sollten?

Wollte man sich nicht endlich von den alten ökonomischen Modellen lösen, auf Finanzierungen, Börsennotierungen, Handelsplätze und Aktienspekulationen pfeifen, Ökonomen eine historische Rolle zuweisen und anfangen mit Ingenieuren, Technologen, Kulturwissenschaftlicher, Soziologen, aber auch Arbeitern, Ärzten, Landwirten, Studenten eine neue und bessere Welt zu gestalten, einfach bunter, schöner, lebenswerter?

Einfach, weil der Mensch es konnte? Weil er die Gestaltungskraft besaß? Weil er in den letzten Jahrzehnten und Jahrhunderten soviel Wissen, Know-how, Kenntnisse und Kompetenzen erworben hatte, dass es weltweit für alle für ein einfacheres und gerechteres Leben reichte?

Warum sollte man sich von Technologien wie Blockchain abhängig machen, die einem das Leben erschwerten? Woher kam eine verbesserte Lebensqualität, wenn ich Datengold schürfte?

Wer benötigte solche Entwicklungen überhaupt?

Kamen die Challenge, die T-Labs aber auch Romy mit vielen Ideen und Projekten einfach zu früh oder warum bekamen sie sonst nicht die erwartete positive Resonanz und die Chance, den Markt zu erobern?

Außerdem konnte Romy nicht verstehen, woher die Aversion des Konzerns gegen Berlin herrührte, sondern man stattdessen ins Sili-

[112] https://laboratories.telekom.com/de/.

con Valley reisen musste?

Warum wollte sich der Vorstand nicht an die Design-Thinking-Agentur erinnern, die immerhin von der Telekom den Auftrag für die Durchführung der damaligen Kenia-Challenge erhalten hatte?

Und warum gab es kein offizielles Treffen, sozusagen als Dienstreise, in der D-School des HPI[113] als direkter Stanford Ableger bereits seit 2007 vor den Toren Berlins?

Hatte es einen Grund, dass der Vorstand so tat, als wüsste er nichts davon? Hätte er sich erinnert, hätten die Führungsriege hohe Reisekosten, Spesenausgaben und natürlich auch Zeit des Personals sparen können, das aus dem Konzernbudget aufgewendet werden musste.

Oder sollten sie bei ihrer Reise in die High-Tech-Schmiede einfach mal wieder geschlossen auf eine infomationswissenschaftliche „Linie" gebracht werden?

Vielleicht gab es ja auch eine stille Übereinkunft mit dem HPI, möglichst jegliche Beziehungen zwischen dem Konzern und dieser Einrichtung zu vermeiden, oder zu irgendwelchen Methoden und strategischen Entwicklungen auf deutschem Boden?

Aber welchen logischen Grund sollte es dafür geben? Romy wusste, dass sie sich in einer gedanklichen Schleife befand, in der sie sich immer weiter und weiter drehte.

Dass der Bruder der ehemaligen „Personalvorständin" als Lieblingsziel seiner Reisen Tel Aviv angab, gehörte wohl wirklich nur zu den kuriosen Zufällen der Geschichte, die man nicht miteinander assoziieren sollte. Aber dass sich niemand mehr, auch nicht Herr Timotheus Höttges an die, angeblich so heftigen Auseinandersetzungen mit Frau Prof. Schick bezüglich des Design thinkings erinnern konnte, die angeblich zu ihrer Erkrankung und zu einer Neubesetzung des Personalvorstandes führten, wohl eher nicht.

---

[113] HPI = Hasso Plattner Institut, D-School - School of Design Thinking, - 2003 - Gründung an der Stanford University, 2007 Start des Projektes, 2008- die Schule stellt sich auf der CeBIT vor und präsentiert die Strategie bei einer großen Eröffnungsfeier mit den Partnern betterplace Foundation, Immoscout, Bundesagentur für Arbeit, BAUM e.V., Siemens, Vattenfall, der Bundesdruckerei und T-Mobile Creation Center Berlin Quelle https://hpi.de/school-of-design-thinking/hpi-d-school/geschichte.html.

Für Romy gab es nur zwei Hypothesen: Entweder litt der Vorstand an kollektiver Amnesie, ausgelöst durch ein schweres psychologisches Trauma, sonstige psychische oder neurologische Erkrankungen, vielleicht sogar hervorgerufen durch Mindcontrol-Techniken, so wie ja zunehmend aus veschiedenen Quellen „Verschwörungstheoretiker" zu berichten wussten.

Oder, als Ursache wirkten einfach wirtschaftskriminelle Strategien, das Interesse zur finanziellen Bereicherung, zum privaten Machtausbau sowie zur Mitwirkung an der globalpolitischen Militärstrategie der USA, in die konzerneigene innovative Projekte nicht passten und die diesen Konflikt der Challenge einfach vergessen lassen „mussten".

Romy tendierte überwiegend zur zweiten Hypothese.

Deshalb konnte sie es auch nicht lassen, sich im Intranet direkt vor der Reise in die Planungen und -diskussionen von Tim, wie ihn die Telekommer freundschaftlich nannten, einzumischen und den Vorstandsvorsitzenden direkt zu befragen, was er denn als Outcome und Lernziel für die Führungskräfte bei dieser Reise erwarten würde? Dabei verwies Romy dann auch auf die alten Kenia-Projekte.

Politisch und diplomatisch sicherlich nicht sehr klug, aber Romy konnte einfach nicht anders.

Allerdings blieb Tim eine Antwort schuldig. Auch er hatte beschlossen, sie konsequent, so, wie der ganze Konzern es tat, zu ignorieren.

Aber machte es nicht fast den Eindruck, als wenn die Führungskräfte, vollkommen ferngesteuert, sich doch zum Verkauf ihrer Seelen in die USA begaben, um dort ihre jährliche Brainwash-Auffrischung zu erhalten?

Gleiches galt natürlich auch für ihre „Dienstreisen" nach Israel.

Und durfte Romy deshalb gleichermaßen, auf Grund ihrer engen Verbindung zu medizinisch-technischen Entwicklungen, dem Einsatz von Frequenzen und Subliminals zur Bewusstseinsbeeinflussung, der Existenz zahlreicher manipulierender Informationsinstrumentarien eine Verifizierung von Hypothese 1 eigentlich nicht ausschließen?

Da die Führungsmannschaft immer noch dieselbe wie zur Zeit der Kenia-Challenge war und man eigentlich davon ausgehen sollte, dass alle Bescheid wussten, wurde die Motivsuche natürlich spannend.

Warum fand diese Reise wirklich statt? Design Thinking konnte nur ein Vorwand sein.

Show, Tarnung?

Und warum reiste man nicht einfach, ohne als Grund *Design Thinking* zu bemühen? Wenn die Reise unter dem Deckmantel „Unternehmeraustausch" oder „Start-up-Tour" gelaufen wäre, hätte Romy sicher nicht eine Sekunde darüber nachgedacht.

Logischerweise konnte sie unter diesen Umständen den Ergebnis- und Erlebnisbericht, gestaltet als Blogbeitrag des Vorstandes, schwer nachvollziehen:

„Die Startups in Deutschland könnten sich von den USA und Israel eine gehörige Portion abschneiden. Es gäbe in Deutschland keine entsprechende Gründerkultur [und und und]...".

Pumpte nicht das HPI jährlich Millionen in diese Entwicklungen, war SAP nicht der beste Nutzer, wendeten Unternehmen wie Deutsche Bank, Volkswagen, Deutsche Bahn, Siemens nicht längst Design Thinking an?

Und hatte ja nicht 2013 selbst der Konzern vom HPI einen entsprechenden Award für die erfolgreiche Durchführung von Design Thinking Projekten erhalten?

Irgendetwas stimmte hier wirklich nicht? Aber was?

Gab es einen Sprung im Raum-Zeit-Kontinuum? Und immer wieder grüßt das Murmeltier? Saß Romy vielleicht in einer Zeitschleife fest; denn bereits öfter hatte sie in letzter Zeit spezielle Déjà-vu-Erlebnisse.

Romy konnte nicht verstehen, was diesen generellen Hype heute betraf. Was war vor zwei Jahren anders?

Und dachte Romy nicht immer so?

Wenn sie sich mit der Lösung von Problemen beschäftigte, schaute sie nicht selbstverständlich danach, was die Kunden benötigten, oder?

Gehörte eine bedarfsgerechte Planung nicht zum Einmaleins nachhaltigen Wirtschaftens? Sollte es nicht zum Handwerkszeug jedes Unternehmens dazugehören, seinen Markt zu kennen und die Zielgruppe in die Gestaltung zukünftiger Produkte und Dienstleistungen mit einzubinden?

Aber natürlich hatte Romy „ihr Denken" nie als Design Thinking bezeichnet.

„Hi Martin, hast du mitbekommen, was da jetzt im Konzern bezüglich Design Thinking abgeht?" Romy brauchte ein Ventil und musste einfach mit jemanden über diese Absurdität reden. Deshalb rief sie Martin an, der im Team der Kenia-Challenge mit dabei war.

Sie unterhielt sich gern mit ihm, tauschte sich mit ihm aus. Er war ein erfahrener Bilanzer und Controller, fühlte sich im Bereich der Zahlen wohl und konnte sehr gut die finanziellen Konsequenzen von Projekten präzisieren. Gern tauschte sie sich im Nachhinein mit ihm aus, einfach so, Smalltalk, wenn ihr die „Mobbing-Decke" in ihrem Büro zu sehr auf den Kopf fiel.

„Hi, schön von dir zu hören", antwortete Martin in seiner gewohnt ruhigen und besonnenen Art. „Ohne Worte. Obwohl wir und das Orgateam der ersten Challenge alle noch im Büro sitzen. Meinst du, hier hätte mal irgendwer angerufen oder uns in die Planungen einbezogen?"

„Ich dachte, wenigstens euch hätte man informiert? Das ich wie immer außen vor bin, ist ja nichts Neues. Das ist doch wohl alles ein Scherz, oder?"

„Ich weiß nicht." Martin klang resigniert. Was sollte er sich noch aufregen. Es lief wie es lief, und Monat für Monat schlechter. Man konnte zusehen, wie die Stimmung und gleichermaßen Innovativität, Kreativät und das Engagement sanken.

„Sollte man da nicht doch mal etwas sagen? Oder wenigstens Ali vom Organisationsteam?" Romy konnte nicht verstehen, dass die Verantwortlichen aus dem HR-Bereich nicht auf den Tisch hauten.

„Ach, lass mal. Ist jetzt auch egal. Du ich muss. Mein Chef macht Stress. Hier gehts wieder drunter und drüber. Wir hatten gerade wie alle Monate ein Personalroulette und keiner weiß im Moment so richtig, wo er hinkommt. Wir werden uns wahrscheinlich alle wieder neu in den Abteilungen bewerben müssen."

„Interne Ausschreibung?"

„Ja, ist ja die neuste Errungenschaft. Da ist man dann wiedermal eine Zeit beschäftigt. Erst mit dem Bewerben, dann mit dem Einarbeiten und damit fängt man wieder ganz von vorne an. Sei nicht böse, aber ich muss wirklich. Wir hören uns."

Romy rief noch ein schnelles „Tschüss" in die Leitung, während Martin bereits aufgelegte. Ob er es noch gehört hatte, wusste sie nicht. Aber er klang in keinem Fall glücklich. Sicherlich war dies aber auch ein Zustand, den niemand der Führungskräfte je im Kopf hatte, wenn er an seine Mitarbeiter dachte. Oder ging es bei diesen permanenten Umstrukturierungen vielleicht gerade darum - auf einfache Art personelle Ressourcen zu vernichten?

Martin war einer derjenigen, der in Kenia, auf Grund seiner langjährigen Controlling-Erfahrungen am besten aus ökonomischer Sicht die Rentabilität von Projekten beurteilen konnte. Natürlich auch im Zusammenhang mit den vorhandenen Produkten und Serviceleistungen im Konzern. Solide rechnete er jeden Case und konnte dabei optimal argumentieren.

Letztendlich hatte aber auch dies alles nichts genutzt. Obwohl sauber durchgerechnet, wurde kein einziges erfolgversprechendes Projekt weiter bearbeitet.

Also warum jetzt zwei Jahre später dieser erneute Fake-Ansatz?

Anscheinend nur für die Außenwirkung.

Marketing konnte der Konzern gut und darauf wurde gegenwärtig die gesamte Energie konzentriert. Das Vergessen der Massen voraussetzend.

Potemkinsches[114] Unternehmen 2.0.

Niemand außerhalb des Konzerns würde annehmen, dass dies alles nur taktische Manöver waren, um die Öffentlichkeit zu täuschen.

Auf den Bericht von Vorstand Höttges im Intranet über die tolle Reise ins Silicon Valley konnte Romy nicht anders, als auch hierauf eine entsprechende Frage zu stellen:

„Wäre es nicht sinnvoll gewesen, doch einmal das Design Thinking Team und die Organisatoren der ersten und einzigen Challenge im Konzern zu ihren Ergebnissen zu befragen, sie einzuladen, sich auszutauschen oder einfach mal eine Reise aus Bonn nach Berlin zu wagen, zu der dortigen Startup Szene und den Design Thinking Agenturen, anstatt einseitig die unvergleichlichen Leistungen der

---

[114] Entsprechend dem Potemkinsches Dorf = Siedlung, die sich in ihren Schauseiten attraktiv herausgeputzt zeigt, jenseits davon aber marode oder schäbig ist, also den Charakter einer Kulissenstadt an, in diesem Sinne - ein Kulissenkonzern, gut aussehende Objekte, die einen schlechten Zustand verbergen, es fehlt an Substanz. vgl. https://de.wikipedia.org/wiki/Potemkinsches_Dorf.

amerikanischen und israelischen Unternehmen ohne konkrete Beispiele zu preisen?"

Selbstverständlich bekam sie darauf, obwohl der Kommentar für alle sichtbar im Netz stand, auch keine Antwort.

Wie immer.

Das der Vorstandvorsitzende damit das Engagement der Mitarbeiter eines ganzen Konzern verprellte schien ihm vollkommen egal zu sein.

Und anscheinend war Romy die einzige, die darin ein Muster und eine große Gefahr erkannte, die sich nicht nur auf eine persönliche Nachlässigkeit des Vorstand bei einem kleinen Projekt bezog, sondern dazu die Hypothese aufstellte, dass es hier um weit mehr ging.

Natürlich lag es auf der Hand, dass für die USA der Konzern, Deutsche Telekom, eine Schlüsselschnittstelle der Macht in Europa darstellte.

Welche Mittel setzte man ein, um die Infrastrukturen, das Knowhow, die Prozesse, die Innovationen nach Amerika zu bekommen? Oder eben den gesamten Konzern zu übernehmen?

Und auch Israel war ein starker Wirtschaftspartner. Oder genauer gesagt, in diesem Kontext eher ein Wettbewerber in einem Spiel, dass vielleicht nicht nur unter fairen Konditionen ablief.

Israel, der um die militärstrategische Bedeutung des Konzern, aber auch die Leistungsfähigkeit und das Kreativpotential deutscher Unternehmen und Patente hatte keine Mühnen in den letzten Jahrzehnten geschäut, sich diesbezüglich als moderne Raubritter zu positionieren. Und Israel wusste nicht erst seit ein paar Monaten von diesem Potential. So war es nur logisch, dass, wenn es einen offiziellen Plan gab, eine Delegationsreise zum Design-Thinking in diese Länder erfolgen sollte, um deren Fortschrittlichkeit zu preisen, nicht bereits zwei Jahre vorher im eigenen Konzern Erfolge mit diesem Format gefeiert worden sein durften und schon gar nicht, eine Methoden-Reihe etabliert werden, mit der man Gefahr lief, plötzlich zu einer international gefragten Innovationsschmiede zu werden, die es verstand, Kreativität in die richtigen, nämliche nachhaltige und lebensqualitätsverbessernde Vorhaben zu lenken, die auch die Produktivität trotz kürzerer Arbeitszeiten und mehr Freiräumen permanent erhöhte und sich neu und erfolgreich am Markt in Deutschland und Europa positionierte.

Musste deshalb Frau Prof. Schick gehen?

Hatte sie die Order erhalten, über die Ergebnisse zu schweigen und dieses Format wieder sofort einzustellen?

Hatte sie sich gewehrt und dies als wertvolle Maßnahme für Kompetenzaufbau und die Innovativität des Konzerns gepriesen? Wurde sie deshalb krank gespielt? Verließ sie deshalb den Konzern, begleitet mit der Beschuldigung der Inkompetenz?

Und auch wenn es die einzige Design-Thinking-Challenge im Konzern blieb, war nicht zu begründen, warum sich niemand mehr daran zu erinnern schien oder dies wollte.

Nach Romys indirekter Provokation gegenüber dem Konzernvorstand musste allerdings der Letzte im Konzern begriffen haben, der sich mit der Thematik beschäftigte und den Vorstandsblog verfolgte, dass Romy auch vor einer direkten Auseinandersetzung mit dem Konzernchef nicht zurückschreckte.

Natürlich gab es zahlreiche erfolgreiche deutsche Startups in Deutschland, aber welche Entwicklung nahmen diese?

Aufgrund fehlender deutscher finanzieller und strategischer politischer Unterstützung wurden sie reihenweise von amerikanischen und sonstigen internationalen Investorengruppen „aufgefressen".

Meistens wurden solche Aspekte bei den Erfolgsberichten über die erfolgreiche Zusammenarbeit mit den USA verschwiegen, besonders wenn über die erfolgreiche Berliner Startup-Szene berichtet wurde.

Romy kannte die Bilanz der aus den T-Labs heraus entstandenen erfolgreichen Firmen und auch, wie viele gegrillt wurden, dann abblitzten und sich amerikanisch neu orientierten.

Fragen von Romy, nach objektiven oder geprüften Bewertungsindikatoren für die Auswahl von Gründern, um diese zu unterstützen, wurden nur verneint.

„Das brauchen wir nicht."

Aber was geschah mit diesen sinnvollen Ideen und innovativen Gründern?

Wenn sie Glück hatten, bekamen sie gute Tipps, wie sie sich beim Wettbewerber verkaufen konnten und gleich noch die Ansprechpartner dazu mitgeliefert. Wenn Romy es nicht selbst einmal miterlebt hätte, hätte sie es nicht geglaubt.

Oder wollte man ihr zeigen, wie kooperativer Wettbewerb funktionierte?

Gab und gibt es denn Zweifel daran, dass der Vorstand an dem Deal von BERKOM[115] beteiligt gewesen war, einem hochinnovativen Berliner Telekommunikationsunternehmen, das seiner Zeit weit vorausgehende Projekte durchgeführt hatte, die Entwicklung von Übertragungsstandards von Breitbanddiensten vorantrieb und bereits in den 90er Jahren ein eigenes geschlossenes Glasfasernetz nutzte?

Spaltete nicht der Vorstand dieses Filetstück aus dem Konzern bewusst ab? „Verramschte" er nicht dessen höchst wertvolle innovativen Ergebnisse und dabei so geschickt, dass diese heute, direkt und per Zufall zu den „Kerntechnologien", im doppelten Sinne, von Google und Google Earth gehören?[116]

‚Herzlichen Glückwunsch', konnte Romy da nur denken und nicht begreifen, dass niemand solche Fragen in der Öffentlichkeit thematisierte, obwohl dieses Wissen doch im Raum und vor allem, allen zur Verfügung stand.

Reihenweise wurden Innovationen in den Schubladen des Konzerns regelrecht „versteckt", sich nicht an Ausschreibungen und Vergabeprozessen beteiligt, die Hauptaufgaben konsequent vernachlässigt. Marktpreise wurden fernab von Wettbewerbsfähigkeit kalkuliert und Kunden, vor allem kleine und mittlere Unternehmen wurden überwiegend als störend abgewimmelt.

Allerdings änderte sich zunehmend die Reflexion der Medien auf den Konzern. Doch vielleicht schätzte Romy das auch falsch ein, da sie viel sensibler auf jede Berichterstattung achtete. Wurden noch vor wenigen Jahren in der Öffentlichkeit bei der (Nicht-)Vertrauenswürdigkeit von Clouddiensten google, amazon, dropbox einerseits und andererseits als positiv die Deutsche Telekom genannt,

[115] BERKOM = Berliner Kommunikationssystem, Entwicklungsprojekt unter Federführung der Deutschen Bundespost zur Entwicklung von Diensten und Anwendungenfür geplante Breitbandnetze, die Gründung erfolgte als Organisationseinheit der Detecon 1986 in Berlin.

[116] BERKOM- Berliner Kommunikationssystem, wanderte von der Deutschen Post, zur DETECON, wurde eigenständige Tochter der Deutschen Telekom, ging dann an die TSI über. Dort wurden Anwendungen der Telemedizin entwickelt, erprobt sowie Terravision. Dann verlaufen sich die Spuren, bis Google 2004 die Technologie kaufte und in Google Earth umbenannte.

hatte sich mittlerweile auch hier anscheinend das Bild gewandelt.

Selbst in seriösen Nachrichtensendungen wurde über alle Unternehmen nun in einem Atemzug berichtet.

Da konnten sich die Arbeitnehmer doch über die „unternehmerische Verantwortung" des Vorstandes wirklich freuen.

Niemand hatte bisher veranlasst, einmal die letzte Jahre hinsichtlich der Beteiligung an Förderprojekten, aber auch andere Mittelflüsse und daraus resultierende Ergebnisse zu prüfen.

Wo war das „Tele-Leaks", dass all die Schweinereien im komplexen Stil über das Web einer weltweiten Öffentlichkeit zur Verfügung stellte? Romy hatte leider nur wenig Zugang zu den wirklich interessanten Dokumenten, was sie sehr bedauerte.

Aber da musste es doch noch so viel „andere" geben, die bereit waren „auszupacken"? Vielleicht mussten sich ja alle erst noch sammeln? Romy registrierte schmerzlich, dass es ihr jedenfalls nicht gelungen war, den Konzern zu „retten".

Sie war sich mittlerweile noch nicht mal mehr sicher, inwieweit überhaupt noch die Chance einer „Rettung" bestand. Und falls ja, was dies wirklich bedeutete? Für Deuschland? Für die Bürger? Für die Demokratie?

Und wenn ja, wie?

In jedem Fall wäre es die Sache wert.

Die Ressourcen, die Arbeitsplätze, die Daten, die Netze, das Know-how - der Konzern verfügte über viel zu viele Werte, als dass man ihn einfach kampflos aufgeben sollte. Außerdem waren da natürlich auch noch die „nebensächlichen" Konsequenzen für die Freiheit der Bürger, die sich aus diesem „unmoralischen" und unverantwortlichen Umgang mit technologischen Innovationen ergaben.

Über Romy schwebte wie ein Damokles-Schwert die „Verantwortung des Wissenschaftlers".

Warum musste gerade sie mit all diesen furchtbaren Erkenntnisse konfrontiert werden?

Ausnahmsweise glaubte sie an dieser Stelle auch einmal an das „Schicksal", von wem auch immer dieses „gestaltet" worden war, aber eben nicht von ihr. Und wenn, dann auch nur teilweise. Ihr Spielraum, nachhaltig auf Entwicklung Einfluss zu nehmen, erschien ihr mehr als begrenzt.

Romy wusste, sie war diesbezüglich nur ein kleines Rädchen im Getriebe. Und sie glaubte an einen Plan mit einem glücklichen Ausgang. Für irgendetwas musste das doch alles gut sein, ihre Erfahrungen, die Kraftanstrengungen, die Ziele?

Konnte sie nicht auf einen übergeordneten Sinn hoffen?

Romy war und schien weiterhin ein hoffnungsloser Optimist zu bleiben.

Und sie glaubte fest an die Kraft der realistischen Vision.

Ohne die Klarheit, dass alles veränderbar war und vor allem zum Guten, würde es keinen Fortschritt mehr geben.

Schicksalsdiskussionen und Glaubensbekenntnisse hin oder her.

Auch wenn viele meinten, die Telekom wäre überflüssig wie ein Kropf, schätzte Romy die darin enthaltenen Werte, Infrastrukturen, das Know-how, vor allem aber die Kompetenzen und Erfahrungen der Mitarbeiter als Menschen und als einen wertvollen Teil einer erfolgreichen gemeinsamen Zukunft.

Die Übernahme des Konzerns durch google oder erst durch eine britische oder amerikanische Investmentheuschrecke dagegen wäre der Obergau.

Gab es denn keinen Plan, wie der Streubesitz geschickt vom Bund, den Ländern und Kommunen entsprechend ihrer Nutzungsanteile wieder zurückgekauft werden konnte? Wie der Konzern sich für die Zukunft mit seinen Leistungen „subsidiär" organisieren könnte?

Ansonsten drohten wohl doch die düsteren Dystophien der Vergangenheit und Gegenwart: Von Big Data direkt zu Big Brother.

Und das wäre dann weniger als ein kleiner Schritt.

Konnten die Mitarbeiter wieder lernen, selbstbestimmt zu agieren, eigenverantwortlich zu handeln? Würden sie sich trauen, sich gegen Misstände aufzulehnen? Für ihre Rechte einzustehen?

Aber auch für Romy war dies kein kurzer Weg.

Martin gehörte wohl mittlerweile schon zu denjenigen, die dieses Ziel aus den Augen verloren hatten. Er tröstete sich mit Familie und Haus und versuchte der Hektik des Alltags mit meditativer äußerer Gelassenheit zu begegnen.

Oder hatte der Konzern auch ihn bereits mit seiner „Angst-Strategie" bezwungen?

*****

Katharina: „Unangenehm, dass du so viel Stress in diesem Konzern miterlebst. Ich hätte allerdings nicht gedacht, dass auf Grund eines doch simplen Mobbingfalls, sorry Romy und mit einem Projekt zum Design-Thinking, plötzlich kriminelle Verstrickungen und skandalöse Prozesse in einem DAX-Unternehmen sichtbar werden und vor allem dabei viele Fragen aufwerfen, aus denen sich ein gesellschaftspolitischer Bogen hin zu geopolitischen Strategien schlagen lässt. Und es ist ja bisher noch vieles ungeklärt, oder?"

Romy: „Natürlich konnte ich ja die Geschichte nur aus meiner Perspektive schildern. Und der Bogen zur Kolonialisierung war ursprünglich nicht so geplant. Aber das Verhalten des Vorstandes kann man ja nur über solche Big-Picture versuchen zu erklären. Denn mit mir wird dies wirklich wenig zu tun haben. Durch die Afrika-Reise sind mir natürlich auch in mancherlei anderer Hinsicht die Augen geöffent worden. Plötzlich blickt man, im Kontext der aktuellen technologischen Entwicklungen ganz anders in die Geschichte. Und betrachtet auch die Strategien und die aktuelle Situation in Afrika anders. Bisher hatte mich der Kontinent, eher weniger berührt. Nur theoretisch. Aber die Kolonialgeschichte sollte uns eben heute auch noch eine Lehre sein. Ich hätte nicht gedacht, welch aktuellen Bezug es diesbezüglich noch gibt.

Und natürlich, ist dadurch nicht zu übersehen, dass es weiterhin klare wirtschafts- und geopolitische Interessen gibt, an denen sich in den letzten Jahrzehnten natürlich auch nichts verändert hat. Und es besteht ein Interesse daran, frühere hierarchische Machtstrukturen im geopolitischen Sinne wieder eindeutig zu gunsten einer Elite zu regeln. Und dazu bedient man sich nun der Möglichkeiten der Digitalisierung und anderer technologischer Errungenschaften.

Und dabei konnte ich bei meinen bisherigen Hypothesen noch nicht einmal die Rolle des HPI, des Hasso-Plattner-Institutes in dieser Gemengelage ausführlich erläutern. Aber vielleicht war dies auch gut. So kannst du dir selbst ein Bild davon machen, inwieweit du meinst, dass Hasso Plattner mit seinem Design Thinking - Engagement rein philantrophisch unterwegs ist.

Mittlerweile wird das HPI zunehmend zu einem Hauptpartner der Telekom, auch in vielen anderen Themenbereichen.

Auf der Magenta Security 2018 unterzeichneten die beiden Institutionen eine Forschungskooperation zur Weiterentwicklung von Analysewerkzeugen für die Cyberabwehr[117]. Sozusagen der Wolf im Schafspelz und der Bock, den man zum Gärtner macht, finden sich nun höchst offiziell zusammen, während sie sich 2015 zur Design-Thinking-Reise des Vorstandes wohl noch offiziell an ein Schweigegelübde gebunden fühlten.

Die Verleihung des HR Excellence Awards 2013, für das die Telekom Challenge ausgezeichnet wurde, und welche speziell bezüglich der Lerneffekte gelobt wurde, von dem wohl alle Beteiligten profitierten,[118]. Man fragt sich, ob damit auch der Vorstand gemeint war?Verel nachdem allerdings die Telekom 2012 einen Award erhalten hatte. aber irgendwie doch schon, in jedem Fall im Anschluss, bei der Ergebnisverwertung. Also viel Raum, um im strategischen Hintergrund an gemeinsamen geschäftlichen Fäden zu ziehen. Die Nachricht, dass sie sich nun auf den gemeinsamen Weg machen würden, um den komplexen und zielgerichteten Angriffen, den Advanced Persistent Threads, durch sogenannte SIEM-Lösungen, Security Information und Event Management Lösungen, konsequent Paroli zu bieten, stellt natürlich auch nur eine weitere PR-Nebelkerze dar, um die wirklichen wirtschaftspolitischen Absichten zu verschleiern.

Ich wünschte, ich hätte nicht erleben müssen, wie Sicherheitslösungen der telekomeigenen Hochschule heimlich in den Schubladen verschwanden. Nur ein Hinweis darauf, brachte die Führungsriege in Wallungen. Aber wahrscheinlich handelte es sich dabei um Software, die Cyberkrimienelle wirklich fernhalten würde und damit den Zielen der Bündnispartner strategisch nicht entsprach.

Dass der Konzern seine eigenen Forschungskapazitäten bewusst verkümmern lässt und ohne größere Wertschätzung behandelt, sagt eigentlich mehr, als tausend Worte zur Politik des Konzerns und damit generell zur deutschen Innovationspolitik. Eigentlich hätte das

---

[117] https://hpi.de/news/jahrgaenge/2018/gemeinsame-forschungskooperation-des-hpi-und-der-deutschen-telekom.html.
[118]′ https://www.telekom.com/de/konzern/details/telekom-gewinnt-drei-human.

Design thinking in der Hochschule zu einem Kernthema entwickelt werden müssen. Eine bittere Lektion."

Katharina: *„Lass den Kopf nicht hängen. Aber du musst jetzt unbedingt mit diesen Geschichten an die Presse und an die Öffentlichkeit."*

Romy: „Ja, ich weiß. Große Vorfreude empfinde ich allerdings nicht dabei. Viel lieber würde ich mich mit Innovationsprojekten, mit Zukunftsentwürfen und positiven Dingen beschäftigen. Ich bin gespannt, wie die Öffentlichkeit mit diesen Wahrheiten umgehen wird."

Katharina: *„Ich weiß. Aber die Situation ist wohl alternativlos, wie man so schön sagt. Überall zündelt es und die Aggressionen greifen um sich. Hass beherrscht zunehmend die Straßen und die Menschen beschuldigen sich gegenseitig grundlos für Dinge, die eigentlich überhaupt nicht in ihrer Einflusssphäre liegen.*
Einen Beitrag zur Aufklärung zu leisten ist deshalb meines Erachtens mehr als notwendig. Und du hast ja nun einmal deine Erfahrungen gemacht. Inside, wie man so schön sagt. Ob deine Schlussfolgerungen daraus geteilt werden, wirst du ja dann sehen.
Ich möchte jedenfalls nicht als High-Tech-Sklave enden, falls du recht hast. Du doch wohl auch nicht, oder?"

Romy: „Nein, eigentlich nicht. Aber vielleicht bin ich ja schon einer."